Word 2016 応用

セミナーテキスト

日経BP社

はじめに

本書は、次の方を対象にしています。

■『Word 2016 基礎 セミナーテキスト』を修了された方。

Word 2016のより詳細な書式設定や段落設定、SmartArtやグラフなどの図解の活用、他のアプリケーションのデータの利用、長文作成時の便利な機能、グループ作業に役立つ機能、文書の配布について学習します。
本書に沿って学習すると、図解を含む表現力のある文書の作成、ヘッダー/フッター、目次、索引などを含む本格的な長文文書の作成、コメントや変更履歴を利用した校閲、他のアプリケーションとの連携などの機能を活用できるようになります。

制作環境

本書は以下の環境で制作・検証しました。

■Windows 10 Pro（日本語版）をセットアップした状態。
　※ほかのエディションやバージョンのWindowsでも、Office 2016が動作する環境であれば、ほぼ同じ操作で利用できます。
■Microsoft Office Professional 2016（日本語デスクトップ版）をセットアップし、Microsoftアカウントでサインインした状態。マウスとキーボードを用いる環境（マウスモード）。
■画面の解像度を1280×768ピクセルに設定し、ウィンドウを全画面表示にした状態。
　※上記以外の解像度やウィンドウサイズで使用すると、リボン内のボタンが誌面と異なる形状で表示される場合があります。
■［アカウント］画面で［Officeの背景］を［背景なし］、［Officeテーマ］を［白］に設定した状態。
■プリンターをセットアップした状態。
　※ご使用のコンピューター、プリンター、セットアップなどの状態によって、画面の表示が本書と異なる場合があります。

おことわり

本書発行後の機能やサービスの変更により、誌面の通りに表示されなかったり操作できなかったりすることがあります。その場合は適宜別の方法で操作してください。

表記

- メニュー、コマンド、ボタン、ダイアログボックスなどで画面に表示される文字は、角かっこ（[ ]）で囲んで表記しています。ボタン名の表記がないボタンは、マウスでポイントすると表示されるポップヒントで表記しています。
- 入力する文字は「」で囲んで表記しています。
- 本書のキー表記は、どの機種にも対応する一般的なキー表記を採用しています。2つのキーの間にプラス記号（＋）がある場合は、それらのキーを同時に押すことを示しています。
- マウス操作の説明には、次の用語を使用しています。

用語	意味
ポイント	マウスポインターを移動し、項目の上にポインターの先端を置くこと
クリック	マウスの左ボタンを1回押して離すこと
右クリック	マウスの右ボタンを1回押して離すこと
ダブルクリック	マウスの左ボタンを2回続けて、すばやく押して離すこと
ドラッグ	マウスの左ボタンを押したまま、マウスを動かすこと

操作手順や知っておいていただきたい事項などには、次のようなマークが付いています。

マーク	内容
操作☞	これから行う操作
Step 1	細かい操作手順
重要	操作を行う際などに知っておく必要がある重要な情報の解説
ヒント	本文で説明していない操作や、知っておいた方がいい補足的な情報の解説
用語	用語の解説

実習用データ

本書で学習する際に使用する実習用データを、以下の方法でダウンロードしてご利用ください。

■ダウンロード方法

①以下のサイトにアクセスします。
　https://bookplus.nikkei.com/atcl/catalog/16/B30400/
②「実習用データダウンロード／講習の手引きダウンロード」をクリックします。
③表示されたページにあるそれぞれのダウンロードのリンクをクリックして、ドキュメントフォルダーにダウンロードします。ファイルのダウンロードには日経IDおよび日経BOOKプラスへの登録が必要になります（いずれも登録は無料）。
④ダウンロードしたzip形式の圧縮ファイルを展開すると［Word2016応用］フォルダーが作成されます。
⑤［Word2016応用］フォルダーを［ドキュメント］フォルダーまたは講師から指示されたフォルダーなどに移動します。

ダウンロードしたファイルを開くときの注意事項

インターネット経由でダウンロードしたファイルを開く場合、「注意──インターネットから入手したファイルは、ウイルスに感染している可能性があります。編集する必要がなければ、ほぼビューのままにしておくことをお勧めします。」というメッセージバーが表示されることがあります。その場合は、［編集を有効にする］をクリックして操作を進めてください。
ダウンロードしたzipファイルを右クリックし、ショートカットメニューの［プロパティ］をクリックして、［全般］タブで［ブロックの解除］を行うと、上記のメッセージが表示されなくなります。

実習用データの内容

実習用データには、本書の実習で使用するデータと章ごとの完成例、復習問題や総合問題で使用するデータと完成例が収録されています。前の章の最後で保存したファイルを次の章で引き続き使う場合がありますが、前の章の学習を行わずに次の章の実習を始めるためのファイルも含まれています。

講習の手引きと問題の解答

本書を使った講習を実施される講師の方向けの「講習の手引き」と、復習問題と総合問題の解答をダウンロードすることができます。ダウンロード方法は、上記の「ダウンロード方法」を参照してください。

目次

第1章 書式設定 — 1

- 文字書式と段落書式 — 2
- スタイルの登録と利用 — 7
  - 文字スタイルの登録と利用 — 9
  - スタイルの編集 — 13
  - スタイルの削除 — 14
- 組み込みスタイルの利用 — 15
  - 組み込みスタイルの利用 — 16
  - 組み込みスタイルの編集 — 18
- セクション — 20
  - セクション番号の確認 — 22
  - 段組みの設定 — 22
  - ページ区切りとセクション区切り — 26
  - セクションごとのページ設定 — 28

第2章 図解とグラフの利用 — 35

- 図形の編集 — 36
  - 図形の編集 — 36
  - 図形の書式設定 — 41
- SmartArtを利用した図解の作成 — 44
  - SmartArtの挿入 — 45
  - SmartArtのレイアウト編集 — 47
  - SmartArtの書式設定 — 49
- グラフの作成 — 52
  - グラフの作成 — 54
  - グラフの編集 — 56

第3章 データの活用　65

- クイックパーツの活用 ── 66
- 差し込み印刷 ── 70
  - 定型書簡への差し込み印刷 ── 71
  - 宛名ラベルの作成 ── 78
- 他のアプリケーションとの連携 ── 84
  - 埋め込みオブジェクトとして挿入 ── 86
  - リンク貼り付け ── 90

第4章 長文作成機能　101

- 長文作成に役立つ機能 ── 102
  - テーマの設定 ── 103
  - 表紙の作成 ── 106
  - ヘッダー/フッターの設定 ── 110
  - ハイパーリンクの設定 ── 116
  - 脚注の挿入 ── 119
  - 索引の利用 ── 122
- アウトラインの活用 ── 127
  - アウトライン表示への切り替え ── 129
  - リストスタイルの適用 ── 130
  - 文書構成の確認と変更 ── 131
  - 目次の作成 ── 136
  - 文字列の検索 ── 139

第5章 グループ作業で役立つ機能　145

- コメントの活用 — 146
  - コメントの表示と挿入 — 147
  - コメントの削除 — 150
- 変更履歴の活用 — 151
  - 変更履歴の記録 — 152
  - 変更履歴の確認と反映 — 156
- 文書の比較 — 159

第6章 文書の配布　167

- 文書を配布する準備 — 168
  - 異なるバージョン間の互換性 — 169
  - 最終版にする — 170
  - 文書の保護 — 173
- セキュリティとデータの保護 — 177
  - 文書の暗号化 — 178
  - ドキュメント検査 — 180
- 電子データとして配布 — 185

総合問題 — 189
索引 — 204

書式設定

◼ 文字書式と段落書式
◼ スタイルの登録と利用
◼ 組み込みスタイルの利用
◼ セクション

文字書式と段落書式

書式設定の単位には主に「文字」と「段落」があります。書式を設定する際、その対象を正しく選択することが大切です。

■ **文字**

文字とは、英数字やかな、漢字などの文字列や、記号、スペースなどのことです。文字に設定する書式を「文字書式」といいます。

- 文字書式を設定するには、対象となる文字を範囲選択してから設定を行います。
- 文字書式には、フォント、フォントサイズ、スタイル（太字、斜体など）、下線、文字の色、文字飾り（取り消し線、影付きなど）、文字間隔、文字の位置（上付き、下付き）などがあります。

文字書式は主に、リボンのボタンで設定することができます。

また、[フォント]ダイアログボックスを利用するとプレビュー欄で設定後のイメージを確認しながら複数の書式をまとめて設定することができます。

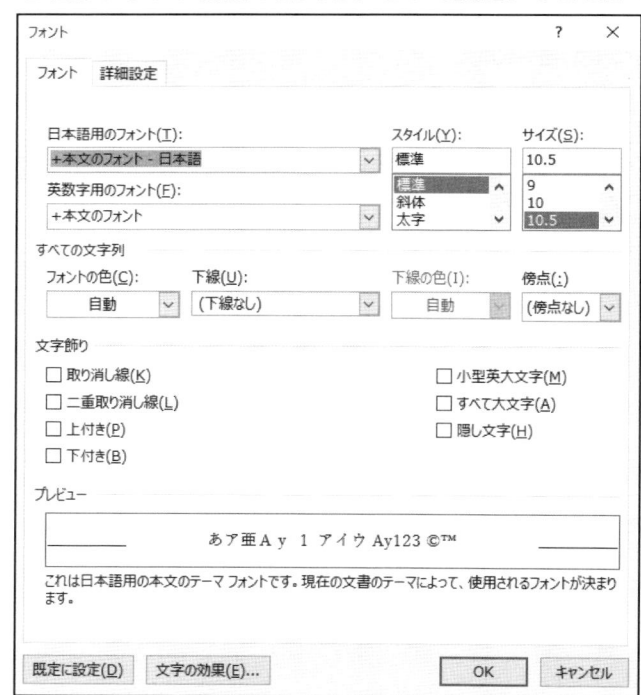

■ 段落

段落とは、文書の先頭または段落記号の次の行から次の段落記号までのことです。段落全体に設定する書式を「段落書式」といいます。

・段落書式を設定するには、対象となる段落の中にカーソルを移動してから設定を行います。また、複数の段落に書式を設定する場合は、各段落の一部または全体が選択されるように範囲選択します。
・段落書式には、段落の配置（右揃えや中央揃えなど）、インデント、段落の前後の間隔、行間隔、禁則処理、日本語と英数字の間隔の自動調整などがあります。

段落書式は主に、リボンのボタンで設定することができます。

また、[段落]ダイアログボックスを利用するとプレビュー欄で設定後のイメージを確認しながら複数の書式をまとめて設定することができます。

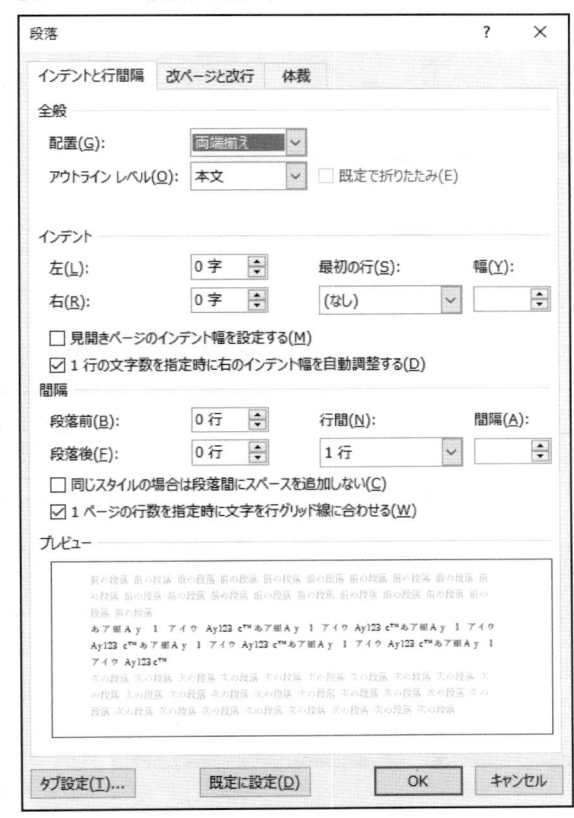

操作 文字書式を設定する

ヒント
スタイル
ここでのスタイルは文字の書体を指します。次項で説明する「書式に名前を付けて登録したもの」とは異なります。

Wordを起動して[Word2016応用]フォルダーの中にあるファイル「社内報」を開き、1ページ5行目の「温泉で健康に」に次の文字書式を設定しましょう。

フォント	MSゴシック
スタイル	太字
フォントの色	青
傍点	・

Step 1 Wordを起動し、ファイル「社内報」を開きます。

重要
ファイルを開く際の表示
ファイルを開くときに「保護ビュー　注意-インターネットから入手したファイルは、ウイルスに感染している可能性があります。編集する必要がなければ、保護ビューのままにしておくことをお勧めします。」というメッセージバーが表示されることがあります。その場合は、[編集を有効にする]をクリックして操作を進めてください。

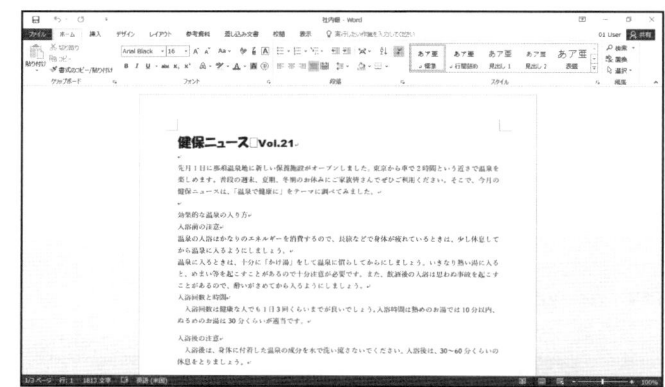

Step 2 書式を設定する文字を範囲選択し、[フォント]ダイアログボックスを開きます。

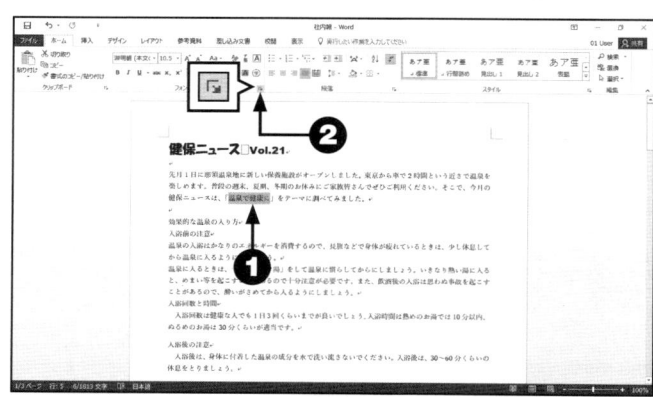

❶ 5行目の「温泉で健康に」を範囲選択します。

❷ [ホーム]タブの[フォント]グループの右下の[フォント]ボタンをクリックします。

4　文字書式と段落書式

Step 3 [フォント]ダイアログボックスで文字書式を設定します。

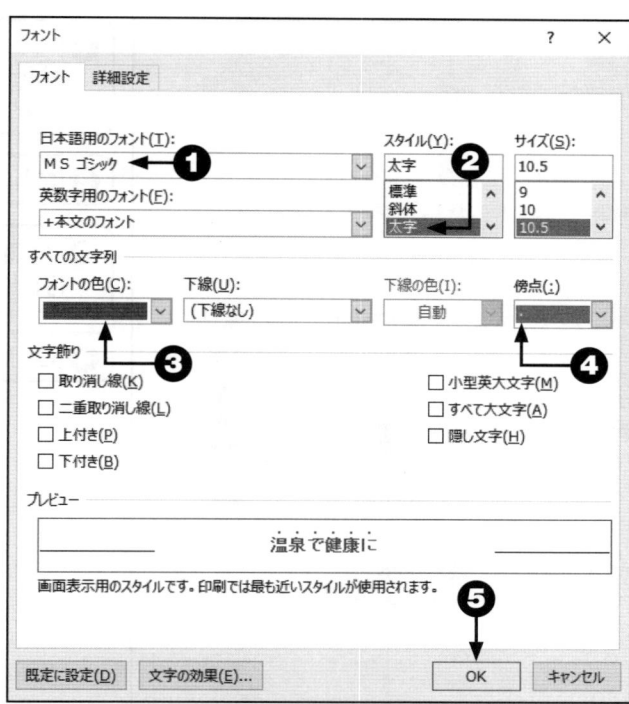

❶ [日本語用のフォント] ボックスの一覧から [MSゴシック] をクリックします。

❷ [スタイル] ボックスの一覧から [太字] をクリックします。

❸ [フォントの色] ボックスの一覧から [青] をクリックします。

❹ [傍点] ボックスの一覧から [・] をクリックします。

❺ [OK] をクリックします。

Step 4 範囲選択を解除し、文字書式が設定されたことを確認します。

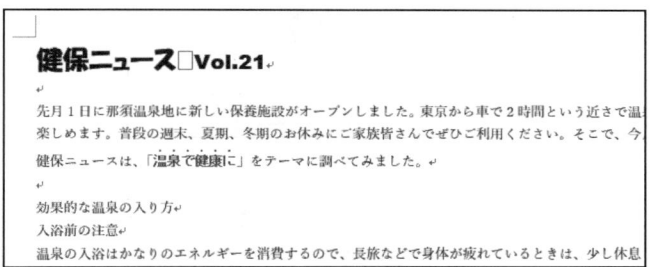

操作 段落書式を設定する

1ページ9～13行目の2つの段落の最初の行を1文字分字下げし、段落後の行間を0.5行に設定しましょう。

Step 1 書式を設定する段落を選択し、[段落]ダイアログボックスを開きます。

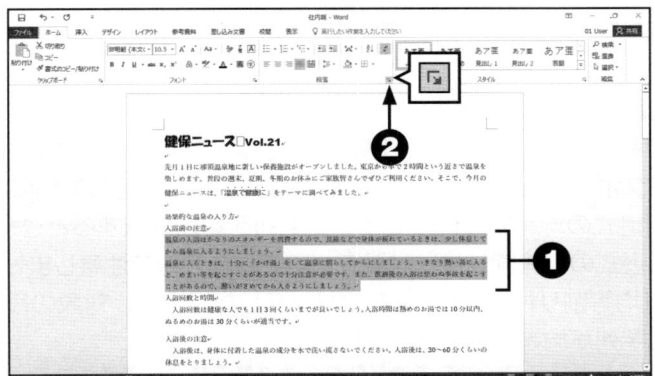

❶ 9～13行目の2段落を範囲選択します。

❷ [ホーム] タブの [段落] グループの右下の [段落の設定] ボタンをクリックします。

第1章 書式設定 | 5

Step 2 [段落] ダイアログボックスで書式を設定します。

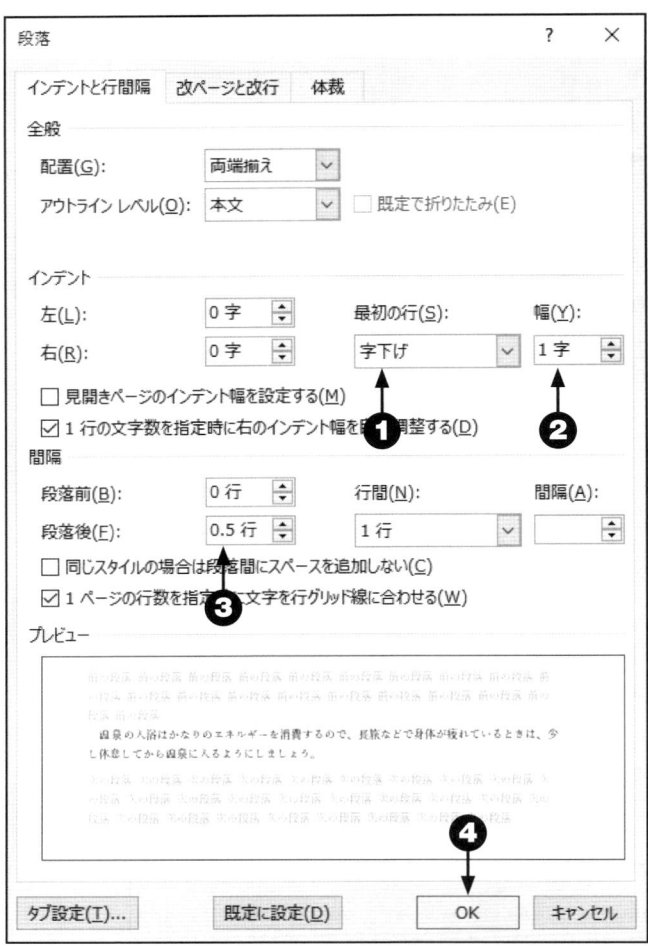

❶ [インデント] の [最初の行] ボックスの一覧から [字下げ] をクリックします。

❷ [幅] を [1字] に設定します。

❸ [間隔] の [段落後] を [0.5行] に設定します。

❹ [OK] をクリックします。

Step 3 範囲選択を解除し、段落書式が設定されたことを確認します。

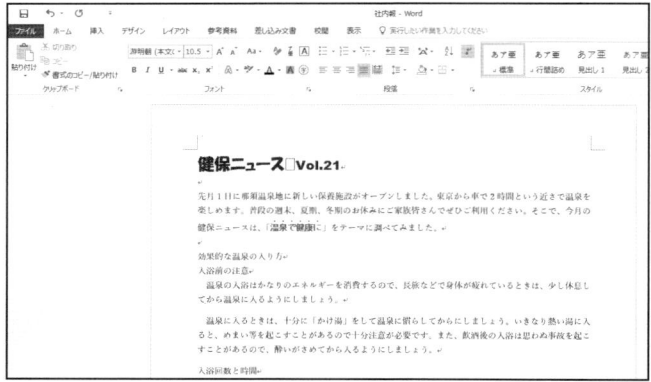

重要 文字書式と段落書式による違い

文字単位で範囲選択して [均等割り付け] ボタンをクリックすると、文字列の幅を指定するダイアログボックスが表示され、選択した文字列が指定した幅に均等に割り付けられます。これは文字書式の均等割り付けです。文字列を範囲選択するとき ↵ 段落記号を含んでしまうと、段落書式の均等割り付けが設定されてしまうので注意しましょう。段落単位で範囲選択して [均等割り付け] ボタンをクリックした場合は、対象の段落の左右インデントの内側の幅に文字列が均等に割り付けられます。

スタイルの登録と利用

ここでは、使用頻度の高い書式をスタイルとして登録する方法と「スタイルギャラリー」を利用してスタイルを設定する方法について学習します。

■ スタイルとは

スタイルとは、よく使う文字書式や段落書式にわかりやすい名前を付けて登録し、繰り返し利用できるようにしたものです。あらかじめ登録されている「組み込みスタイル」の他、オリジナルのスタイルを登録して利用することもできます。
スタイルを利用すると次のようなメリットがあります。
・同じ書式を繰り返し設定する必要がなくなる
・同じスタイルが適用された複数箇所の書式変更を一斉に行うことができる

■ スタイルの種類

スタイルには「文字スタイル」、「段落スタイル」、「リンクスタイル」があります。
・文字スタイルには、フォント、フォントサイズ、太字、斜体などの文字書式を登録します。
・段落スタイルには、文字の配置、インデント、行間隔、段落前後の間隔などの段落書式を登録します。
・リンクスタイルには、文字書式と段落書式をセットにして登録できます。特に、組み込みスタイルの「見出し」は段落書式のアウトライン機能（長文を作成する際に文書全体の見出しの構成を編集/管理するのに便利な機能で、見出しから自動的に目次や索引を作ることもできる）が設定されているリンクスタイルです。

■ スタイルギャラリー

[スタイル] グループの [その他] ボタンをクリックすると、スタイルギャラリーに登録されているスタイルが一覧表示されます。スタイルギャラリーでスタイル名をポイントすると、選択している文字や段落にスタイルを適用した結果がプレビューされ、実際の文書でイメージを確認しながら設定することができます。

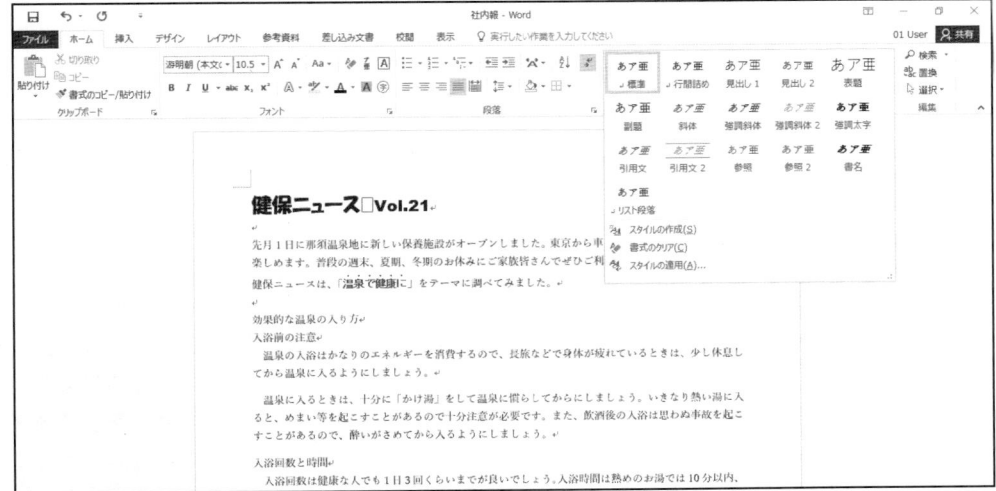

> **用語**
> **クイックスタイル**
> スタイルギャラリーに表示されるスタイルを「クイックスタイル」といい、文字や段落に素早くスタイルを適用することができます。

第1章 書式設定

■ スタイルウィンドウ

[スタイル] グループ右下の [スタイル] ボタンをクリックすると、スタイルウィンドウに組み込みスタイルや追加登録したスタイルが一覧表示されます。スタイル名の右にはスタイルの種類を示す a (文字スタイル)、↵ (段落スタイル)、⇄a (リンクスタイル) のアイコンが表示されます。

また、スタイル名をポイントすると、そのスタイルに登録されている書式の詳細情報がポップアップ表示されます。

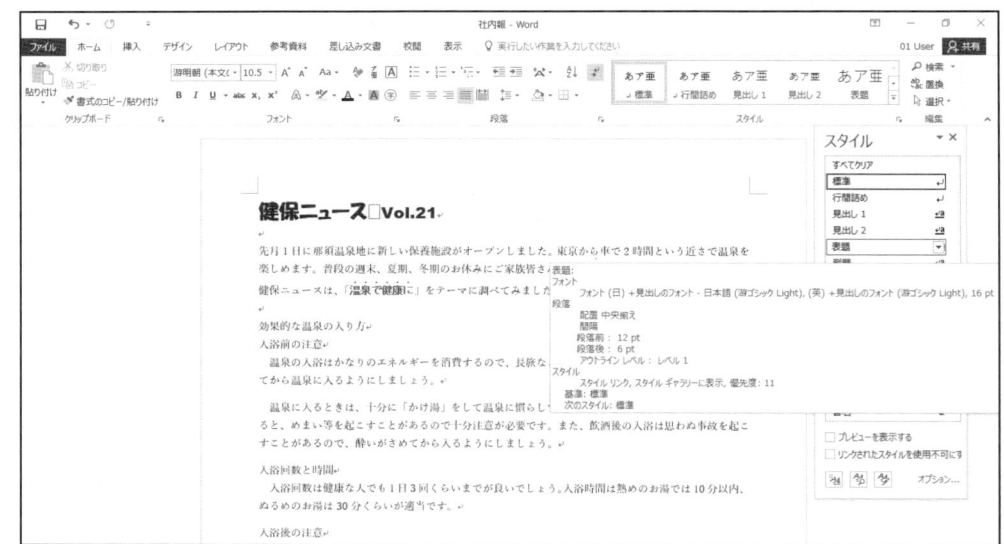

■ スタイルセット

「スタイルセット」では、文字列や段落に設定されているスタイルに応じてフォントの種類やサイズ、行間などをまとめて設定し、文書全体を統一感のある書式にすることができます。[デザイン] タブの [ドキュメントの書式設定] グループのギャラリーからスタイルセットを選択します。

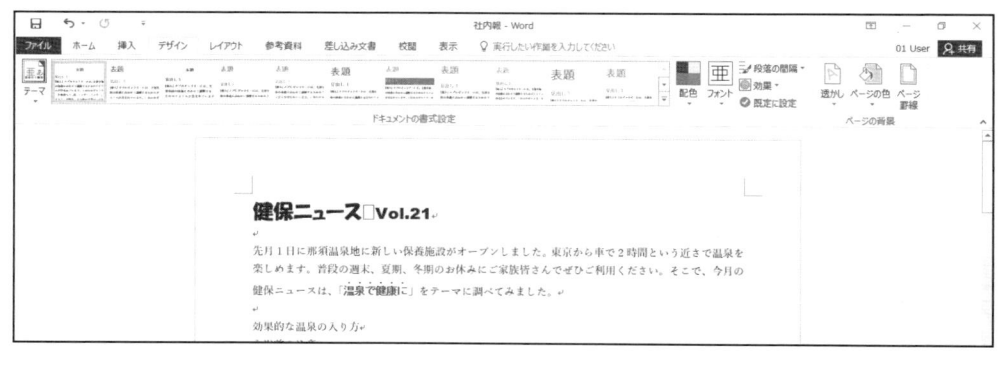

💡 ヒント 「スタイルの設定」と「書式のコピー/貼り付け」との違い

文字や段落の書式を他の文字列に設定するには、[書式のコピー/貼り付け] ボタンを使う方法もあります。この場合、コピー元の書式を変更し、その変更を反映したい場合には、もう一度書式のコピー/貼り付けを行わなくてはなりません。スタイルで書式を設定した場合は、スタイルに保存されている書式を変更するだけで、そのスタイルが設定されているすべての文字や段落の書式にまとめて反映させることができます。用途によって使い分けるとよいでしょう。

文字スタイルの登録と利用

文字スタイルを登録して利用するには、以下の手順で作業します。

1. 文字に書式を設定する
2. 文字スタイルを登録する
3. 登録した文字スタイルを適用する

操作 ☞ 文字に書式を設定する

1ページ3行目の「東京から車で2時間」に次の文字書式を設定しましょう。

フォント	MSゴシック
スタイル	太字
下線	波線

Step 1 書式を設定する文字範囲を選択し、[フォント] ダイアログボックスを開きます。

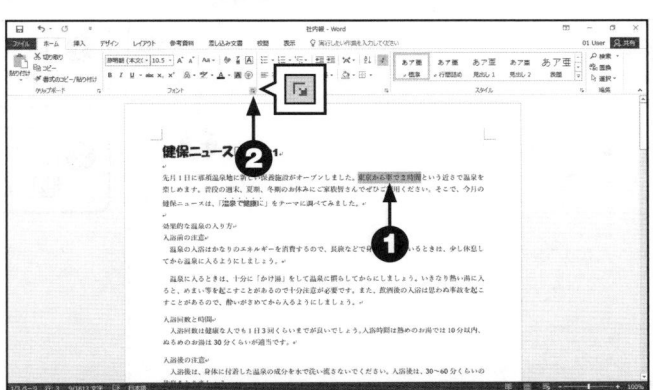

❶ 3行目の「東京から車で2時間」を範囲選択します。

❷ [ホーム] タブの [フォント] グループの右下の [フォント] ボタンをクリックします。

Step 2 [フォント] ダイアログボックスで書式を設定します。

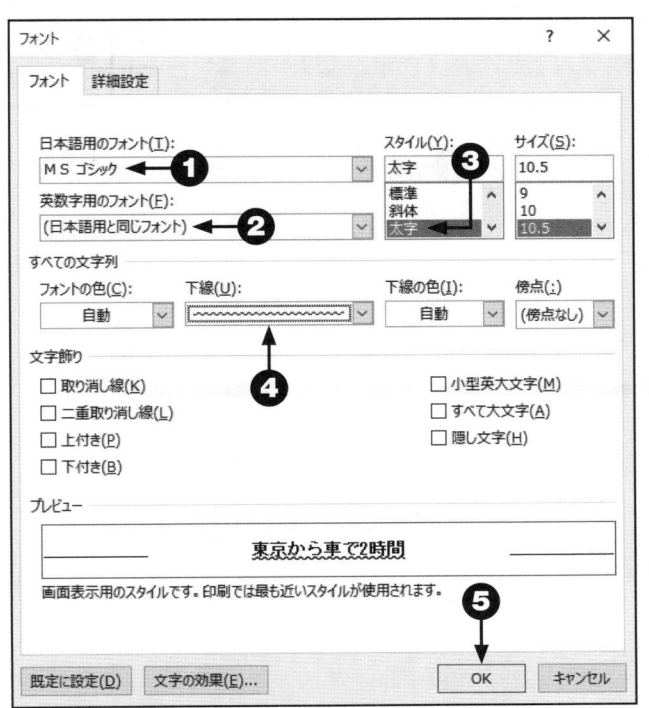

❶ [日本語用のフォント] ボックスの一覧から [MSゴシック] をクリックします。

❷ [英数字用のフォント] ボックスの一覧から [(日本語用と同じフォント)] をクリックします。

❸ [スタイル] ボックスの一覧から [太字] をクリックします。

❹ [下線] ボックスの一覧から波線をクリックします。

❺ [OK] をクリックします。

第 1 章 書式設定

Step 3 範囲選択を解除して、文字書式が設定されたことを確認します。

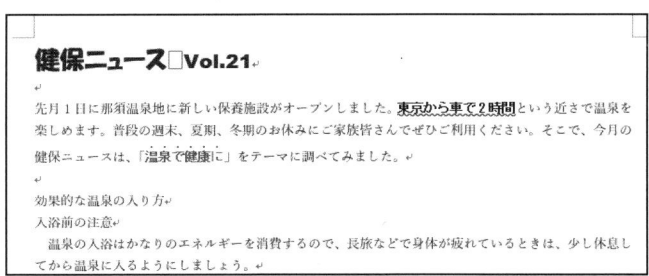

操作 📢 文字スタイルを登録する

「東京から車で2時間」に設定した文字書式を「強調」という名前で文字スタイルとして登録しましょう。

Step 1 スタイルとして登録する書式が設定された文字列を選択し、スタイルギャラリーを表示します。

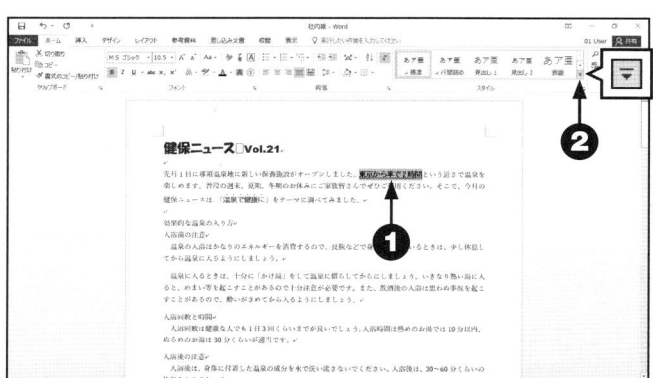

❶「東京から車で2時間」を範囲選択します。

❷[スタイル]グループの[その他]ボタンをクリックします。

Step 2 [書式から新しいスタイルを作成]ダイアログボックスを開きます。

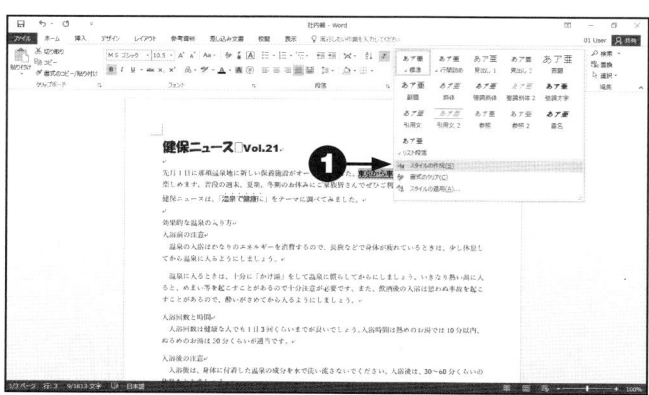

❶[スタイルの作成]をクリックします。

Step 3 登録するスタイルの名前を指定します。

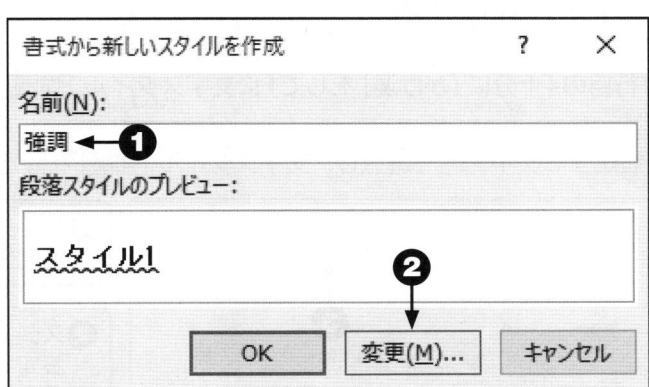

❶ [名前] ボックスに [強調] と入力します。

❷ [変更] をクリックします。

Step 4 スタイルの種類を指定します。

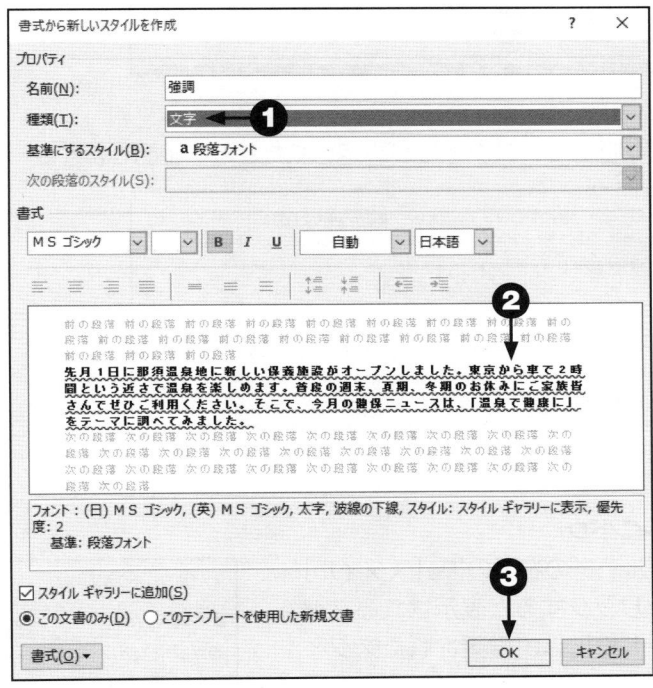

❶ [種類] ボックスの一覧から [文字] をクリックします。

❷ 登録するスタイル情報をプレビュー領域で確認します。

❸ [OK] をクリックします。

Step 5 [強調] スタイルが登録されたことを確認します。

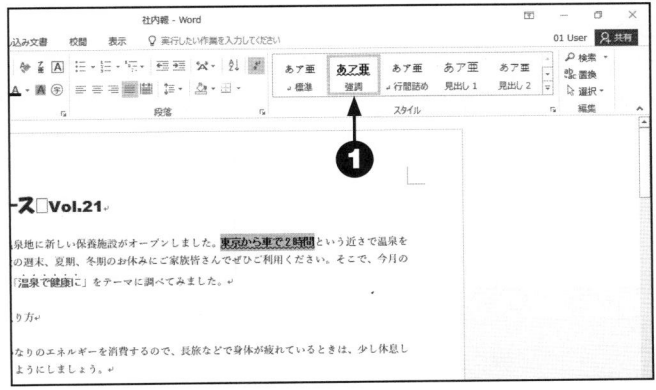

❶ スタイルギャラリーに [強調] が表示されていることを確認します。

第 1 章　書式設定　**11**

操作 登録した文字スタイルを利用する

1ページ11行目の「十分に「かけ湯」をして」に文字スタイル[強調]を設定しましょう。

Step 1 スタイルを設定する文字範囲を選択し、文字スタイル[強調]を設定します。

ヒント
複数の領域に一度にスタイルを設定するには
Ctrlキーを押しながら文字列や段落を選択すると、連続していない複数の領域を選択することができます。この状態でスタイルを設定します。

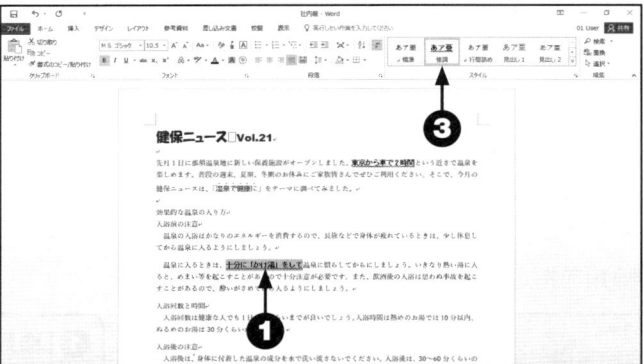

❶「十分に「かけ湯」をして」を範囲選択します。

❷スタイル[強調]をポイントし、設定した結果がプレビュー表示されるのを確認します。

❸[強調]をクリックします。

Step 2 範囲選択を解除して、スタイルが設定されたことを確認します。

ヒント
スタイルウィンドウ
スタイルグループの右下の [スタイル]ボタンをクリックすると表示されるスタイルウィンドウには、推奨されたスタイルが推奨順で表示されます。
すべてのスタイルを表示したり表示順序を変更したりするには、スタイルウィンドウの[オプション...]をクリックし、[スタイルウィンドウオプション]ダイアログボックスでオプションを変更して[OK]をクリックします。

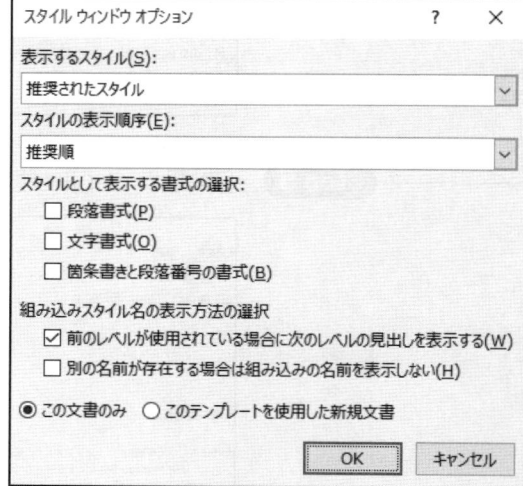

12 スタイルの登録と利用

スタイルの編集

登録した文字スタイルを編集すると、そのスタイルが他の設定箇所にも反映されることを確認しましょう。

操作 文字スタイルを編集する

文字スタイル [強調] の文字の色を [濃い赤] に変更しましょう。

Step 1 [スタイルの変更] ダイアログボックスを開きます。

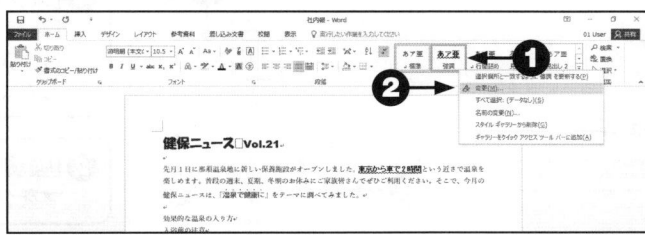

❶ スタイルギャラリーの [強調] を右クリックします。

❷ ショートカットメニューの [変更] をクリックします。

Step 2 [フォントの色] を [濃い赤] に変更します。

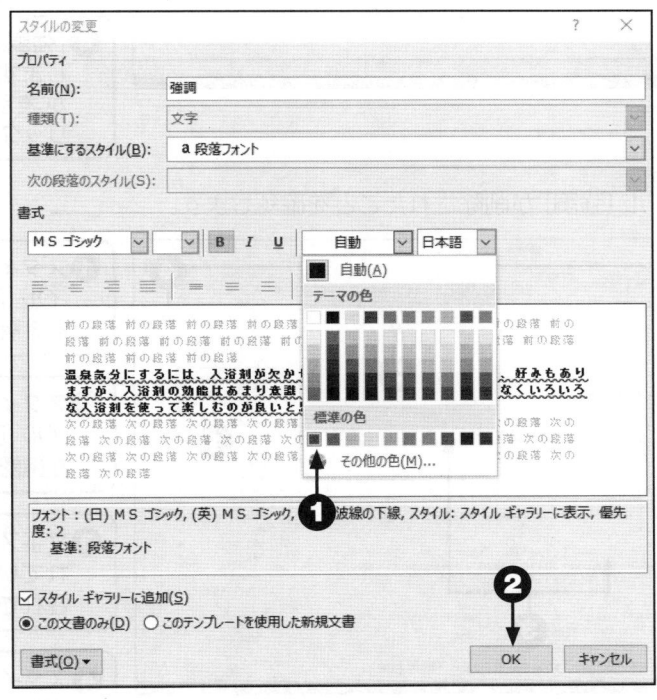

❶ [フォントの色] ボックスの一覧から [濃い赤] をクリックします。

❷ [OK] をクリックします。

> **ヒント**
> **スタイルウィンドウからスタイルを変更する場合**
> 編集するスタイル名をポイントして▼をクリックし、[変更] をクリックすると、[スタイルの変更] ダイアログボックスが表示されます。

Step 3 文字スタイル [強調] が変更されたことを確認します。

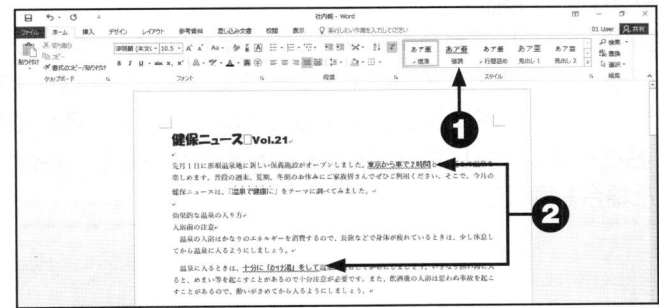

❶ スタイルギャラリーの文字スタイル [強調] の色が変更されたことを確認します。

❷ 文書内の文字スタイル [強調] が設定された文字列の色が変更されたことを確認します。

第1章 書式設定 13

スタイルの削除

登録した文字スタイルを削除しましょう。

操作 ☞ 文字スタイルを削除する

Step 1 文字スタイル [強調] を削除します。

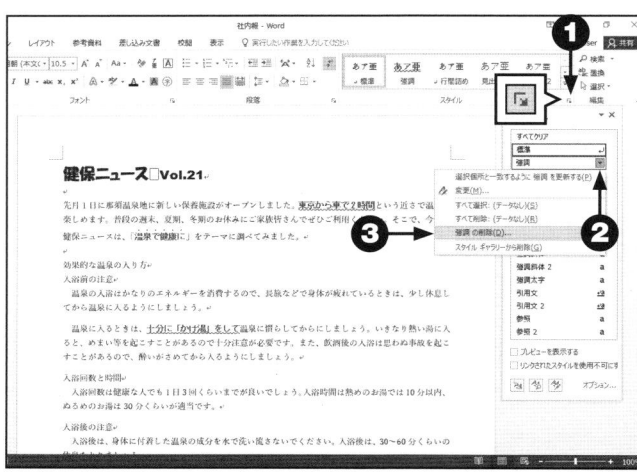

❶ [スタイル] グループの右下の [スタイル] ボタンをクリックし、スタイルウィンドウを表示します。

❷ [強調] をポイントして右端の▼をクリックします。

❸ [強調の削除] をクリックします。

❹ 「強調スタイルを文書から削除しますか?」というメッセージが表示されたら [はい] をクリックします。

Step 2 文字スタイル [強調] が削除されたことを確認します。

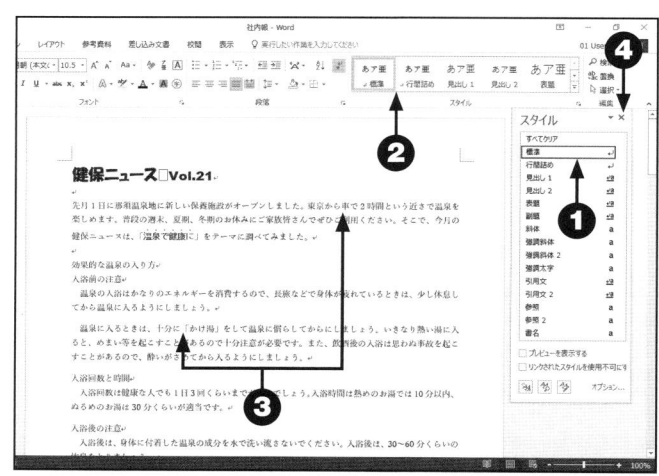

❶ スタイルウィンドウの文字スタイル [強調] が削除されたことを確認します。

❷ スタイルギャラリーの文字スタイル [強調] が削除されたことを確認します。

❸ 文字スタイル [強調] が設定されていた文字列の書式が解除されていることを確認します。

❹ スタイルウィンドウの [閉じる] ボタンをクリックします。

💡 ヒント **スタイルギャラリーから削除**

スタイル名をポイントして▼をクリックし、[スタイルギャラリーから削除] をクリックした場合、そのスタイル名はスタイルギャラリーに表示されなくなりますが、文書内には残されており、スタイルウィンドウから利用することができます。スタイルギャラリーに表示されるスタイル名を右クリックしてショートカットメニューの [スタイルギャラリーから削除] をクリックした場合も同じです。

組み込みスタイルの利用

ここでは、「組み込みスタイル」の利用方法と編集方法について学習します。

あらかじめWordに用意されているスタイルを「組み込みスタイル」といいます。代表的な「組み込みスタイル」に [標準] や [見出し1] ～ [見出し9] などがあります。

・[標準] は既定のスタイルとして新規文書に適用されているスタイルで、次のような書式が設定されています。

フォント	游明朝, 10.5 pt
配置	両端揃え
行間	1行
スタイル	スタイルギャラリーに表示

・[見出し1] ～ [見出し9] は9レベルのアウトラインが設定されているリンクスタイルです。文書内の見出しの書式を統一できるだけでなく、見出しから目次を抽出するなど活用の幅が広がります。たとえば [見出し1] には次のような書式が設定されています。

フォント	游ゴシックLight, 12 pt
改ページと改行	次の段落と分離しない
アウトラインレベル	レベル1
行間	1行
スタイル	リンク, スタイルギャラリーに表示, 優先度：10
基準	標準
次のスタイル	標準

💡 **ヒント**　**組み込みスタイルに設定された書式を確認するには**
スタイルウィンドウに表示されるスタイル名をポイントすると、対象のスタイルに設定されている書式がポップアップ表示されます。

💡 **ヒント**　**スタイルの管理**
スタイルウィンドウの下部にある [スタイルの管理] ボタンをクリックすると、スタイルギャラリーやスタイルウィンドウの一覧に表示されていない組み込みスタイルも含むすべてのスタイルが表示され、設定されている書式を確認したり変更したりすることができます。

組み込みスタイルの利用

段落に「組み込みスタイル」を設定しましょう。

操作 組み込みスタイルを設定する

次の各段落に組み込みスタイル［見出し1］、［見出し2］を設定しましょう。

スタイル	ページ	行番号	段落内容
見出し1	1	7	効果的な温泉の入り方
見出し1	1	20	温泉の効能
見出し1	1	27	家庭で楽しめる温泉
見出し1	1	35	紫外線対策を忘れずに！
見出し1	2	7	紫外線対策自己診断
見出し1	2	16	水分補給について
見出し2	1	8	入浴前の注意
見出し2	1	14	入浴回数と時間
見出し2	1	17	入浴後の注意
見出し2	1	28	お湯の温度
見出し2	1	31	入浴剤

Step 1 ［見出し1］を設定する段落にカーソルを移動します。

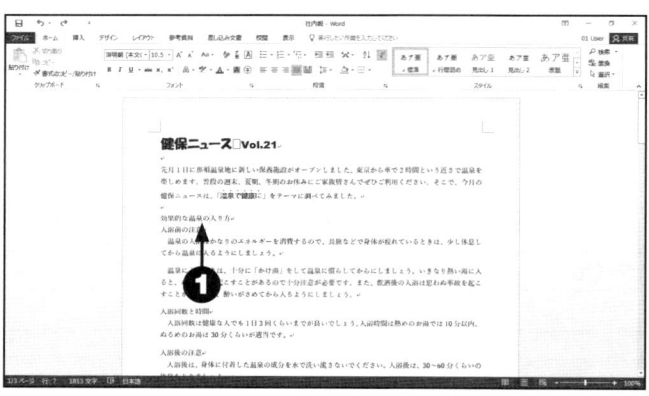

❶1ページ7行目「効果的な温泉の入り方」の段落にカーソルを移動します。

Step 2 ［見出し1］を設定します。

ヒント
［スタイル］グループ
［スタイル］グループには最後に使用したクイックスタイルを含む5つのスタイル名が表示されます。選択したいクイックスタイルが表示されていない場合は［その他］ボタンをクリックし、スタイルギャラリーを表示して選択します。

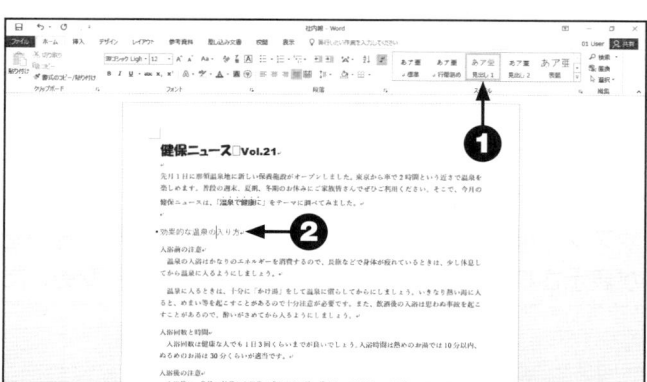

❶スタイル［見出し1］をクリックします

❷［見出し1］が設定されたことを確認します。

❸ナビゲーションウィンドウが表示された場合は［閉じる］ボタンをクリックして閉じます。

16 組み込みスタイルの利用

Step 3 同様に他の箇所にも[見出し1]、[見出し2]スタイルを設定します。

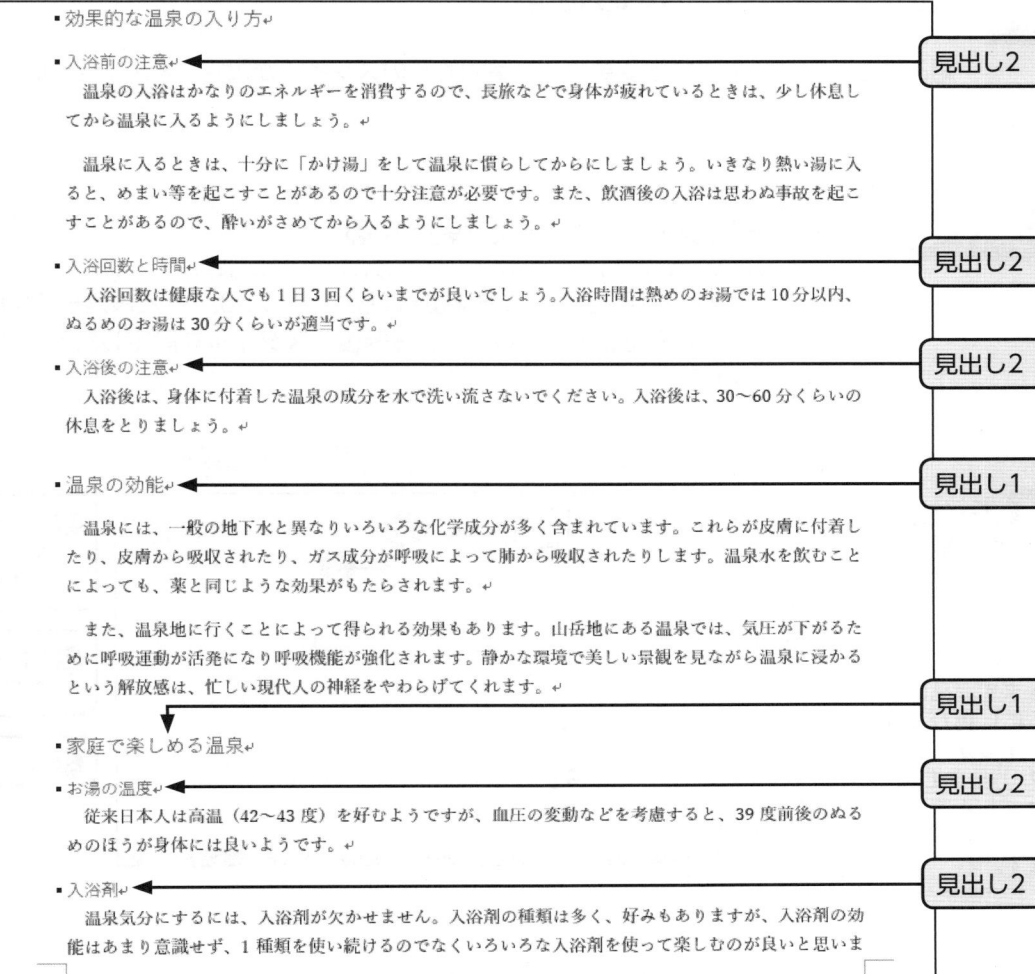

> **ヒント**
> **行の先頭の記号について**
> 組み込みスタイルの[見出し1]～[見出し9]を設定した段落の先頭には小さい黒い四角の記号が表示されます。これは見出しと次の行を同じページに表示するための制御記号で、印刷時には印刷されません。

> **ヒント**
> **ナビゲーションウィンドウ**
> スタイルを設定すると画面左にナビゲーションウィンドウが表示される場合があります。ナビゲーションウィンドウは見出しの一覧、ページのサムネイル、検索結果を切り替えて表示することができ、目的の見出しやページをクリックして移動したり、文字列やコメント、図などを検索したりすることができます。

> **ヒント**
> **直前の操作を繰り返す**
> 直前に行った操作を繰り返す場合は、対象とする範囲を選択して**F4**キーを押します。

第１章 書式設定　*17*

組み込みスタイルの編集

組み込みスタイルの書式を変更し、文書内でそのスタイルが設定されている箇所の書式も自動的に更新されることを確認しましょう。

操作 組み込みスタイルの書式を編集する

スタイル [見出し1] に段落番号（書式：1. 2. 3. …）と段落後の間隔を追加し、[見出し2] に太字を追加登録しましょう。登録後、スタイルを設定したすべての箇所の書式を更新しましょう。

Step 1
[見出し1] が設定されている段落に段落番号を設定します。

ヒント
見出しの折りたたみ
見出し行をポイントすると左側に三角が表示され、クリックすると見出しを折りたたむことができます。見出しを展開するには再び三角をクリックするか、見出し行を右クリックしてショートカットメニューの [展開/折りたたみ] から展開します。

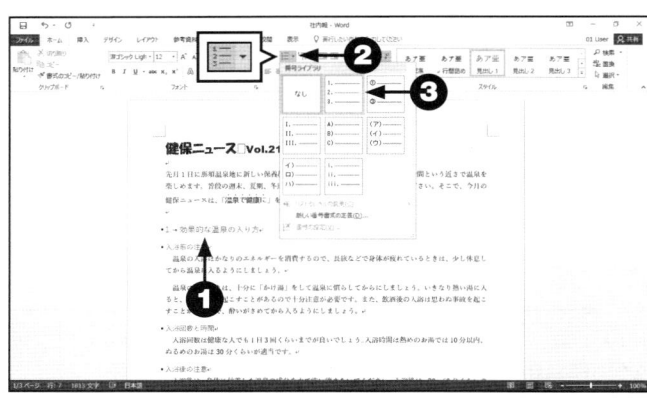

❶ 1ページ7行目の「効果的な温泉の入り方」にカーソルを移動します。

❷ [ホーム] タブの [段落番号] ボタンの▼をクリックします。

❸ [1.2.3] をクリックします。

Step 2
段落後の間隔を設定します。

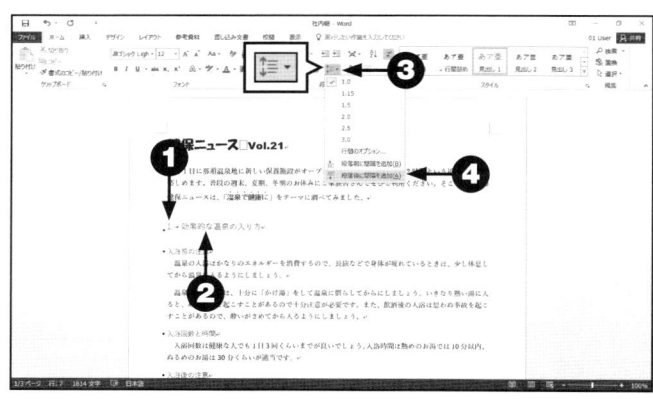

❶ 段落番号「1.」が付いたことを確認します。

❷ 1ページ7行目の「効果的な温泉の入り方」にカーソルがあることを確認します。

❸ [ホーム] タブの [行と段落の間隔] ボタンをクリックします。

❹ [段落後に間隔を追加] をクリックします。

Step 3 書式が設定されたことを確認し、[見出し1] のスタイルを再登録します。

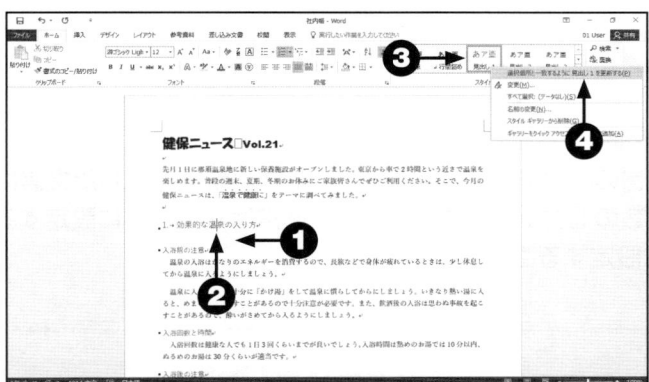

❶ 段落後の間隔が広がったことを確認します。

❷ 1ページ7行目の「1. 効果的な温泉の入り方」にカーソルがあることを確認します。

❸ [見出し1] を右クリックします。

❹ [選択個所と一致するように見出し1を更新する] をクリックします。

Step 4 [見出し1] の書式が変更され、[見出し1] が設定されている箇所の書式が更新されたことを確認します。

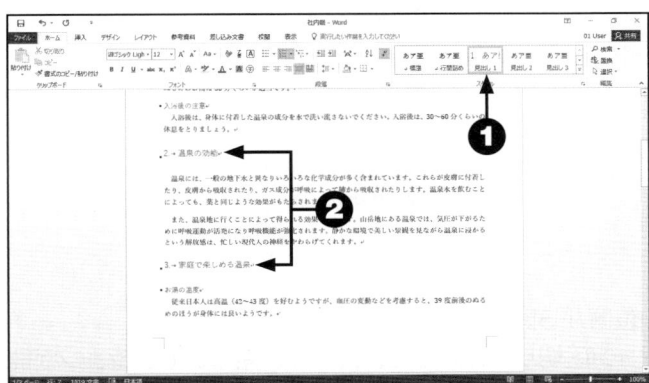

❶ [見出し1] の書式が変更されたことを確認します。

❷ [見出し1] が設定されている段落の書式が更新されたことを確認します。

Step 5 同様に [見出し2] に [太字] の書式を追加登録し、[見出し2] が設定されている箇所の書式を更新します。

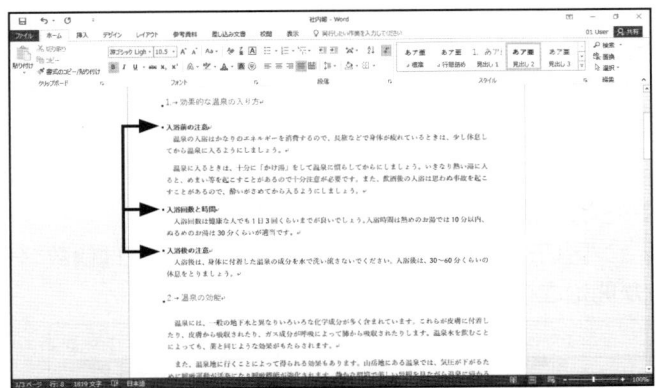

第 1 章 書式設定 19

セクション

「セクション」とは、文書の構成を区切る単位の1つです。新規作成した文書は1つのセクションで構成されています。複数のセクションに区切ると、通常は文書全体に設定する書式（ページ設定など）をセクションごとに設定することができます。

セクション区切りには、次の3種類があります。

・次のページから開始
　セクション区切りを挿入した次のページから、新しいセクションが開始されます。

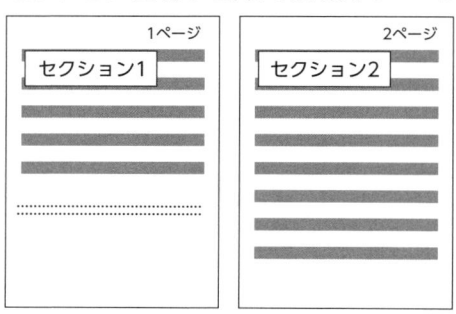

・現在の位置から開始
　セクション区切りを挿入した位置から、新しいセクションが開始されます。

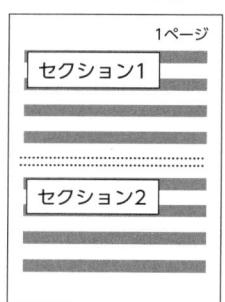

・奇数ページから開始、偶数ページから開始
　セクション区切りを挿入した次の奇数ページ、または偶数ページから、新しいセクションが開始されます。

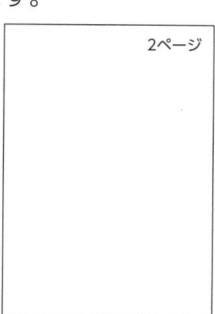

■ セクション単位の書式設定

［次のページから開始］や［奇数ページから開始］、［偶数ページから開始］でセクションを区切ると、通常は文書全体で設定する次のような書式をセクション単位で設定できます。
- 印刷の向き
- 用紙サイズ
- 余白
- ヘッダー/フッター
- ページ番号

段組みはセクションに対して設定できます（段組みを設定すると自動的にセクションが区切られます）。
セクション単位で書式を設定する場合は、対象となるセクションの中にカーソルを移動してから行います。

設定例

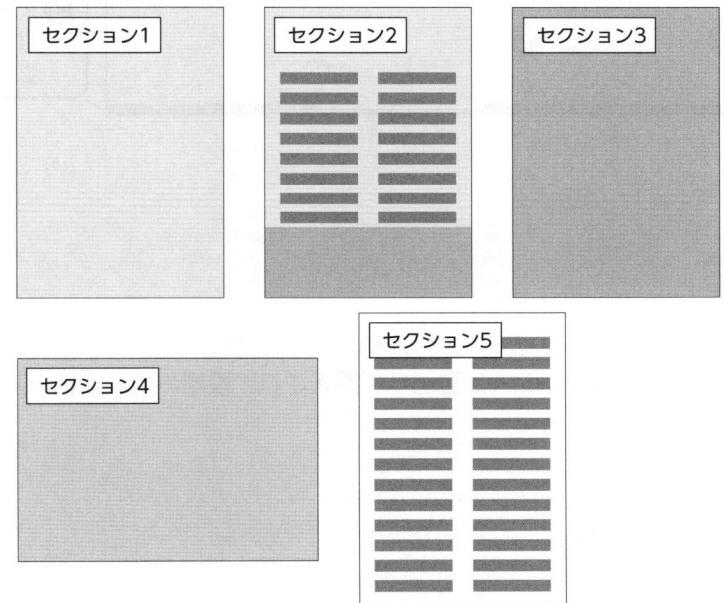

セクション2とセクション5を2段組みに設定
セクション4のみ印刷の向きを［横］に設定

■ その他の文書の区切り

・ページ区切り
　通常はページ内に収まる文章の量を超えると自動的に次のページに文字列が送られますが、ページ区切りを挿入すると、それ以降の文章をページの途中で強制的に次ページへ送ることができます。

・段区切り
　段組みを設定しているとき、段の途中に段区切りを挿入すると、それ以降の文章を強制的に次の段へ送ることができます。

セクション番号の確認

カーソルがある位置のセクション番号をステータスバーに表示して確認しましょう。

操作 セクション番号を確認する

Step 1 ステータスバーに表示されるセクション番号を確認します。

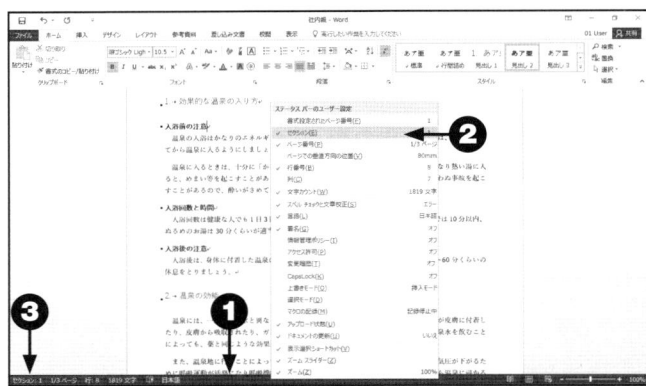

❶ ステータスバーの上で右クリックします。

❷ [セクション] がオフになっている場合は、クリックしてオンにします。

❸ ステータスバーに「セクション: 1」と表示されていることを確認します。

段組みの設定

新聞や雑誌のようにページを複数の段に分けてレイアウトすることを「段組み」といいます。段組みを設定すると、段組みの前後に自動的にセクション区切りが挿入され、段組み前、段組み部分、段組み後の3つのセクションに分けられます。

操作 2段組みを設定する

「1. 効果的な温泉の入り方」（1ページ7行目から）から「3. 家庭で楽しむ温泉」の内容（2ページ4行目まで）を2段組みにし、段と段の間に境界線を引きましょう。

Step 1 2段組みに設定する範囲を選択します。

ヒント
Shiftキーを使った範囲選択
選択する範囲の開始位置をクリックし、**Shift**キーを押しながら選択する範囲の終了位置をクリックすると、その間にある文字列がすべて選択されます。

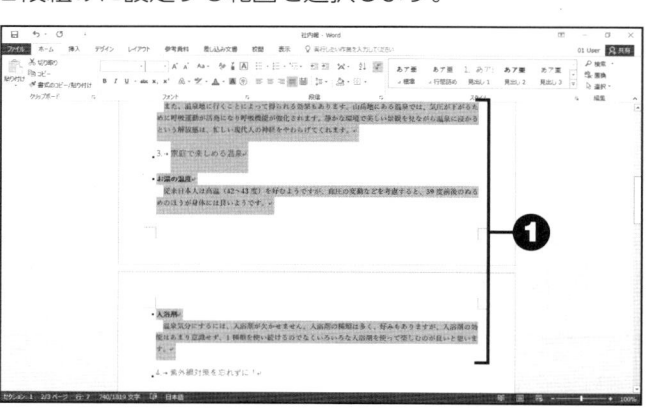

❶ 1ページ7行目の「1. 効果的な温泉の入り方」から2ページ4行目「温泉気分にするには～」の段落までを範囲選択します。

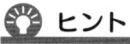

Step 2 [段組み] ダイアログボックスを開きます。

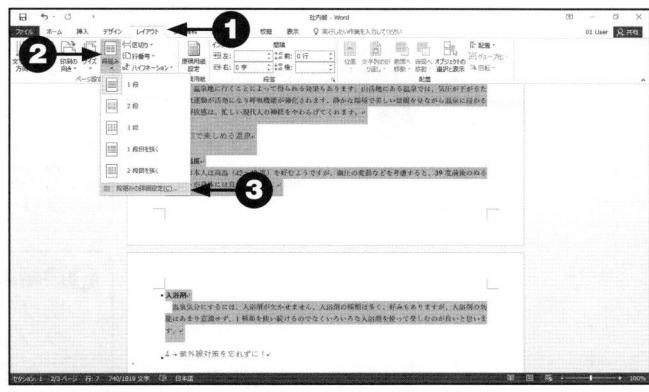

> **ヒント**
> **[段組み]ボタン**
> 境界線を引くなどの詳細な設定が不要な場合は、[段組み] ボタンをクリックして一覧から設定したい段数をクリックするだけで段組みを設定できます。

❶ [レイアウト] タブをクリックします。

❷ [段組み] ボタンをクリックします。

❸ [段組みの詳細設定] をクリックします。

Step 3 段組みの種類と境界線を設定します。

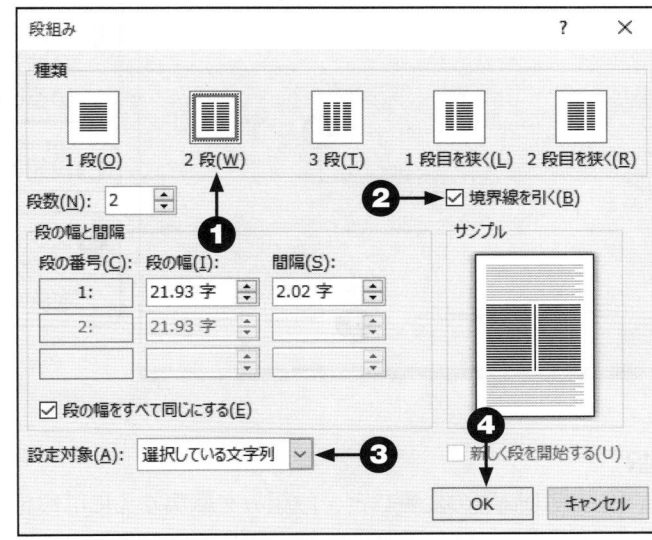

> **ヒント**
> **4段以上の段組みの設定**
> 4段以上の段組みを設定するには、[段組み] ダイアログボックスの [段数] ボックスに段数を指定します。

❶ [2段] をクリックします。

❷ [境界線を引く] チェックボックスをオンにします。

❸ [設定対象] ボックスに [選択している文字列] と表示されていることを確認します。

❹ [OK] をクリックします。

Step 4 範囲選択を解除して、2段組みになったことを確認します。

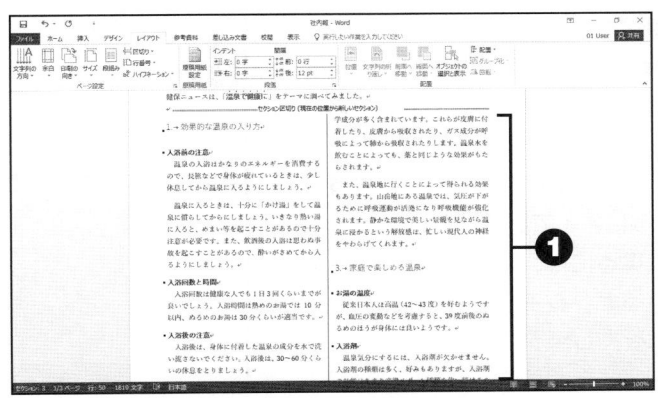

❶ 2段組みになり、境界線が引かれていることを確認します。

第 1 章 書式設定

Step 5 段組みの先頭にセクション区切りが挿入されたことを確認します。

> **ヒント**
> **編集記号の表示/非表示**
> [編集記号の表示/非表示] ボタンをオンにすると、改ページ、段区切り、セクション区切りなどの文書の区切り記号や、タブ文字、スペースなどの編集記号を表示することができます。これらの編集記号は印刷されません。

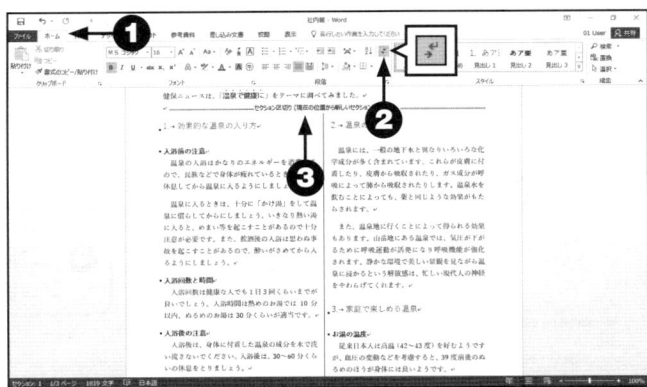

❶ [ホーム] タブをクリックします。

❷ [編集記号の表示/非表示] ボタンがオフになっている場合は、クリックしてオンにします。

❸ 段組みの先頭に「セクション区切り（現在の位置から新しいセクション）」と表示されていることを確認します。

Step 6 段組みの最後にセクション区切りが挿入されたことを確認し、セクション番号を確認します。

> **ヒント**
> **セクション区切り**
> 段組みを設定すると、段組みの前後にセクション区切りが自動的に挿入されます。文書の表示倍率やセクション区切りが挿入された位置の幅によっては、二重線の間に「セクション区切り（現在の位置から新しいセクション）」と表示されます。

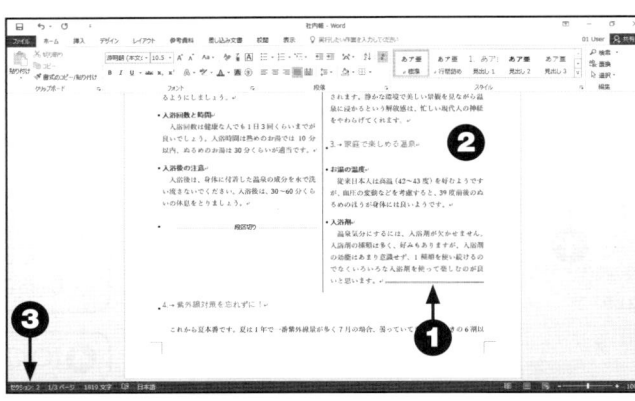

❶ 段組みの最後にセクション区切りを示す二重線が表示されていることを確認します。

❷ 段組み内をクリックします。

❸ ステータスバーに「セクション: 2」と表示されていることを確認します。

> **重要**
> **段組みの選択**
> 段数の変更や段と段の間隔の変更など、段組みを編集するには段組みを選択する必要があります。段組みを選択するには、段組みが設定されているセクション内をクリックします。

> **ヒント**
> **段組みを解除するには**
> 段組みを解除するには、段組みが設定されているセクション内にカーソルを移動し、[レイアウト] タブの [段組み] ボタンをクリックして [1段] をクリックします。
> また、段組みによって区切られたセクションを1つにするには、段組みの前後に挿入されているセクション区切りを選択し、**Delete**キーを押します。

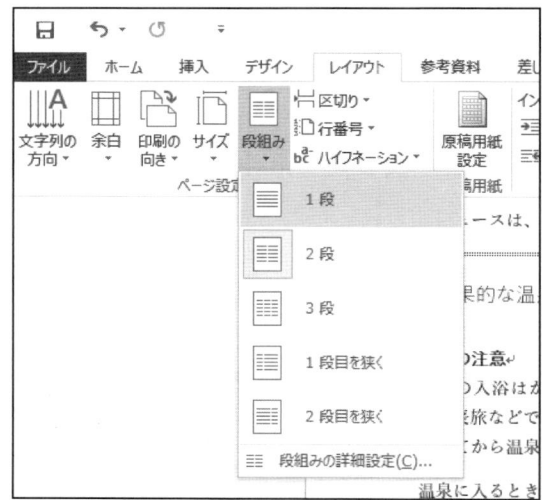

操作 ☞ 段区切りを挿入する

1段目の「2　温泉の効能」の行から2段目が始まるように、段区切りを挿入しましょう。

Step 1 段区切りを挿入します。

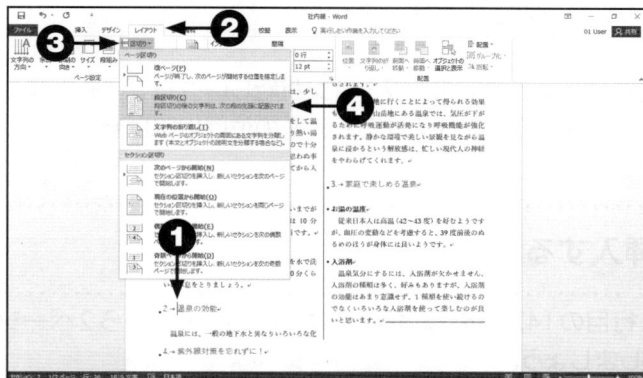

❶ 1段目の「2　温泉の効能」の先頭（段落番号と文字の間）にカーソルを移動します。

❷ [レイアウト] タブをクリックします。

❸ [区切り] ボタンをクリックします。

❹ [段区切り] をクリックします。

Step 2 段が区切られたことを確認します。

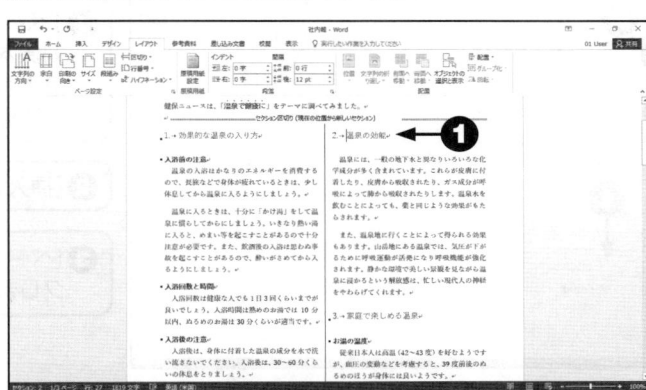

❶「2　温泉の効能」の行が2段目の先頭に移動していることを確認します。

Step 3 段区切りが挿入されたことを確認します。

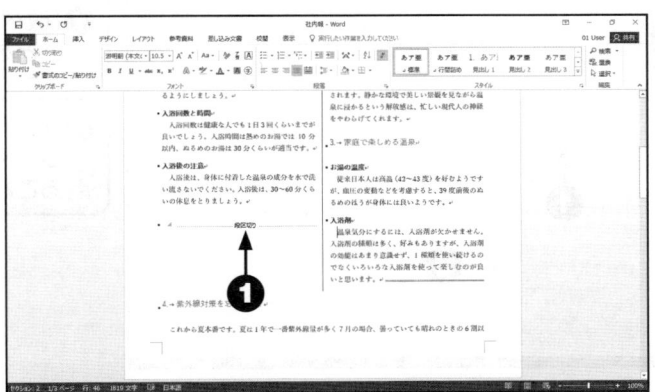

❶ 1段目の最後に「段区切り」と表示されていることを確認します。

ページ区切りとセクション区切り

任意の段落を次のページから開始したい場合、目的によって次の2つの方法を使い分けます。

・「ページ区切り」を挿入する
・「セクション区切り（次のページから開始）」を挿入する

「ページ区切り」を挿入した場合は、それまでのセクションが新しいページにも継続します。
「セクション区切り（次のページから開始）」を挿入すると、その位置以降は新しいセクションとなります。

 **ページ区切りを挿入する**

1ページ51行目の「4. 紫外線対策を忘れずに！」の行から2ページ目になるようにページ区切りを挿入しましょう。

Step 1 ページ区切りを挿入します。

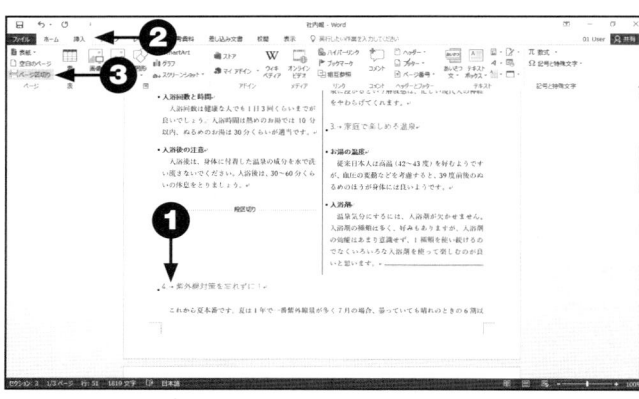

❶ 1ページ51行目の「4. 紫外線対策を忘れずに！」の先頭（段落番号と文字の間）にカーソルを移動します。

❷ [挿入] タブをクリックします。

❸ [ページ区切り] ボタンをクリックします。

ヒント
その他の方法
[レイアウト]タブの[ページ/セクション区切りの挿入] ボタンをクリックし、[改ページ] をクリックして改ページを挿入することもできます。

Step 2 次のページに移動したことを確認します。

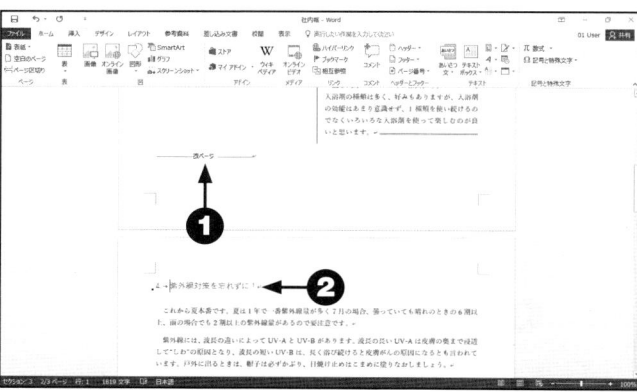

❶「改ページ」と表示されていることを確認します。

❷「4. 紫外線対策を忘れずに！」が2ページ1行目に移動していることを確認します。

ヒント
ページ区切りを解除するには
ページ区切りを解除するには、改ページ記号を選択してDeleteキーを押します。「段区切り」、「セクション区切り」なども同じ操作で解除できます。

操作 セクション区切りを挿入する

2ページ32行目の「健保センター指定医療機関」の位置に「セクション区切り（次のページから開始）」を挿入しましょう。

Step 1 セクション区切りを挿入します。

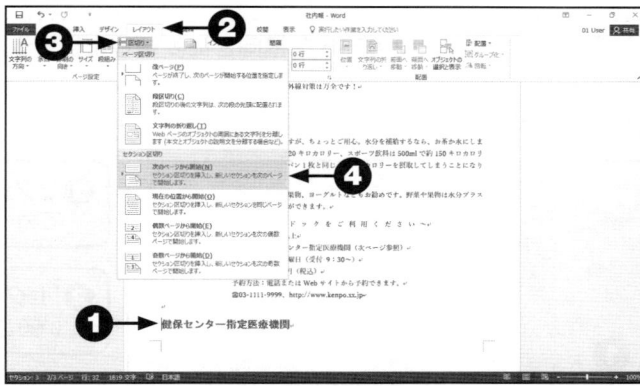

❶ 2ページ32行目の「健保センター指定医療機関」の先頭にカーソルを移動します。

❷ [レイアウト] タブをクリックします。

❸ [区切り] ボタンをクリックします。

❹ [次のページから開始] をクリックします。

Step 2 セクション区切りが挿入されたことを確認します。

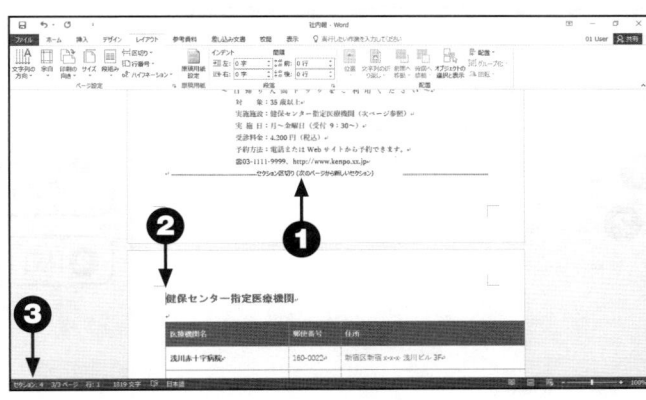

❶ 「セクション区切り（次のページから新しいセクション）」と表示されていることを確認します。

❷ 次のページに移動したことを確認します。

❸ ステータスバーに「セクション：4」と表示されていることを確認します。

第 1 章 書式設定

セクションごとのページ設定

特定のページだけ印刷の向きを変更するなど、セクションごとにページ設定することができます。

操作 ☞ 特定のセクションのページの向きを変更する

セクション4(3ページ)のページの向きを横向きに変更しましょう。

Step 1 ページの向きを変更するセクションを指定します。

❶ セクション4の中をクリックしてカーソルを移動します。

❷「セクション:4」と表示されていることを確認します。

💡 ヒント
セクションの選択
セクションに対して書式を設定する際には、対象となるセクションの中をクリックしてセクションを選択します。

Step 2 ページの向きを変更します。

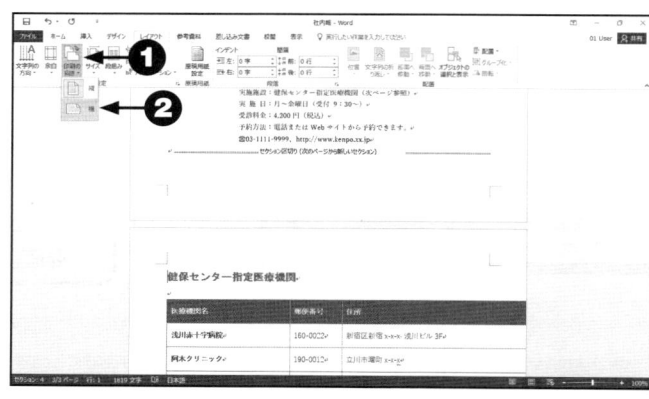

❶ [レイアウト] タブの [印刷の向き] ボタンをクリックします。

❷ [横] をクリックします。

Step 3 ページの向きが変更されたことを確認します。

❶ 3ページ目のページの向きが横に変更されたことを確認します。

💡 ヒント
その他のページ設定
ページの向き以外のページ設定は、[ページ設定]グループの右下の[ページ設定]ボタンをクリックし、[ページ設定]ダイアログボックスで行います。

操作 👉 印刷プレビューで複数ページを表示する

印刷プレビューで複数ページを表示し、3ページの印刷の向きだけが横向きになっていることを確認しましょう。

Step 1 印刷プレビューを表示します。

❶ [ファイル] タブをクリックします。

❷ [印刷] をクリックします。

Step 2 表示倍率を調整し、同時に3ページを表示します。

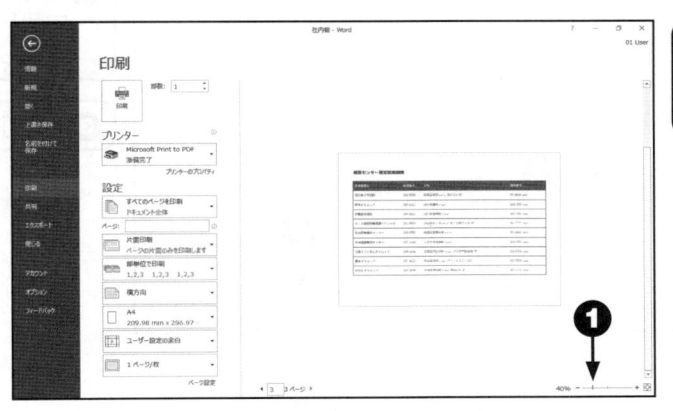

❶ 表示倍率が30%になるまでズームスライダーを左にドラッグします。

第 1 章 書式設定

Step 3 3ページの用紙の向きを確認します。

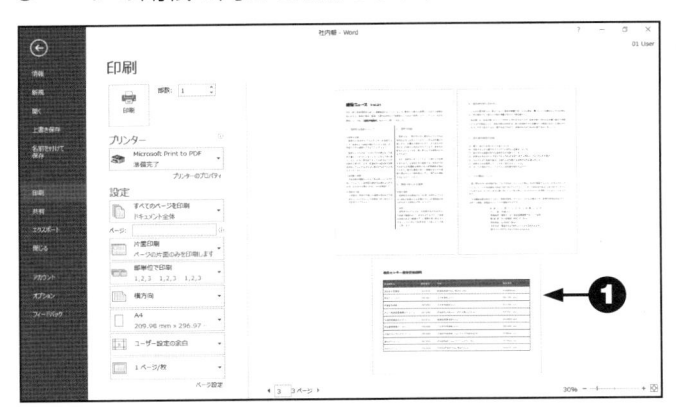

❶3ページが横向きになっていることを確認します。

Step 4 ファイル「社内報」を別のフォルダーに保存します。

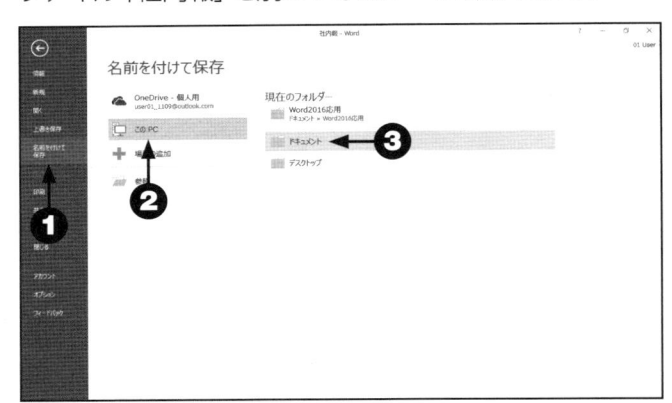

❶[名前を付けて保存] をクリックします。

❷[このPC] をクリックします。

❸[ドキュメント] をクリックします。

Step 5 [Word2016応用] フォルダーの中の [保存用] フォルダーに「社内報」というファイル名で保存します。

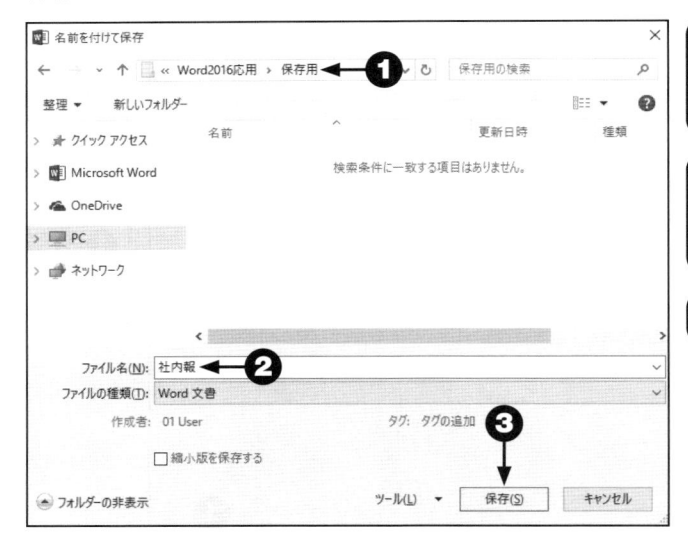

❶[Word2016応用] フォルダーの中の [保存用] フォルダーを開きます。

❷[ファイル名] ボックスに「社内報」と入力されていることを確認します。

❸[保存] をクリックします。

Step 6 [ファイル] タブをクリックして [閉じる] をクリックし、ファイル「社内報」を閉じます。

この章の確認

- □ 文字や段落の書式を設定できますか？
- □ 文字スタイルを登録できますか？
- □ 登録した文字スタイルを利用できますか？
- □ 組み込みスタイルを利用できますか？
- □ 組み込みスタイルの書式を更新できますか？
- □ 文章を2段組みにできますか？
- □ 段区切り、改ページ、セクション区切りを挿入できますか？
- □ ページの向きを変更できますか？

復習問題 問題1-1

文字や段落の書式を設定しましょう。また、スタイルを登録して適用し、更新しましょう。

1. [Word2016応用] フォルダーの中の [復習問題] フォルダーから、ファイル「復習1-1　福利厚生」を開きましょう。

2. 1ページ7行目の「施設利用のご案内」の文字書式を次のように設定しましょう。

フォントサイズ	24ポイント
フォントの色	緑、アクセント6、黒+基本色50%
フォントスタイル	太字

3. 1ページ21行目の「※　詳しくは、総務部～」の段落に4文字分の左インデントを設定しましょう。

4. 2ページ3行目の「ここちよい高原の風」に設定されている文字書式を「強調文字」という名前でクイックスタイルとして登録しましょう。

5. 登録したクイックスタイル [強調文字] を2ページの次の文字列に適用しましょう。

6～7行目	自家製生ハムは絶品
9行目	広大なドッグラン
13行目	軽井沢の森をサイクリング

6. スタイルギャラリーを利用して、2ページの次の箇所に組み込みスタイル [見出し1] を適用しましょう。

2行目	温泉
5行目	レストラン
8行目	ペット
11行目	スポーツ
15行目	アクセス

7. 2ページ2行目の文字列「温泉」を利用して、組み込みスタイル［見出し1］の書式を次のように更新しましょう。

インデント	最初の行（なし）
段落前の間隔	0.5行
フォント	HGP教科書体
フォントサイズ	14ポイント
フォントの色	緑、アクセント6、黒＋基本色25％
フォントスタイル	太字

8. ［Word2016応用］フォルダーの中の［保存］フォルダーに、「復習1-1　福利厚生」という名前でファイルを保存しましょう。

9. ファイル「復習1-1　福利厚生」を閉じましょう。

完成例

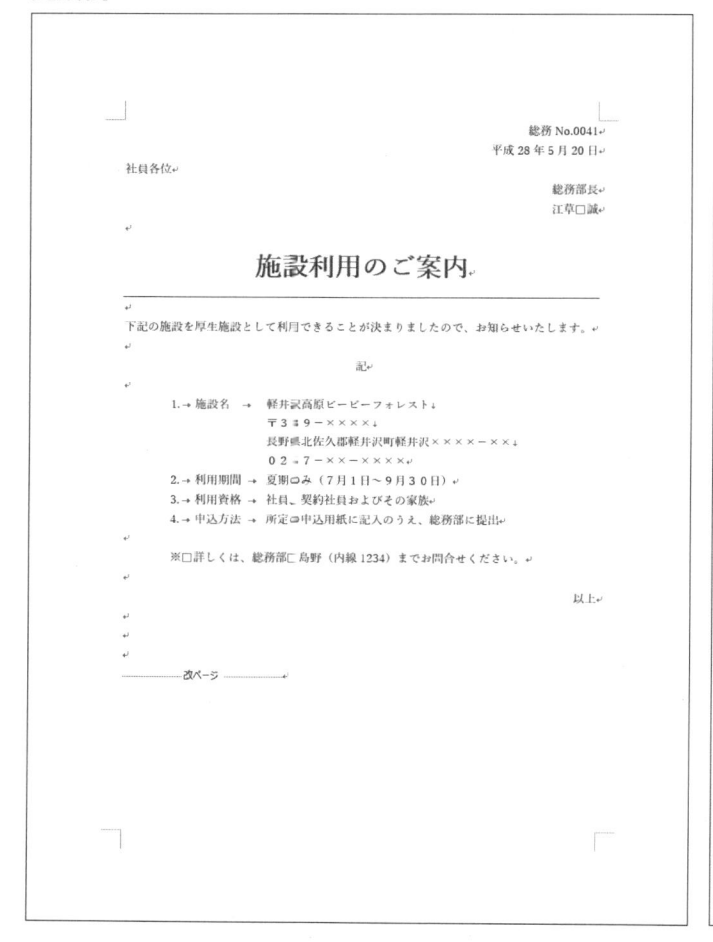

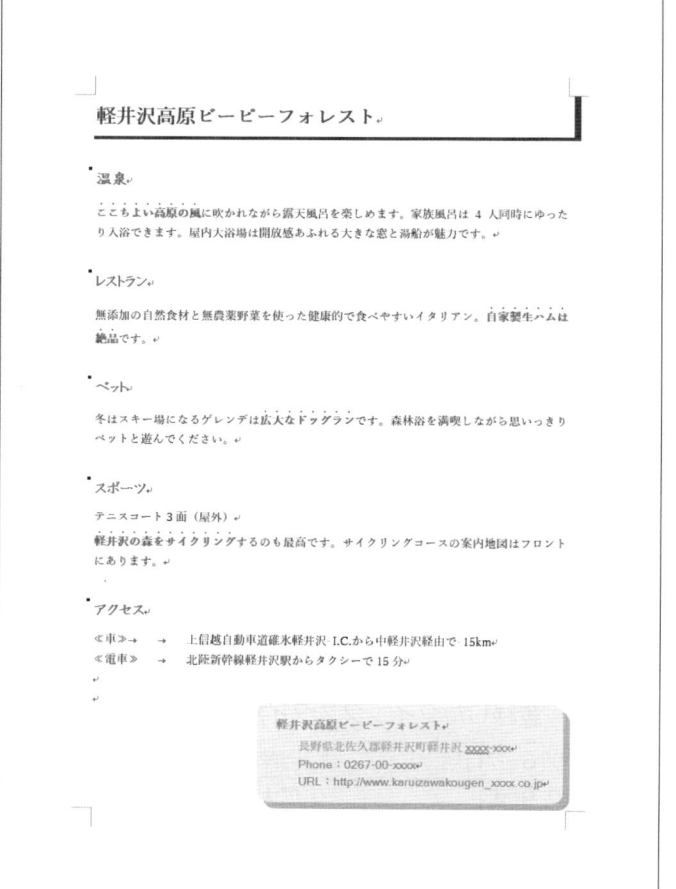

復習問題 問題 1-2

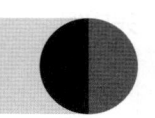

文書に改ページを挿入し、一部を2段組みにしましょう。また、セクション区切りを挿入し、特定のページのみ印刷の向きと余白を変更しましょう。

1. ［Word2016応用］フォルダーの中の［復習問題］フォルダーから、ファイル「復習1-2　福利厚生」を開きましょう。

2. 1ページ25行目の位置にページ区切りを挿入しましょう。

3. 2ページ3行目から22行目の文章を、境界線を入れて2段組みにしましょう。

4. 2段組みに設定したセクションの13行目の「レストラン」から右の段に表示されるように、段区切りを挿入しましょう。

5. 2ページ37行目の「施設予約状況　2016年7月」から次のセクションになるように、「次のページから開始」のセクション区切りを挿入しましょう。

6. セクション4（3ページ）の印刷の向きを横にし、左右の余白サイズを15mmにしましょう。

7. ［Word2016応用］フォルダーの中の［保存］フォルダーに、「復習1-2　福利厚生」という名前でファイルを保存しましょう。

8. ファイル「復習1-2　福利厚生」を閉じましょう。

完成例

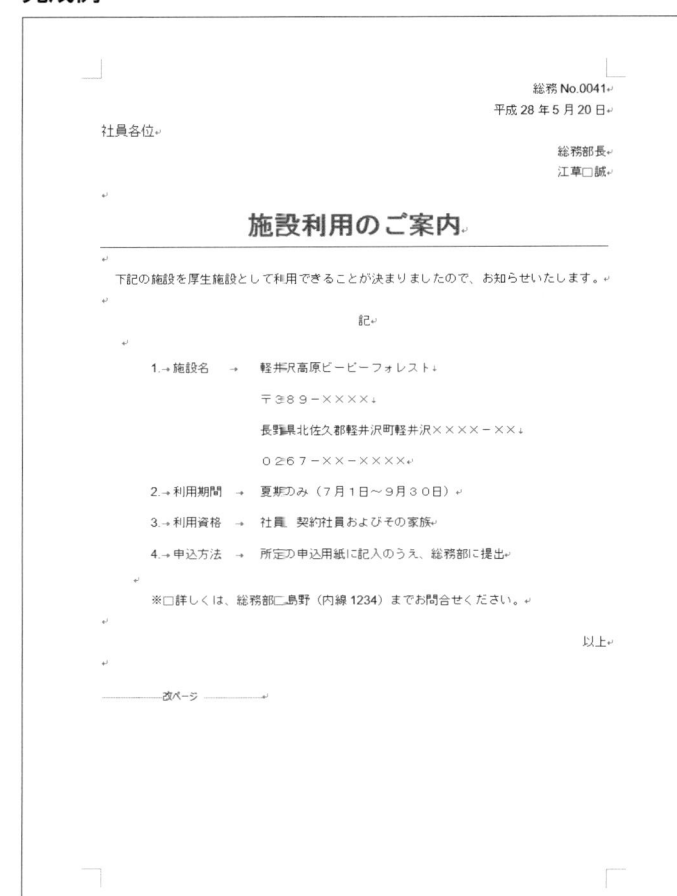

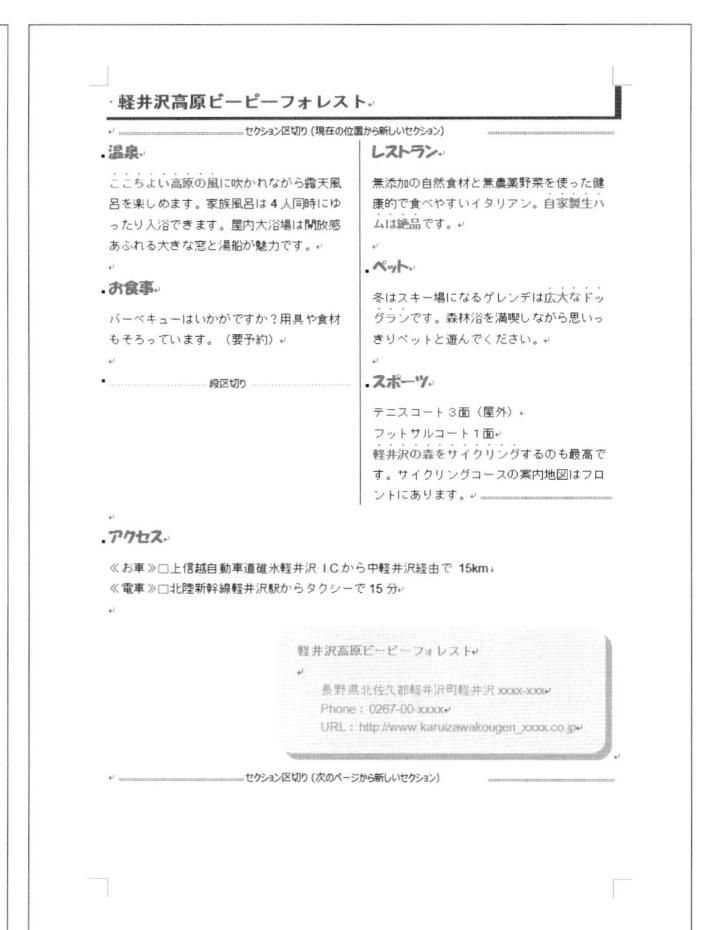

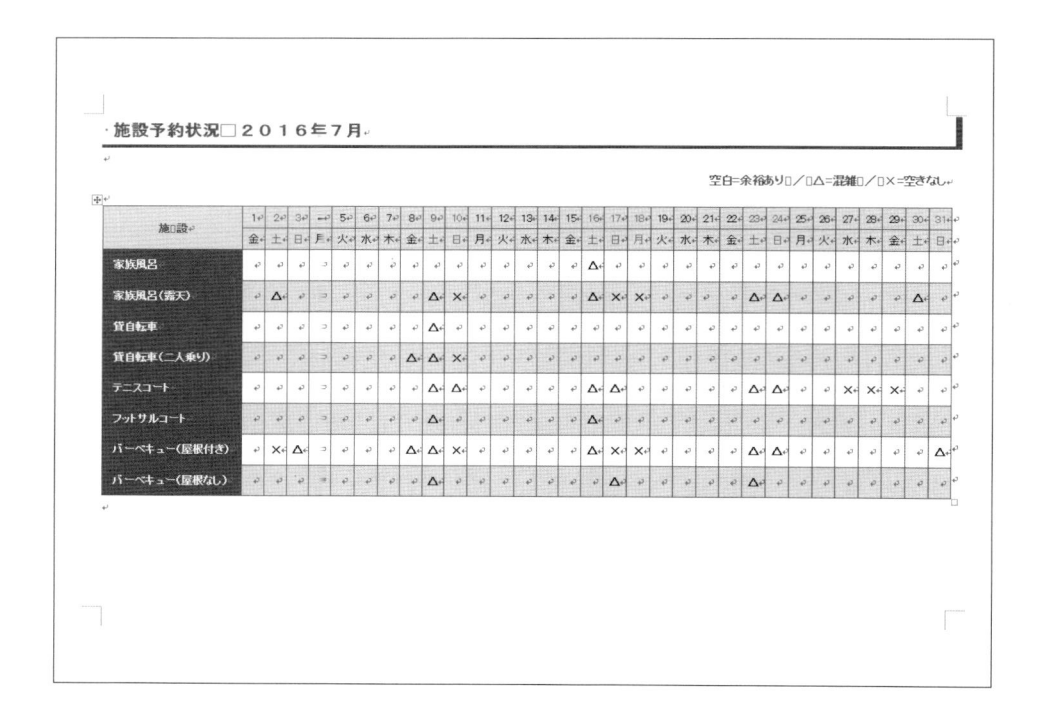

総務 No.0041
平成28年5月20日

社員各位

総務部長
江草 誠

施設利用のご案内

下記の施設を厚生施設として利用できることが決まりましたので、お知らせいたします。

記

1. 施設名 → 軽井沢高原ビーピーフォレスト
   〒389-××××
   長野県北佐久郡軽井沢町軽井沢××××-××
   0267-××-××××
2. 利用期間 → 夏期のみ（7月1日～9月30日）
3. 利用資格 → 社員、契約社員およびその家族
4. 申込方法 → 所定の申込用紙に記入のうえ、総務部に提出

※　詳しくは、総務部 島野（内線1234）までお問合せください。

以上

――――改ページ――――

軽井沢高原ビーピーフォレスト

――――セクション区切り (現在の位置から新しいセクション)――――

温泉

ここちよい高原の風に吹かれながら露天風呂を楽しめます。家族風呂は4人同時にゆったり入浴できます。屋内大浴場は開放感あふれる大きな窓と湯船が魅力です。

お食事

バーベキューはいかがですか？用具や食材もそろっています。（要予約）

――――段区切り――――

レストラン

無添加の自然食材と無農薬野菜を使った健康的で食べやすいイタリアン。自家製生ハムは絶品です。

ペット

冬はスキー場になるゲレンデは広大なドッグラン。森林浴を満喫しながら思いっきりペットと遊んでください。

スポーツ

テニスコート3面（屋外）
フットサルコート1面
軽井沢の森をサイクリングするのも最高です。サイクリングコースの案内地図はフロントにあります。

アクセス

《お車》　上信越自動車道碓氷軽井沢ICから中軽井沢経由で15km
《電車》　北陸新幹線軽井沢駅からタクシーで15分

軽井沢高原ビーピーフォレスト
長野県北佐久郡軽井沢町軽井沢xxxx-xxxx
Phone：0267-00-xxxxx
URL：http://www.karuizawakougen_xxxx.co.jp

――――セクション区切り (次のページから新しいセクション)――――

施設予約状況　２０１６年７月

空白=余裕あり　△=混雑　×=空きなし

施設	1 金	2 土	3 日	4 月	5 火	6 水	7 木	8 金	9 土	10 日	11 月	12 火	13 水	14 木	15 金	16 土	17 日	18 月	19 火	20 水	21 木	22 金	23 土	24 日	25 月	26 火	27 水	28 木	29 金	30 土	31 日
家族風呂																															
家族風呂(露天)		△						△	×				△	×	×				△	△										△	
貸自転車																															
貸自転車(二人乗り)								△	×																						
テニスコート								△							△											×	×				
フットサルコート								△							△																
バーベキュー(屋根付き)		×			△		△	△	×				△	×		△			△			△			△					△	
バーベキュー(屋根なし)								△																							

第2章

図解とグラフの利用

- 図形の編集
- SmartArtを利用した図解の作成
- グラフの作成

図形の編集

図形に文字を配置することで、一部の文章を強調したりレイアウトを見栄えよく整えたりするなど、文書にさまざまな効果を加えることができます。ここでは、図形の構造や配置、および書式を設定する方法について学習します。

> 文書内に挿入した図形を編集するには、対象の図形を選択した状態で[描画ツール]の[書式]タブの各ボタンを使用します。
> 図形の塗りつぶしの色や枠線の色、影などの書式を設定するには、[図形のスタイル]グループのボタンを使用します。また、図形の配置や向き、重なり順序などの図形の構造を調整するには、[テキスト]グループと[配置]グループのボタンを使用します。

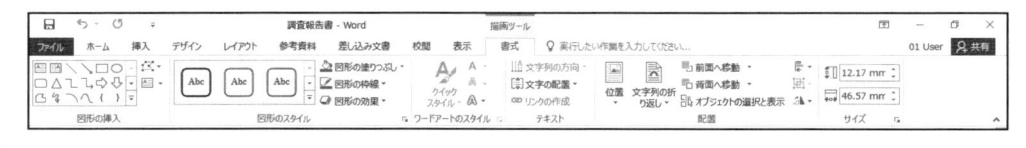

図形の編集

文書内に挿入した図形に対して、次のような編集を行うことができます。
・文字を入力する
・図形を変更する
・反転する
・重なり順序を変更する
・配置を調整する

操作 図形に文字を入力する

[Word2016応用]フォルダーの中にあるファイル「調査報告書」を開き、7行目の「目的:」の位置に挿入されている図形に次の文字を入力しましょう。

左の四角形	消費者の嗜好を把握
右の四角形	新商品の開発

Step 1 左の四角形に文字を入力します。

❶ ファイル「調査報告書」を開きます。

❷ 左の四角形を選択し、「消費者の嗜好を把握」と入力します。

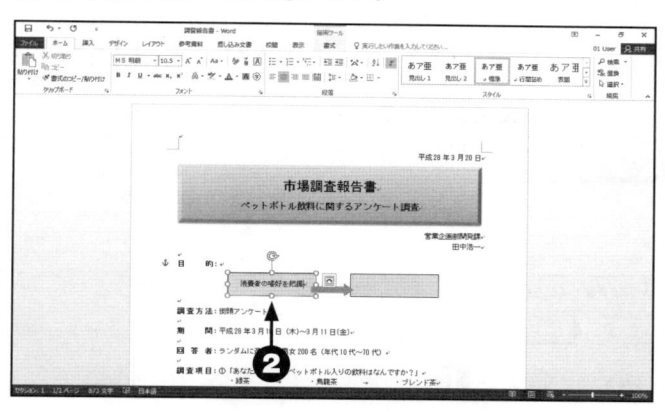

ヒント
図形の挿入
文書に図形を挿入するには、[挿入] タブの [図] グループにある [図形] ボタンをクリックし、図形を選択して挿入したい位置をドラッグします。挿入した図形([線]を除く)には文字を入力できます。

Step 2 右の四角形に文字を入力します。

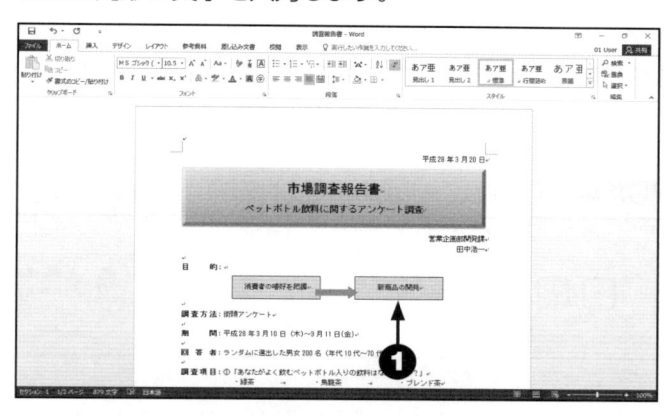

❶ 右の四角形を選択し、「新商品の開発」と入力します。

❷ 四角形以外の箇所をクリックして文字の入力を確定します。

操作 図形を変更する

四角形を [メモ] という図形に変更しましょう。

Step 1 2つの四角形を [メモ] に変更します。

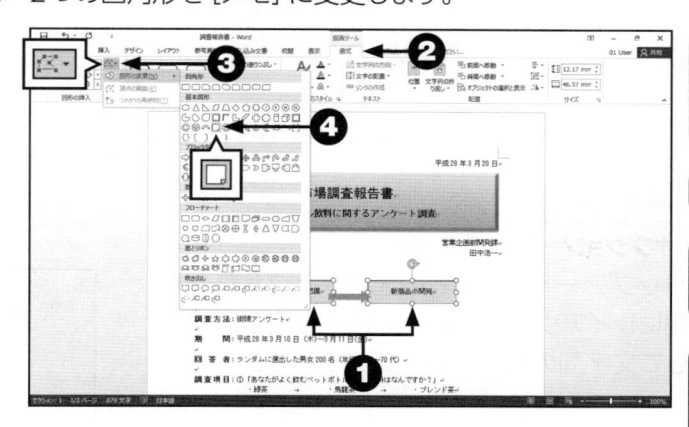

❶ 左の四角形をクリックし、**Shift** キーを押しながら右の四角形をクリックして選択します。

❷ [書式] タブをクリックします。

❸ [図形の編集] ボタンをクリックします。

❹ [図形の変更] をポイントし、[基本図形] の [メモ] をクリックします。

第 2 章 図解とグラフの利用 37

Step 2 図形が変更されたことを確認します。

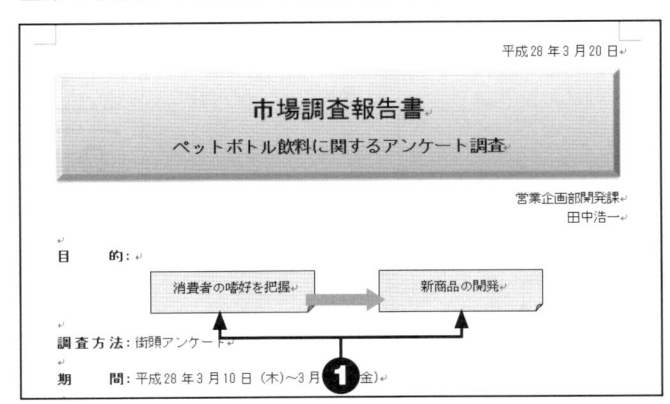

❶図形の選択を解除して、2つの四角形がメモに変更されたことを確認します。

💡 ヒント　コンテキストツール

図形や図、グラフ、表などを文書内へ挿入した直後または選択したときに自動的にリボンに表示されるタブ群を「コンテキストツール」といいます。選択中のオブジェクトの種類によって表示されるコンテキストツールの種類は異なります。

図形を選択した場合（[描画ツール]の[書式]タブ）

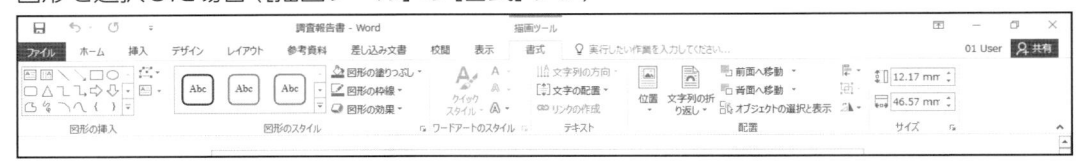

グラフを選択した場合（[グラフツール]の[デザイン]タブと[書式]タブ）

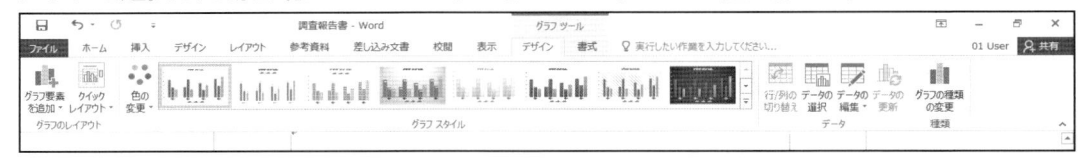

表を選択した場合（[表ツール]の[デザイン]タブと[レイアウト]タブ）

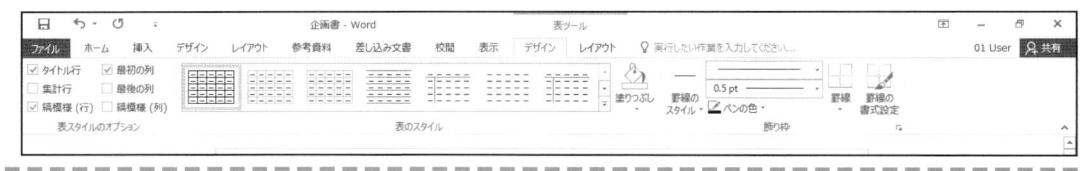

💡 ヒント　レイアウトオプション

図形やクリップアート、表などのオブジェクトを選択すると右側にレイアウトオプションボタンが表示され、クリックして文字列の折り返しを変更することができます。

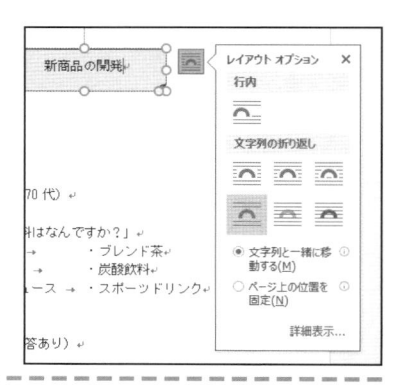

操作 図形を反転する

Step 1 2つのメモを左右反転します。

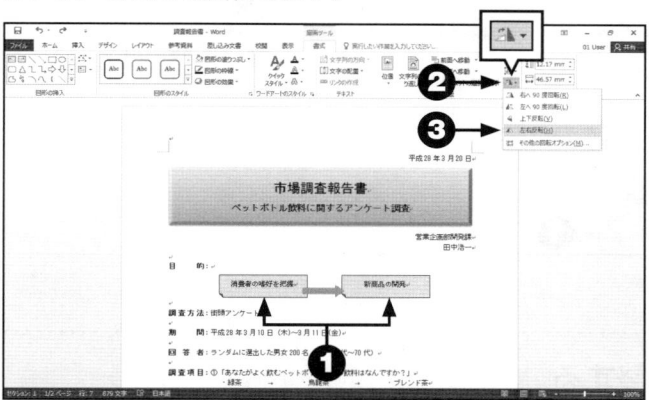

❶ 左のメモをクリックし、**Shift**キーを押しながら右のメモをクリックして選択します。

❷ [書式] タブの [オブジェクトの回転] ボタンをクリックします。

❸ [左右反転] をクリックします。

Step 2 図形が反転したことを確認します。

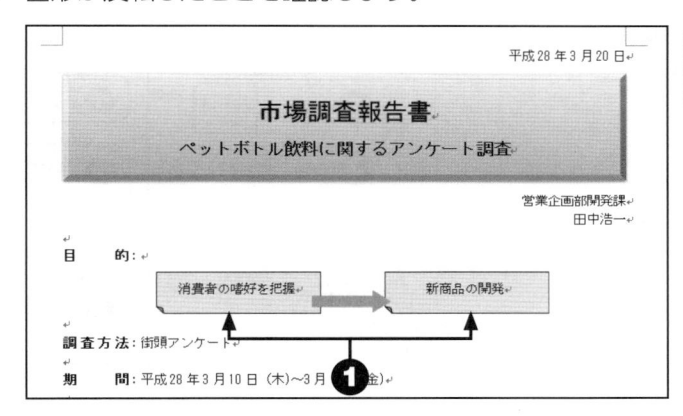

❶ 図形の選択を解除して、左右反転したことを確認します。

操作 図形の重なり順序を変更する

左のメモが矢印の前面に表示されるように、図形の重なり順序を変更しましょう。

Step 1 メモと矢印の重なり順序を変更します。

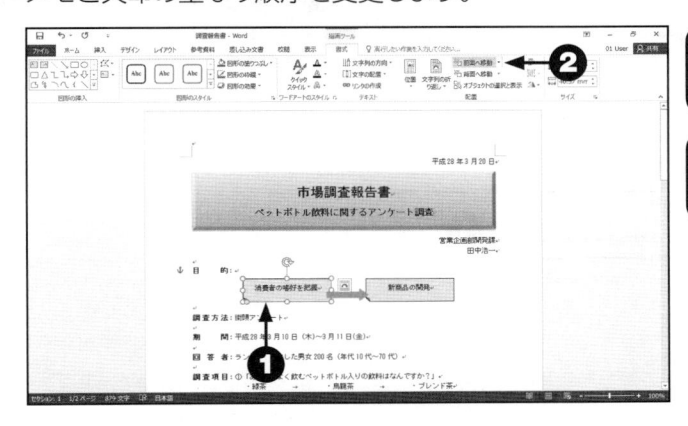

❶ 左のメモをクリックして選択します。

❷ [書式] タブの [前面へ移動] ボタンをクリックします。

第 2 章 図解とグラフの利用

Step 2 重なり順序が変更されたことを確認します。

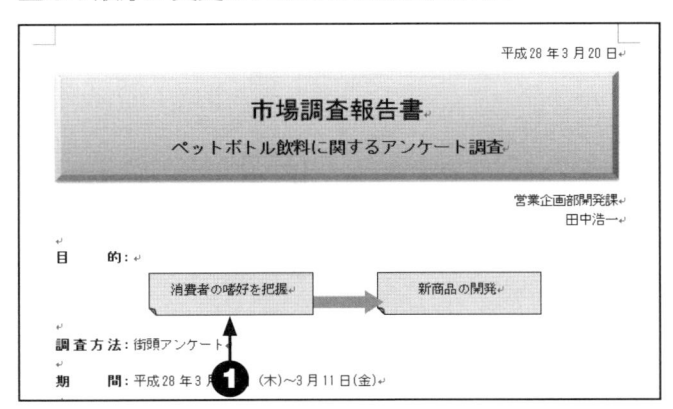

❶ 選択を解除して、左のメモが矢印の前面に表示されていることを確認します。

操作 👉 図形の配置を調整する

2つのメモと矢印を[上下中央揃え]に配置し、レイアウトを整えましょう。

Step 1 メモと矢印を上下中央揃えに配置します。

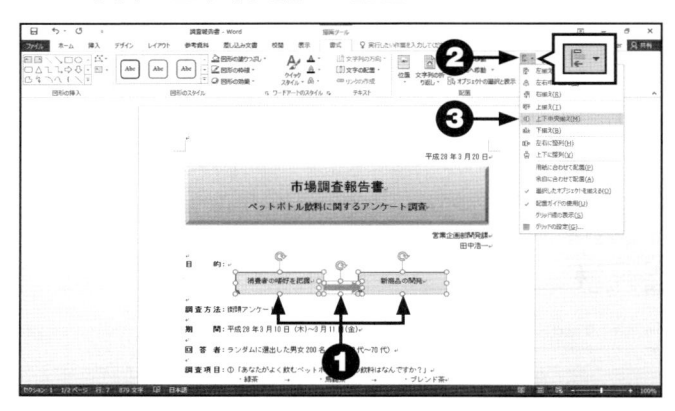

❶ 2つのメモと矢印を選択します。

❷ [書式]タブの[オブジェクトの配置]ボタンをクリックします。

❸ [上下中央揃え]をクリックします。

Step 2 図形の配置が調整されたことを確認します。

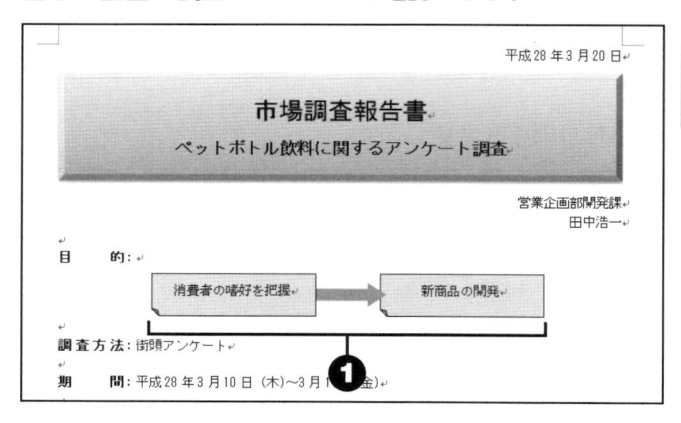

❶ 図形の選択を解除して、メモと矢印が上下中央揃えに配置されていることを確認します。

40　図形の編集

図形の書式設定

文書内に挿入した図形に対して、次のような書式を設定することができます。
- 塗りつぶしの色を変更する
- 枠線の書式を変更する
- 効果を設定する

操作☞ 図形の塗りつぶしの色を変更する

図形 [メモ] の塗りつぶしの色を「ベージュ、背景2」に変更しましょう。

Step 1 2つのメモの塗りつぶしの色を変更します。

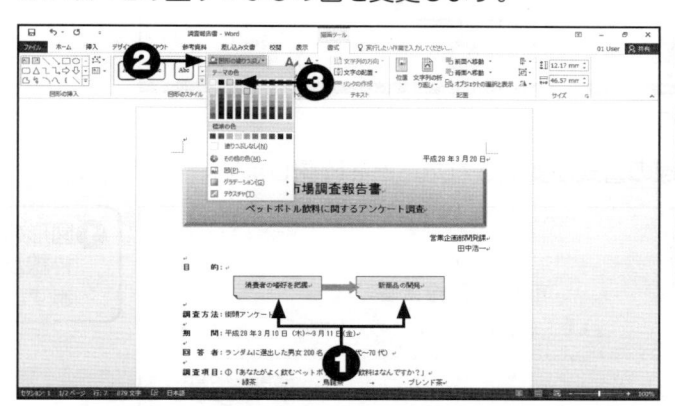

❶ 2つのメモを選択します。

❷ [書式] タブの [図形の塗りつぶし] ボタンをクリックします。

❸ [ベージュ、背景2] をクリックします。

Step 2 メモの塗りつぶしの色が変更されたことを確認します。

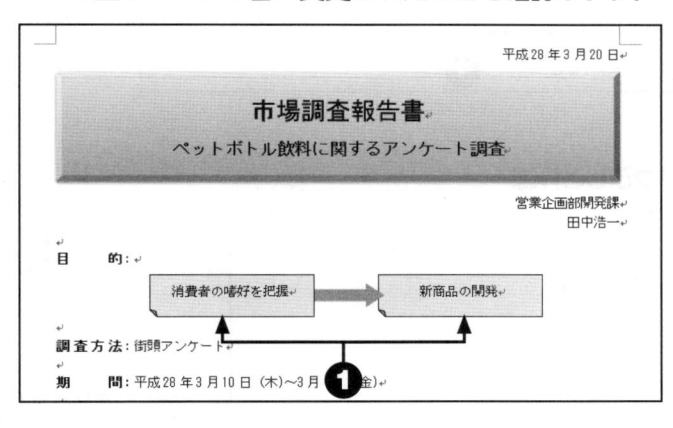

❶ メモの塗りつぶしの色がベージュに変更されたことを確認します。

第2章 図解とグラフの利用

操作 図形の枠線の書式を変更する

図形 [メモ] の枠線を [線なし] に変更しましょう。

Step 1 2つのメモの枠線の書式を変更します。

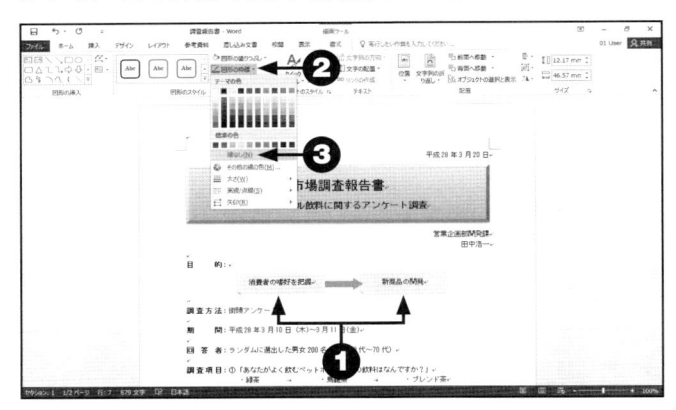

❶ 2つのメモを選択します。

❷ [書式] タブの [図形の枠線] ボタンをクリックします。

❸ [線なし] をクリックします。

Step 2 メモの枠線の書式が変更されたことを確認します。

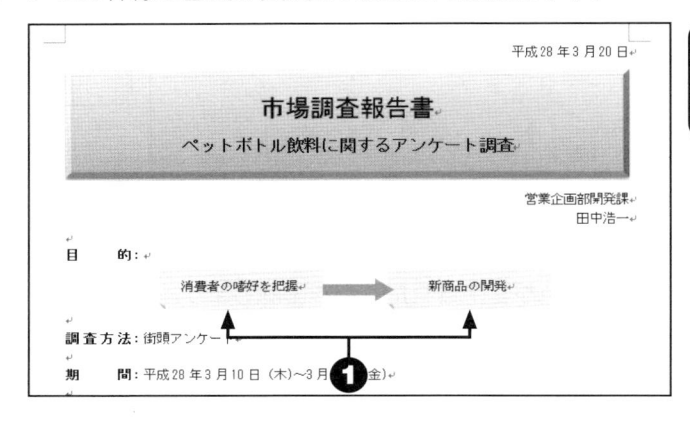

❶ 図形の選択を解除して、メモの枠線がなくなったことを確認します。

💡 ヒント 図形の塗りつぶしと枠線

図形の塗りつぶし色や枠線の書式は、図形を右クリックすると表示されるボタンから変更することもできます。

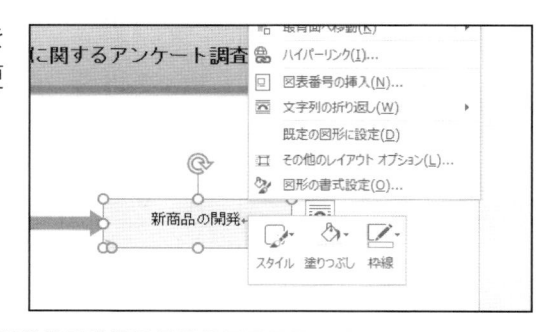

42　図形の編集

操作 ☞ 図形に効果を設定する

図形[メモ]に影の効果[オフセット(斜め右下)]を設定しましょう。

Step 1 2つのメモに影の効果を設定します。

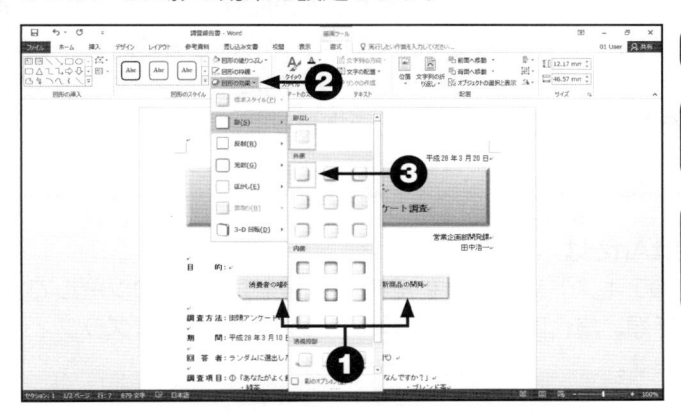

❶ 2つのメモを選択します。

❷ [書式]タブの[図形の効果]ボタンをクリックします。

❸ [影]をポイントし、[外側]の[オフセット(斜め右下)]をクリックします。

Step 2 図形の選択を解除して、メモに効果が設定されたことを確認します。

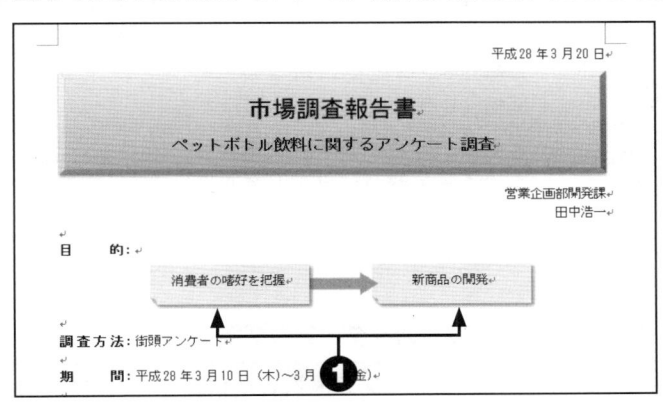

❶ 選択を解除して、メモの右下に影が設定されたことを確認します。

💡 ヒント　図形のオプション

[図形の効果]ボタンのそれぞれの効果をポイントした際、一番下に表示される[影のオプション]などのオプションをクリックすると、[図形の書式設定]作業ウィンドウが表示され、図形の効果をカスタマイズすることができます。

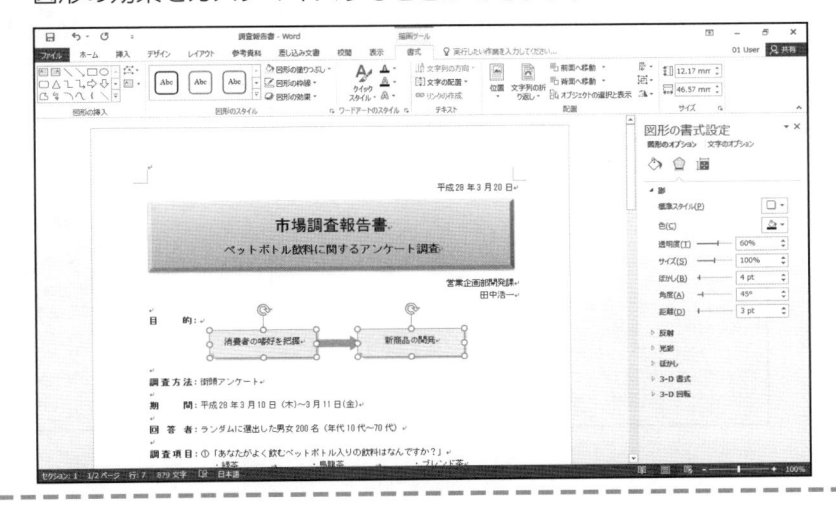

第2章 図解とグラフの利用 | 43

SmartArtを利用した図解の作成

複数の区形を組み合わせて組織図やピラミッド型などの図解を作成するのは、煩雑で手間のかかる作業です。SmartArt（スマートアート）を利用すれば、あらかじめ準備されたグラフィックデザインを利用してテキストやデータを簡単に図解化し、視覚的にわかりやすく表現することができます。ここでは、SmartArtを利用した図解の作成方法を学習します。

■ SmartArtとは

文書中のテキストやデータを視覚的に表現するためのツールです。階層構造、マトリクス、手順、集合関係など、図解のためのさまざまなグラフィックデザインが準備されています。

■ SmartArtデザインの種類

リスト	連続性のない情報の一覧や情報のグループ分けを表現する
手順	プロセスまたはタイムラインのステップを表示する
循環	連続的なプロセスを表示する
階層構造	組織図や意思決定ツリーを表示する
集合関係	グループ間の階層関係を示す
マトリックス	全体を構成する要素の関係を表示する
ピラミッド	最上部または最下部に最大の要素がある比例関係を示す
図	画像を含むSmartArt

■ [SmartArtグラフィックの選択]ダイアログボックス

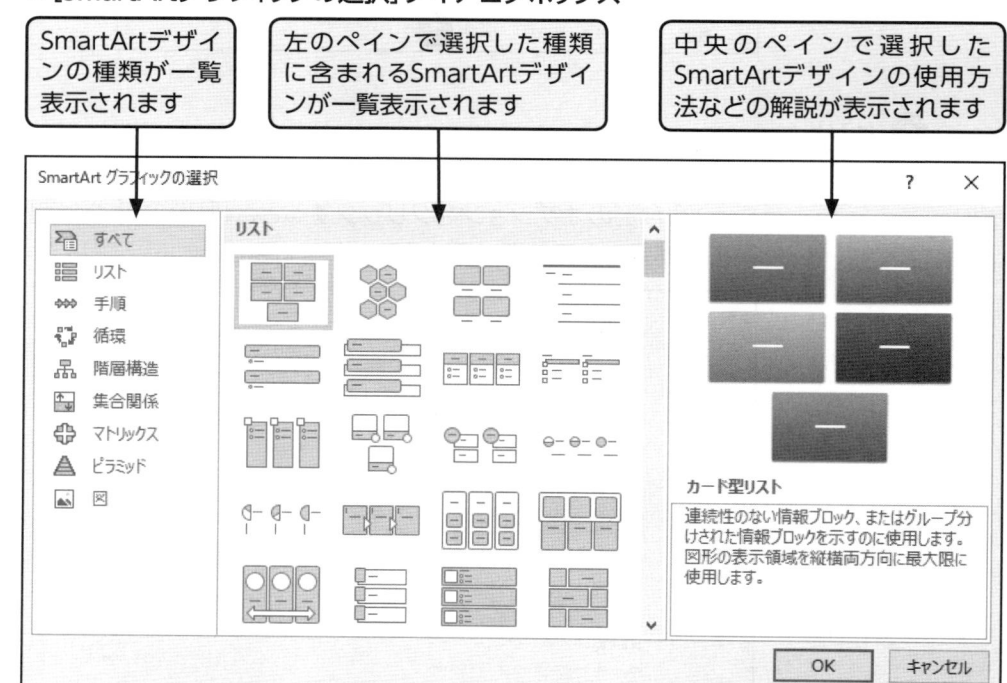

- SmartArtデザインの種類が一覧表示されます
- 左のペインで選択した種類に含まれるSmartArtデザインが一覧表示されます
- 中央のペインで選択したSmartArtデザインの使用方法などの解説が表示されます

■ SmartArtの編集画面

SmartArtの構成を整えるには、[SmartArtツール] の [デザイン] タブにある [グラフィックの作成] グループに配置されたボタンを使用します。また、デザインを編集するには [レイアウト] グループと [SmartArtのスタイル] グループに配置されたボタンを使用します。

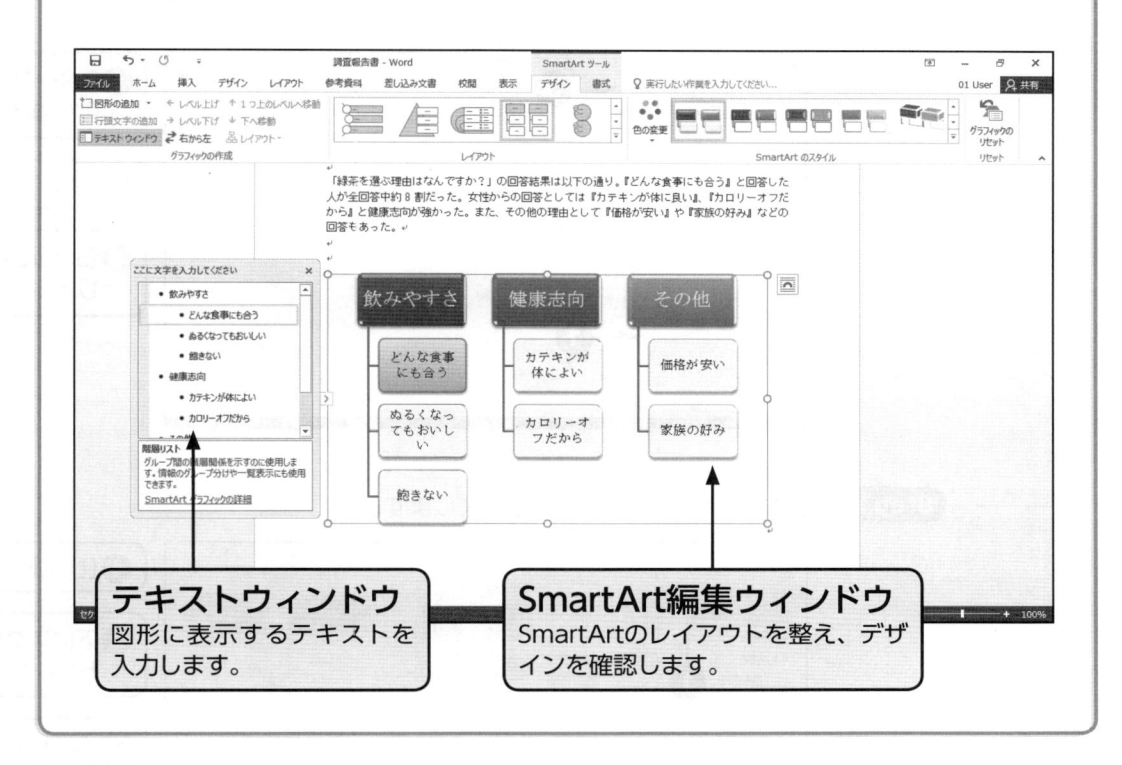

テキストウィンドウ
図形に表示するテキストを入力します。

SmartArt編集ウィンドウ
SmartArtのレイアウトを整え、デザインを確認します。

SmartArtの挿入

SmartArtの [階層リスト] を利用すると、情報の上下関係をわかりやすく示したり、情報の内容によってグループを分けて表現したりすることができます。
文書にSmartArtの [階層リスト] を挿入して、カテゴリとその内容をわかりやすく図解します。

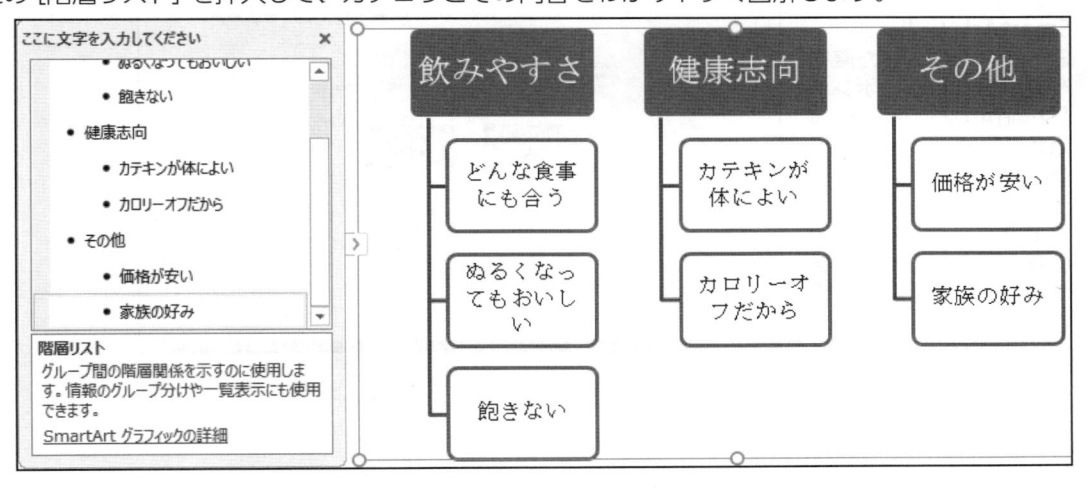

第2章 図解とグラフの利用 45

操作 階層リストを挿入する

2ページ14行目にSmartArtの [階層リスト] を挿入しましょう。

Step 1 挿入する位置にカーソルを移動し、[SmartArtグラフィックの選択] ダイアログボックスを開きます。

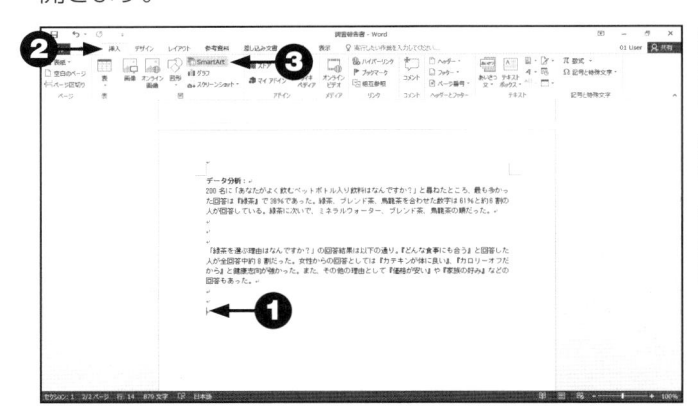

❶ 2ページ14行目にカーソルを移動します。

❷ [挿入] タブをクリックします。

❸ [SmartArt] ボタンをクリックします。

Step 2 SmartArt [階層リスト] を挿入します。

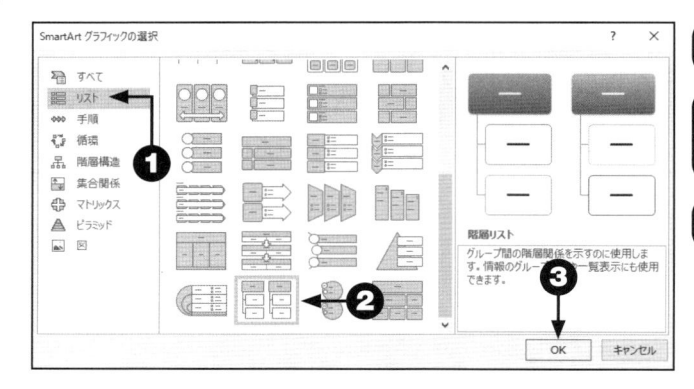

❶ [リスト] をクリックします。

❷ 下にスクロールして [階層リスト] をクリックします。

❸ [OK] をクリックします。

Step 3 SmartArt [階層リスト] が挿入されたことを確認します。

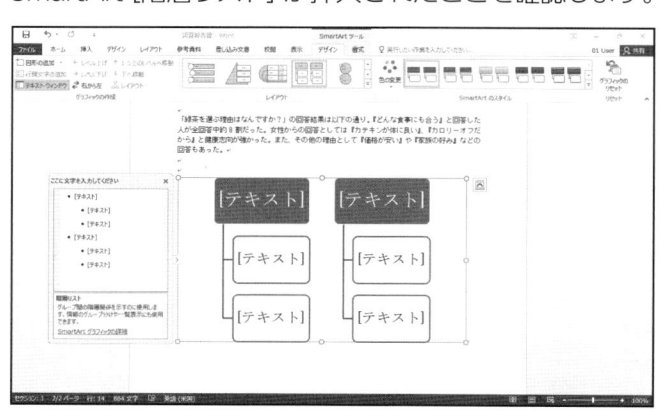

用語
SmartArtツール
SmartArtを挿入した直後や選択時には、リボンに [SmartArtツール] が表示されます。
[SmartArtツール] は [デザイン] タブと [書式] タブで構成され、SmartArtの構成やデザインを編集するためのボタンが配置されています。

SmartArtのレイアウト編集

SmartArt [階層リスト] の図形にテキストを入力し、さらに図形を追加してテキストを入力しましょう。

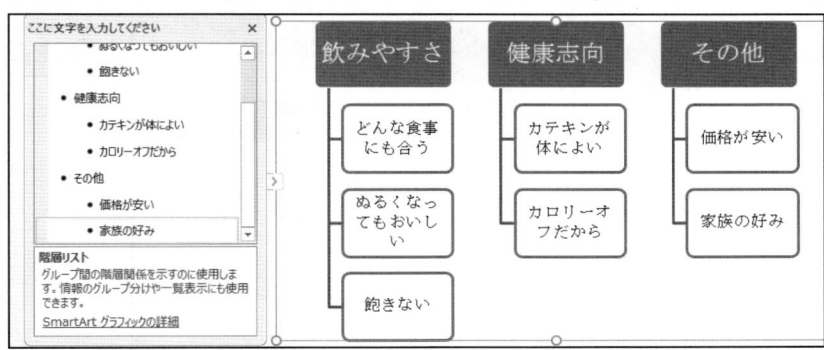

操作 ☞ SmartArtの構成を変更する

上の画面のように図形を配置し、各図形にテキストを入力しましょう。

Step 1 テキストウィンドウを利用して図形にテキストを入力します。

💡 ヒント
テキストウィンドウでのカーソル移動
テキストウィンドウ内でカーソルを移動するには、矢印キーを押すかマウスでクリックします。**Enter**キーを押すと改行され、同レベルの図形が追加されます。誤って追加してしまった場合は**BackSpace**キーで行を削除すると図形も削除されます。

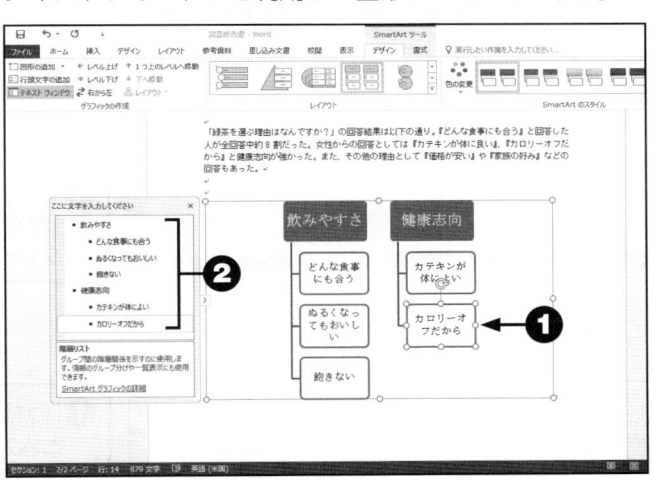

❶ SmartArt [階層リスト] をクリックします。

❷ テキストウィンドウ内をクリックし、次のようにテキストを入力します。
・飲みやすさ
　・どんな食事にも合う
　・ぬるくなってもおいしい
　・飽きない
・健康志向
　・カテキンが体によい
　・カロリーオフだから

Step 2 「健康志向」と同レベルの図形を追加します。

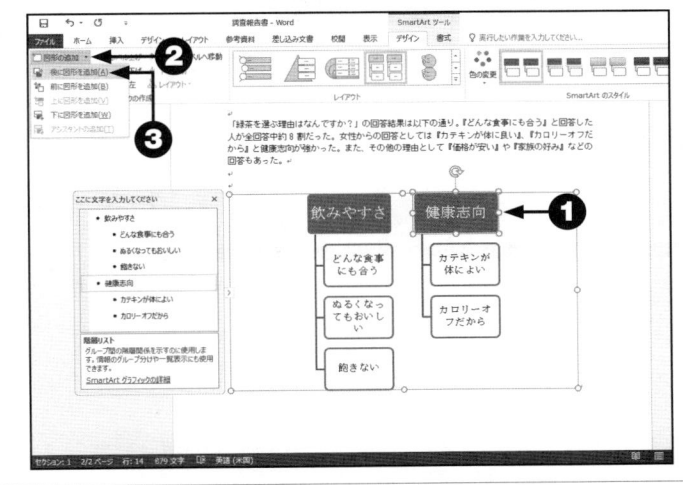

❶ 「健康志向」の図形を選択します。

❷ [デザイン] タブの [図形の追加] ボタンの▼をクリックします。

❸ [後に図形を追加] をクリックします。

第 2 章　図解とグラフの利用　47

Step 3 追加した図形にテキストを入力します。

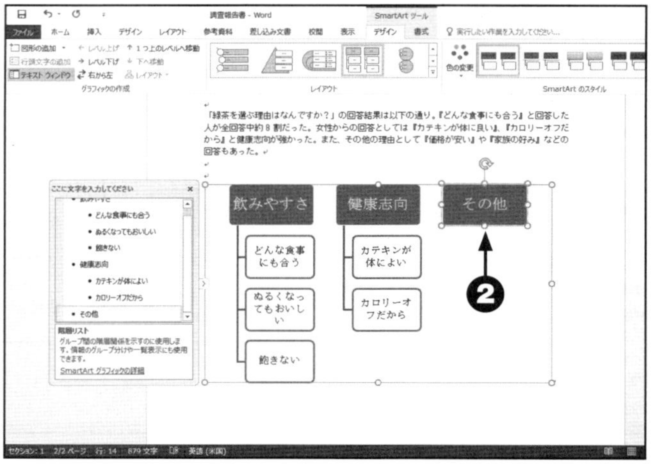

❶ 追加した図形が選択されていることを確認します。

❷「その他」と入力します。

ヒント
テキストウィンドウの再表示
テキストウィンドウを閉じてしまった場合は、SmartArtの左側の枠の 〈 をクリックするか、[SmartArtツール]の[デザイン]タブの[テキストウィンドウ]ボタンをクリックすると再び表示されます。

Step 4 「その他」の下位のレベルに2つの図形を追加します。

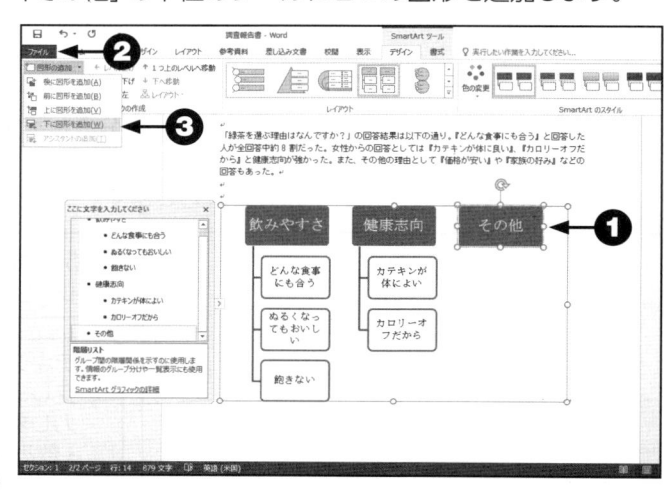

❶「その他」の図形が選択されていることを確認します。

❷ [デザイン]タブの[図形の追加]ボタンの▼をクリックします。

❸ [下に図形を追加]をクリックします。

❹ そのまま[デザイン]タブの[図形の追加]ボタンをクリックします。

Step 5 追加した2つの図形にテキストを入力します。

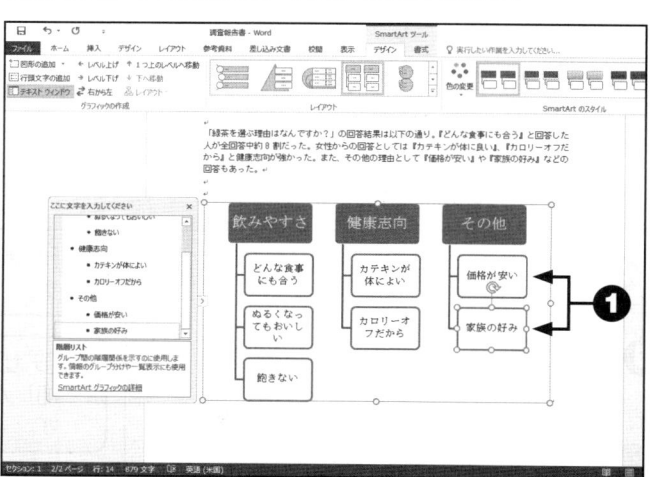

❶「価格が安い」、「家族の好み」と入力します。

ヒント
レベルの変更
図形を選択して[デザイン]タブの[レベル上げ]/[レベル下げ]ボタンをクリックすると、対象の図形のレベルを変更できます。また、テキストウィンドウ内でレベルを変更するには、対象の行にカーソルを移動し、**Tab**キーでレベル下げ、**Shift**+**Tab**キーでレベル上げを行えます。

ヒント　挿入したSmartArtのレイアウトを変更する

挿入後にSmartArtのレイアウトを変更するには、[デザイン] タブの [レイアウト] グループの [その他] ボタンをクリックし、レイアウトギャラリーからレイアウトを選択します。
SmartArtの図形以外の部分を右クリックすると表示される [レイアウト] ボタンからレイアウトを変更することもできます。

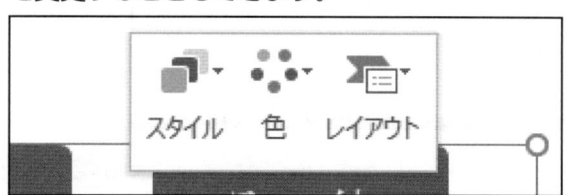

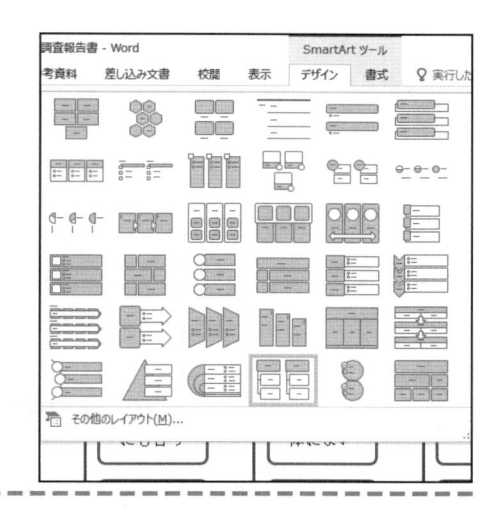

SmartArtの書式設定

SmartArtの書式は [SmartArtツール] の [デザイン] タブと [書式] タブで設定します。
[デザイン] タブの [色の変更] ボタンを使用すると統一感のある配色にすることができ、[SmartArtのスタイル] グループの [その他] ボタンをクリックするとスタイルを変えることができます。
また、[書式] タブではそれぞれの図形の枠線や背景色、文字の色などを変更することができます。

操作　SmartArt全体の書式を設定する

SmartArt [階層リスト] のスタイルを [立体グラデーション]、配色を [グラデーション－アクセント1] に設定しましょう。

Step 1 SmartArtを選択し、スタイル一覧を表示します。

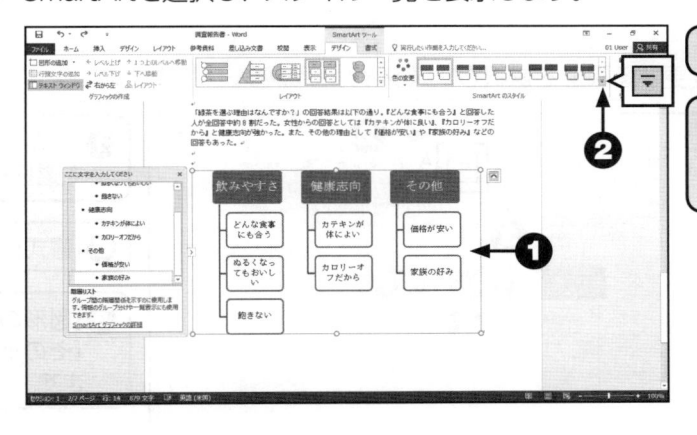

❶ SmartArtを選択します。

❷ [デザイン] タブの [SmartArtのスタイル] グループの [その他] ボタンをクリックします。

第2章　図解とグラフの利用　49

Step 2 SmartArtのスタイルを変更します。

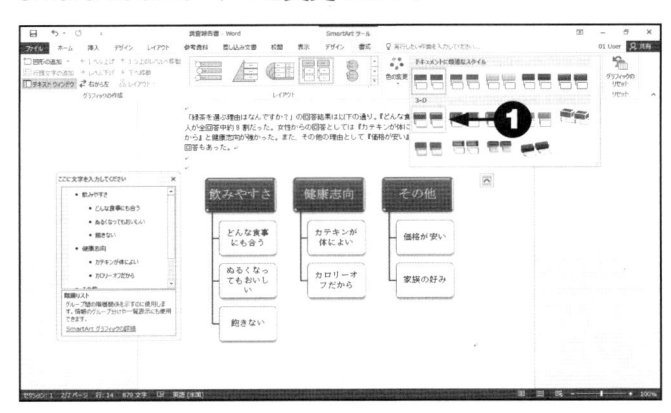

❶ [3-D] の [立体グラデーション] をクリックします。

Step 3 SmartArtの配色を変更します。

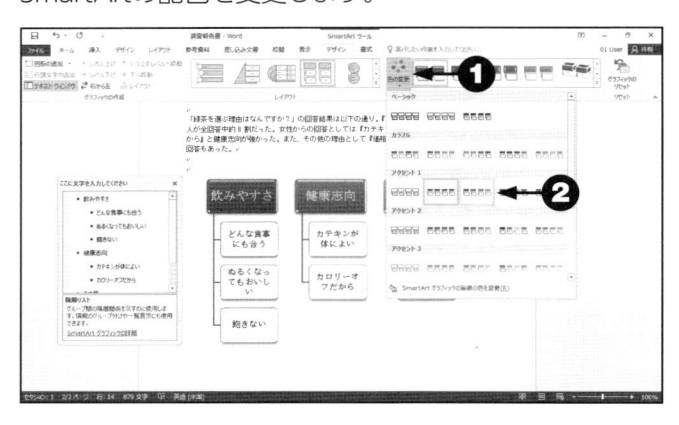

❶ [デザイン] タブの [色の変更] ボタンをクリックします。

❷ [アクセント1] の [グラデーション-アクセント1] をクリックします。

💡 ヒント
スタイルや配色の変更
SmartArtの図形以外の部分を右クリックすると表示される [スタイル] ボタンと [色] ボタンからスタイルや配色を変更することもできます。

操作☞ SmartArtの特定の図形の書式を変更する

「どんな食事にも合う」の図形のスタイルを [パステル-赤、アクセント2] に設定して強調しましょう。

Step 1 書式を変更する図形を選択し、スタイル一覧を表示します。

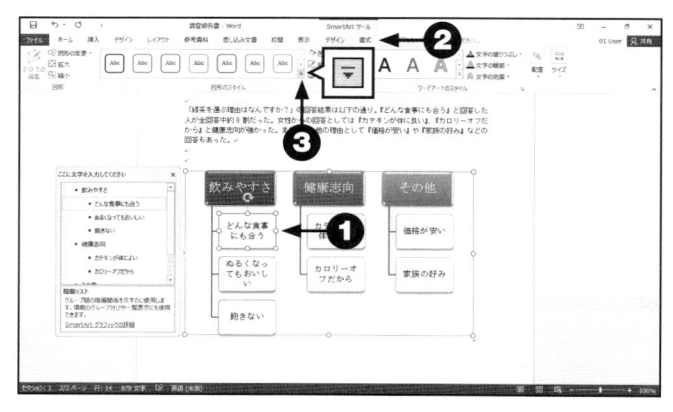

❶ 「どんな食事にも合う」の図形を選択します。

❷ [書式] タブをクリックします。

❸ [図形のスタイル] グループの [その他] ボタンをクリックします。

---

50 | SmartArtを利用した図解の作成

Step 2 図形のスタイルを変更します。

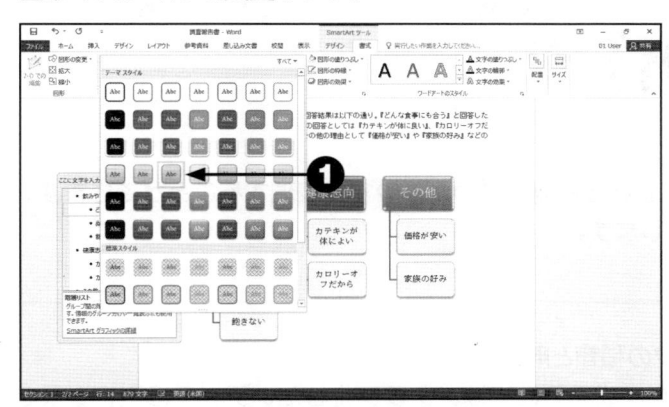

❶ [パステル－赤、アクセント2] をクリックします。

Step 3 図形のスタイルが変更されたことを確認し、SmartArtの編集を終了します。

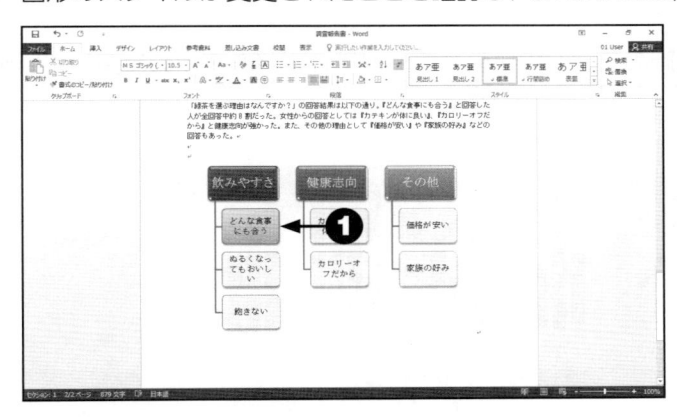

❶「どんな食事にも合う」の図形のスタイルが変更されたことを確認します。

❷ SmartArt以外の箇所をクリックします。

💡 ヒント　SmartArtの移動とサイズ変更

SmartArtを移動するには、SmartArtを選択してからSmartArtの枠の四隅と4辺の中央以外の部分をポイントします。マウスポインターの形状が に変わったら、目的の位置までドラッグします。
サイズを変更するには、SmartArtを選択してからSmartArtの枠の四隅または4辺の中央の部分をポイントします。マウスポインターの形が のいずれかに変わったら、目的のサイズになるまでドラッグします。SmartArtの枠のサイズを変更すると、SmartArtのレイアウトによってはSmartArt内の図形が縮小/拡大されたり、図形の空白や並び方が最適になるよう調整されたりします。

💡 ヒント　SmartArtグラフィックを既定の設定に戻すには

SmartArtグラフィック内で複数の図形をカスタマイズした場合、[SmartArtツール] の [デザイン] タブの [グラフィックのリセット] ボタンをクリックすると、SmartArtグラフィック全体を既定のレイアウトや色に戻すことができます。

グラフの作成

数値データをグラフ化すると視覚的にわかりやすく表現することができます。ここでは、グラフの作成方法について学習します。

■ グラフの種類と用途
グラフを作成するときは、グラフ化したいデータの内容を最も適切に表現できるグラフを選択することが重要です。主なグラフとその用途は次のとおりです。

・棒グラフ
　項目間のデータの比較やデータ量の推移を表すのに適しています。

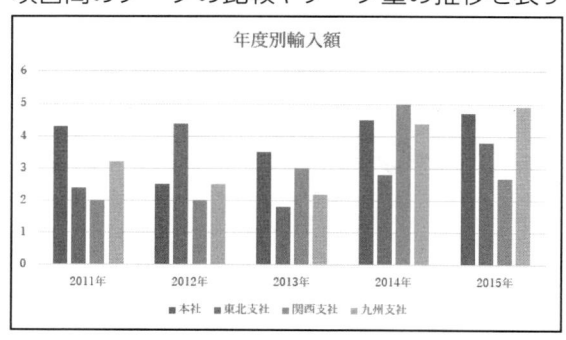

・積み上げ棒グラフ（棒グラフの一種）
　棒グラフの特長に加えて、累計した結果を比較するのに適しています。

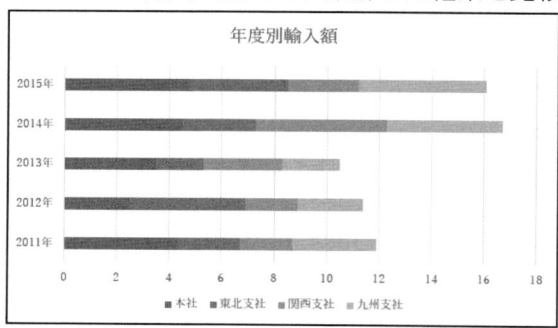

・折れ線グラフ
　時間の経過に伴う値の変化や各項目の全体的な傾向を表すのに適しています。

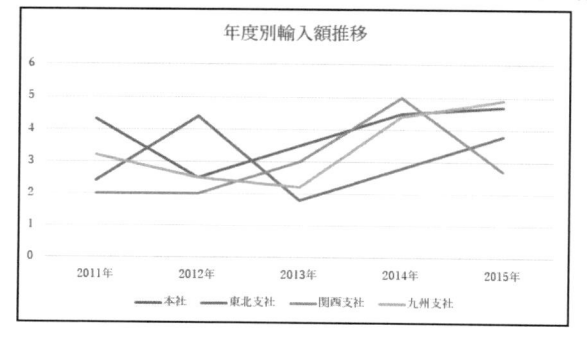

・円グラフ
全体を100％として、それぞれのデータの値が全体に占める割合を表すのに適しています。

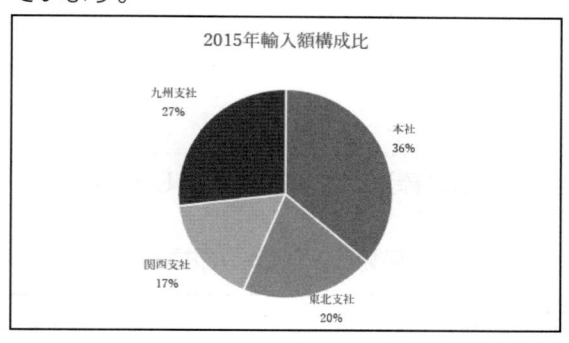

2015年輸入額構成比

■ グラフの挿入
Wordでは、縦棒グラフや折れ線グラフ、円グラフなどの14種類のグラフやその数種類を組み合わせたグラフを作成できます。さらに、それぞれの種類には形式の異なるさまざまなパターンのグラフが用意されています。グラフを挿入するには、[挿入] タブの [グラフの追加] ボタンをクリックして、グラフの種類を選択します。

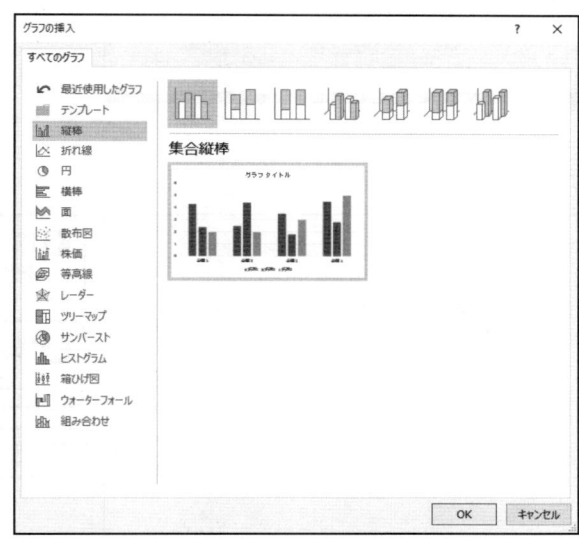

> **ヒント**
> **Excelがインストールされていない場合**
> Excelがインストールされていない環境ではMicrosoft Graphが起動します。グラフに関連づけられたデータシートにデータを入力し、グラフを作成します。

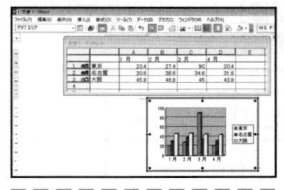

■ グラフの編集
グラフを選択すると、グラフに関するコマンドが集められた [グラフツール] が表示されます。[グラフツール] は次の2つのタブから構成されています。

・[デザイン] タブ

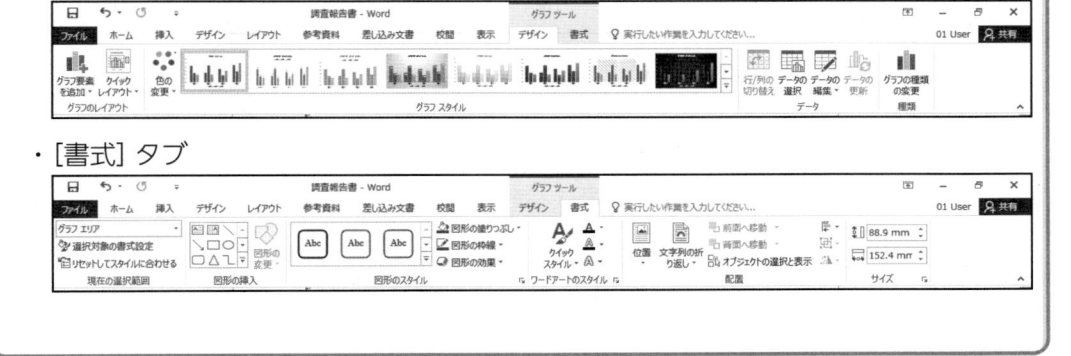

・[書式] タブ

第2章　図解とグラフの利用

グラフの作成

文書にグラフを挿入し、Excelのワークシートでグラフの元になるデータを入力します。

操作 グラフを挿入する

2ページ6行目に[集合縦棒]グラフを挿入しましょう。

Step 1 挿入する位置にカーソルを移動し、[グラフの挿入]ダイアログボックスを開きます。

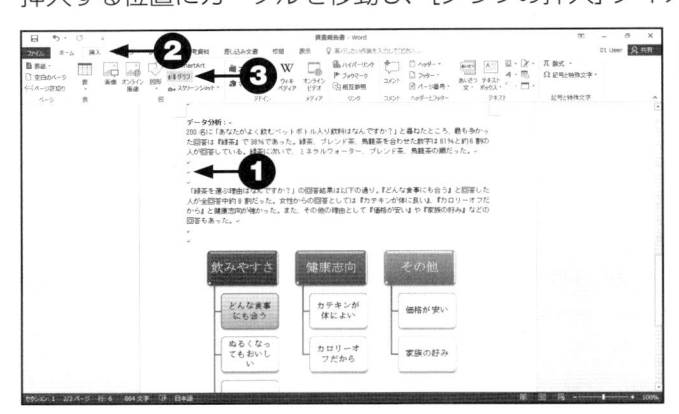

❶ 2ページ6行目にカーソルを移動します。

❷ [挿入]タブをクリックします。

❸ [グラフ]ボタンをクリックします。

Step 2 [集合縦棒]グラフを挿入します。

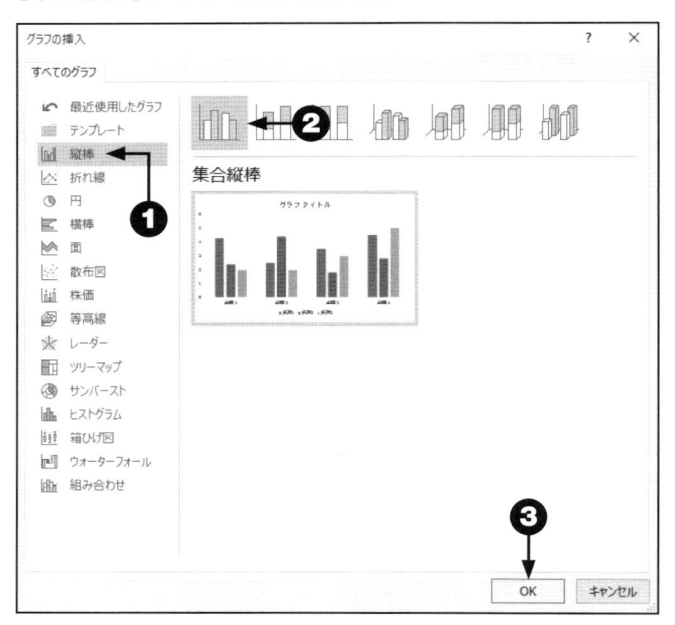

❶ [縦棒]が選択されていることを確認します。

❷ [集合縦棒]が選択されていることを確認します。

❸ [OK]をクリックします。

Step 3 あらかじめ入力されているサンプルデータを次のように変更し、ワークシートを閉じます。

	列A	列B
行1		よく飲むペットボトル入り飲料
行2	緑茶	76
行3	ミネラルウォーター	30
行4	ブレンド茶	26
行5	ウーロン茶	20
行6	紅茶	14
行7	スポーツドリンク	10
行8	コーヒー	10
行9	フルーツ系ジュース	6
行10	炭酸飲料	4
行11	野菜ジュース	4

💡 **ヒント**

ワークシートの青い枠線
ワークシートに表示される青い枠線でグラフ化するデータ範囲を決定します。青い枠線外の連続したセルにデータを入力すると自動的に枠が広がりますが、エラーのダイアログボックスが表示される場合があります。その場合も [OK] をクリックすると入力できます。

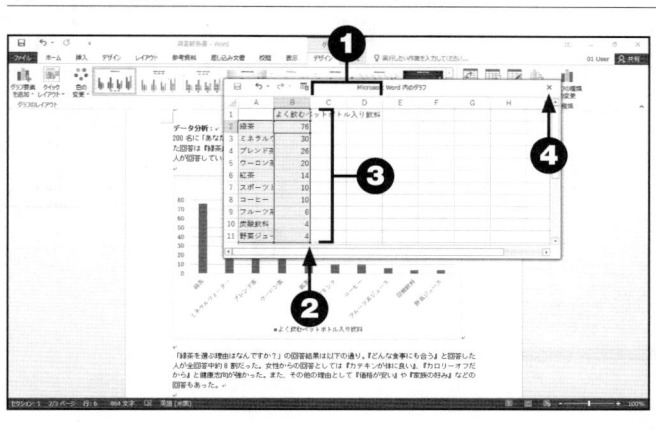

❶ 列C〜Dの列番号をドラッグして選択し、右クリックしてショートカットメニューの [削除] をクリックします。

❷ セルB5の右下にある四角（ハンドル）をB11にドラッグし、データ範囲を拡張します。

❸ データを入力します。

❹ データ入力ウィンドウの [閉じる] ボタンをクリックします。

Step 4 [集合縦棒] グラフが挿入されたことを確認します。

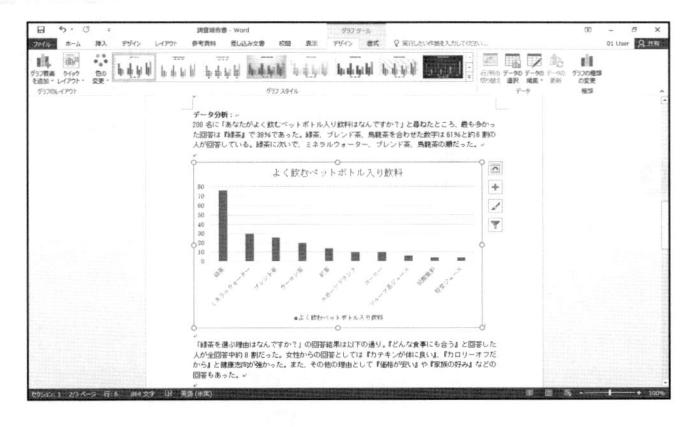

💡 **ヒント**

グラフのデータの修正
グラフを挿入した後にグラフのデータを修正するには、グラフを選択して [グラフツール] の [デザイン] タブの [データ] グループにある [データの編集] ボタンをクリックします。データ入力ウィンドウが表示され、データを編集することができます。また、[データの編集] ボタンの▼をクリックして [Excel 2016でデータを編集] をクリックすると、Excel 2016の機能を使ってデータを編集することができます。

グラフの編集

文書に挿入したグラフの種類や書式を変更するには、グラフを選択して [グラフツール] の [デザイン] タブおよび [書式] タブに配置されているボタンを使用します。

操作 ☛ グラフの種類を変更する

グラフの種類を [集合縦棒] グラフから [補助縦棒付き円] グラフに変更しましょう。

Step 1 グラフを選択し、[グラフの種類の変更] ダイアログボックスを開きます。

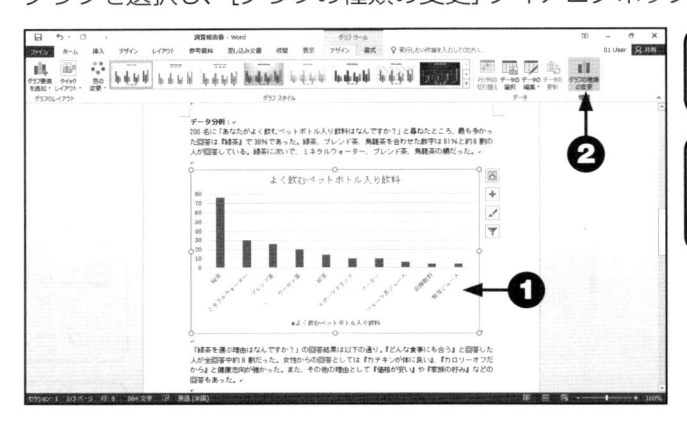

❶ グラフが選択されていることを確認します。

❷ [デザイン] タブの [グラフの種類の変更] ボタンをクリックします。

Step 2 グラフの種類を選択します。

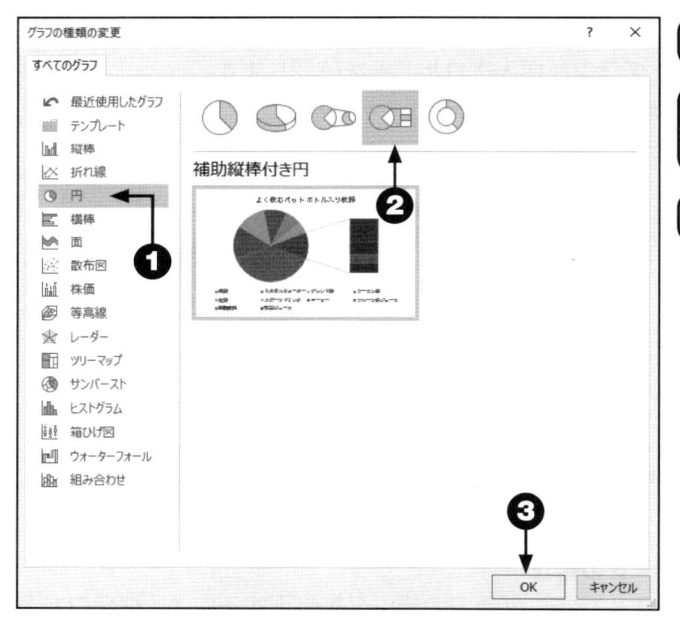

❶ [円] をクリックします。

❷ [補助縦棒付き円] をクリックします。

❸ [OK] をクリックします。

Step 3 グラフの種類が変更されたことを確認します。

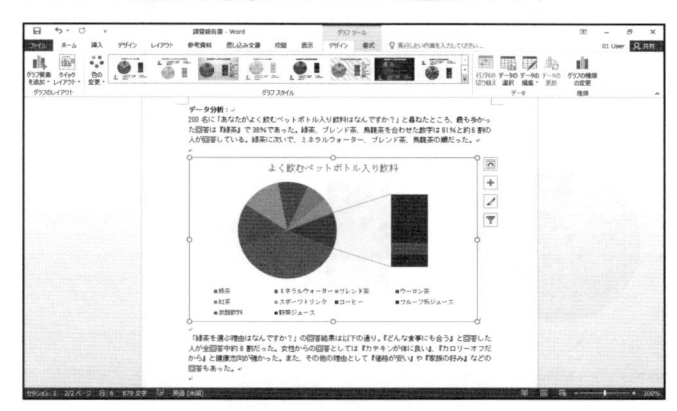

操作 👉 グラフのスタイルを変更する

グラフのスタイルを [スタイル12] に変更しましょう。

Step 1 グラフを選択し、スタイルの一覧を表示します。

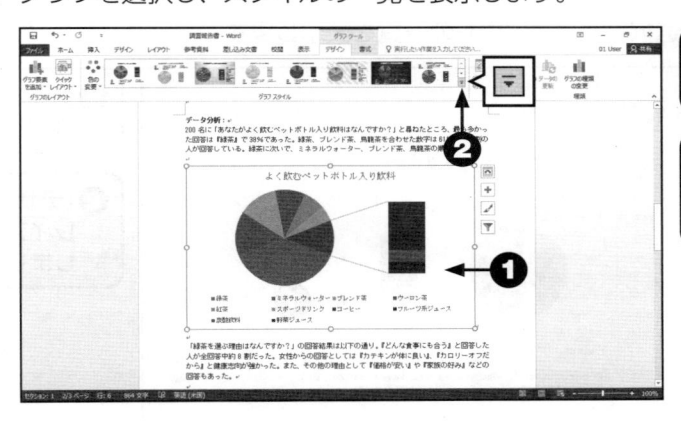

❶ グラフが選択されていることを確認します。

❷ [デザイン] タブの [グラフスタイル] グループの [その他] ボタンをクリックします。

Step 2 スタイルを選択します。

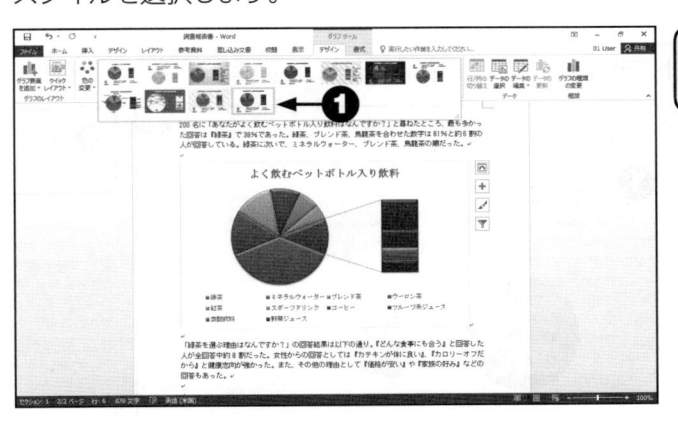

❶ [スタイル12] をクリックします。

💡 **ヒント**
スタイルの変更
グラフを選択すると右側に表示される 🖌 [グラフスタイル] ボタンからスタイルを変更することもできます。

第 2 章 図解とグラフの利用 **57**

Step 3 スタイルが変更されたことを確認します。

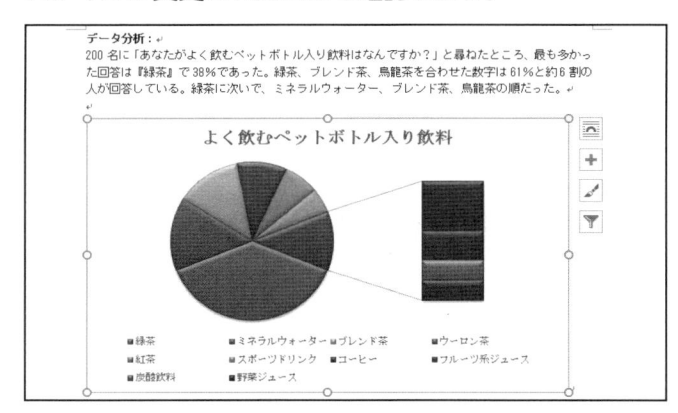

操作 グラフのレイアウトを変更する

グラフのレイアウトを [レイアウト1] (凡例を非表示にして分類名とパーセンテージを表示) に変更しましょう。

Step 1 グラフを選択し、レイアウトの一覧を表示します。

ヒント
グラフ要素の追加
凡例やデータラベルなどのグラフの要素を個別に追加するには、[デザイン] タブの [グラフのレイアウト] グループの [グラフ要素を追加] ボタンをクリックし、要素を選択します。また、グラフを選択すると右側に表示される [グラフ要素] ボタンから要素を追加することもできます。

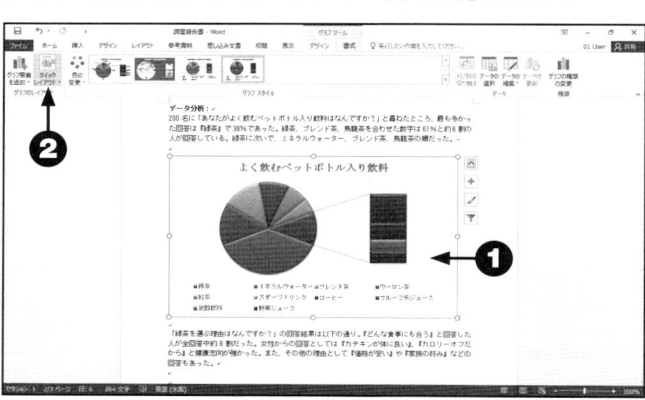

❶ グラフが選択されていることを確認します。

❷ [デザイン] タブの [クイックレイアウト] ボタンをクリックします。

Step 2 レイアウトを選択します。

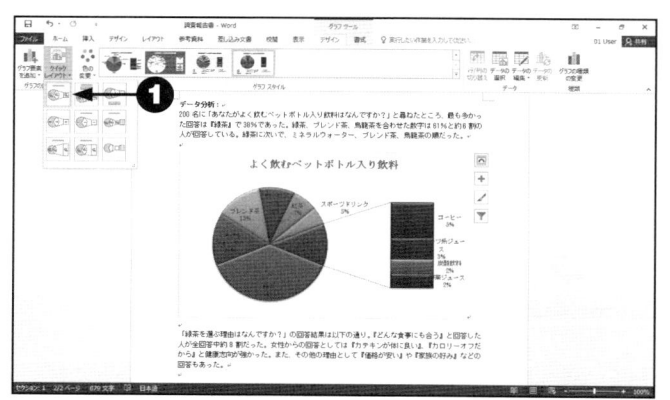

❶ [レイアウト1] をクリックします。

グラフの作成

Step 3 レイアウトが変更されたことを確認します。

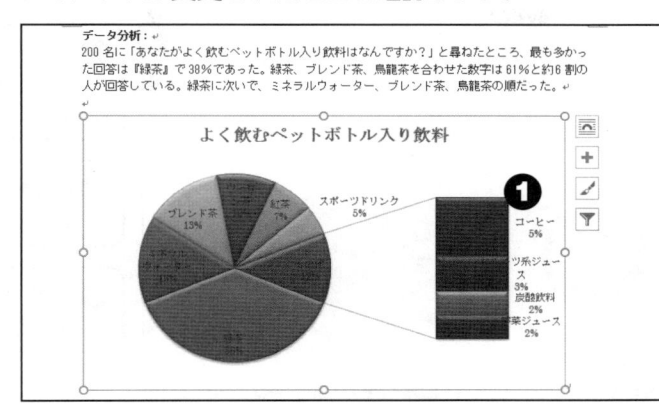

❶ グラフの凡例が非表示になり、分類名とパーセンテージが表示されたことを確認します。

操作 ☞ 補助プロットに含むデータの個数を変更する

パーセント値が5%未満のデータが補助プロットに含まれるように変更しましょう。

Step 1 編集するグラフ要素を選択します。

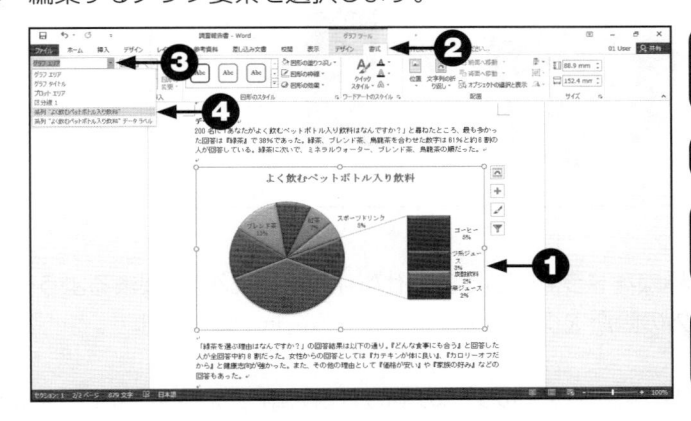

❶ グラフが選択されていることを確認します。

❷ [書式] タブをクリックします。

❸ [グラフ要素] ボックスの▼をクリックします。

❹ [系列 "よく飲むペットボトル入り飲料"] をクリックします。

Step 2 [データ系列の書式設定] 作業ウィンドウを開きます。

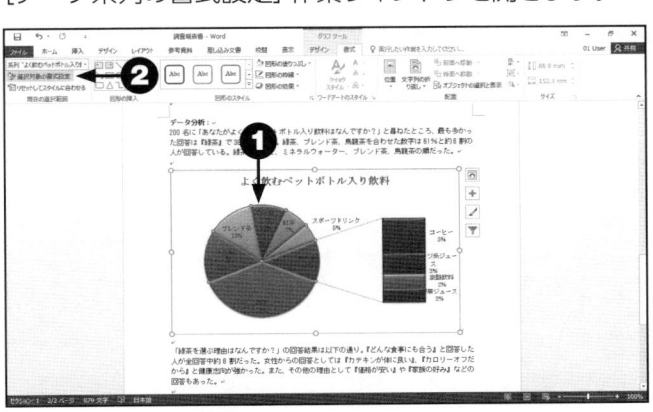

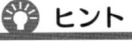

❶ データ系列が選択されていることを確認します。

❷ [選択対象の書式設定] ボタンをクリックします。

💡 **ヒント**
グラフの構成要素
グラフの各要素をポイントするとポップアップで要素名が表示され、クリックして選択できます。要素を選択し、[グラフツール] の [書式] タブでその要素の書式を変更できます。

第 2 章 図解とグラフの利用 **59**

Step 3 データ系列のオプションを変更します。

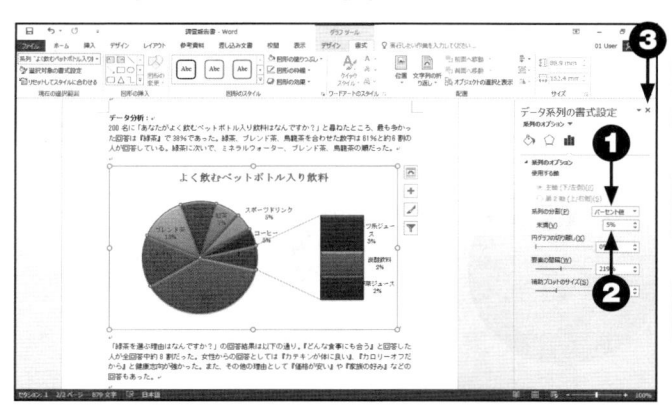

❶ [系列の分割] ボックスの一覧から [パーセント値] を選択します。

❷ [未満] ボックスを「5%」に変更します。

❸ 作業ウィンドウの [閉じる] ボタンをクリックします。

Step 4 補助プロットに含むデータの個数が変更されたことを確認します。

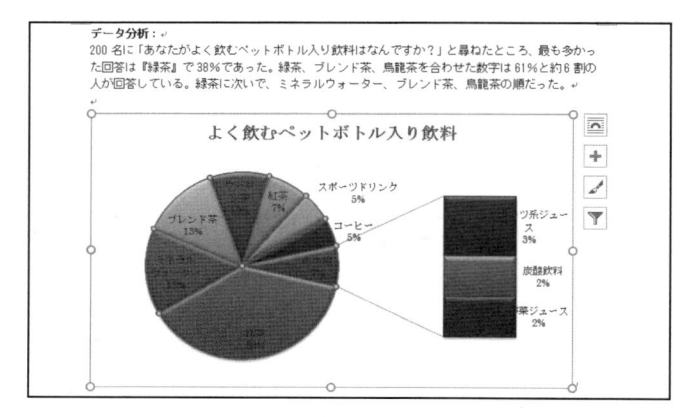

Step 5 グラフの枠線をドラッグしてSmartArtが2ページ内に収まるようグラフのサイズを調整し、グラフ以外の箇所をクリックしてグラフの選択を解除します。

Step 6 [Word2016応用] フォルダーの中の [保存用] フォルダーに、「調査報告書」というファイル名で保存します。

Step 7 ファイル「調査報告書」を閉じます。

この章の確認

- ☐ 図形を編集（反転、重なり順序の変更、配置の変更など）できますか？
- ☐ 図形の書式を変更（塗りつぶしの色、枠線、効果の設定など）できますか？
- ☐ SmartArtを挿入できますか？
- ☐ SmartArtに文字を入力できますか？
- ☐ SmartArtの構成、レイアウト、色、スタイルを変更できますか？
- ☐ グラフを挿入できますか？
- ☐ グラフのデータを入力できますか？
- ☐ グラフの種類、レイアウト、スタイルを変更できますか？

復習問題 問題 2-1

文書に図形を挿入してテキストを入力し、配置や重なり順序、塗りつぶし、枠線、文字の色を変更しましょう。

1. ［Word2016応用］フォルダーの中の［復習問題］フォルダーから、ファイル「復習2-1　イベントの企画」を開きましょう。

2. 15行目の「3.　企画意図」の下の3行分の領域に図形［右矢印］を3つ挿入しましょう。

3. 挿入した［右矢印］にそれぞれ「味わっていただき」、「おいしさを実感していただき」、「購買につなげる！」と入力し、入力したテキストがすべて表示されるように図形のサイズを調整しましょう。

4. 完成例を参考に左の［右矢印］の矢の先端が2つ目の［右矢印］にかかるように移動し、中央の［右矢印］の矢の先端が右の［右矢印］にかかるように移動しましょう。また、すべての矢の先端が表示されるように図形の重なり順序を変更しましょう。

5. 3つの図形［右矢印］を上下中央に揃えましょう。

6. 3つの図形［右矢印］の書式を次のように変更しましょう。

図形	塗りつぶしの色	枠線の色	文字の色
左	オリーブ、アクセント3、白+基本色80%	オリーブ、アクセント3、白+基本色40%	黒、テキスト1
中央	オリーブ、アクセント3、白+基本色60%	〃	〃
右	オリーブ、アクセント3、白+基本色40%	〃	〃

7. ［Word2016応用］フォルダーの［保存用］フォルダーに、「復習2-1　イベントの企画」という名前でファイルを保存しましょう。

8. ファイル「復習2-1　イベントの企画」を閉じましょう。

完成例（1ページ目）

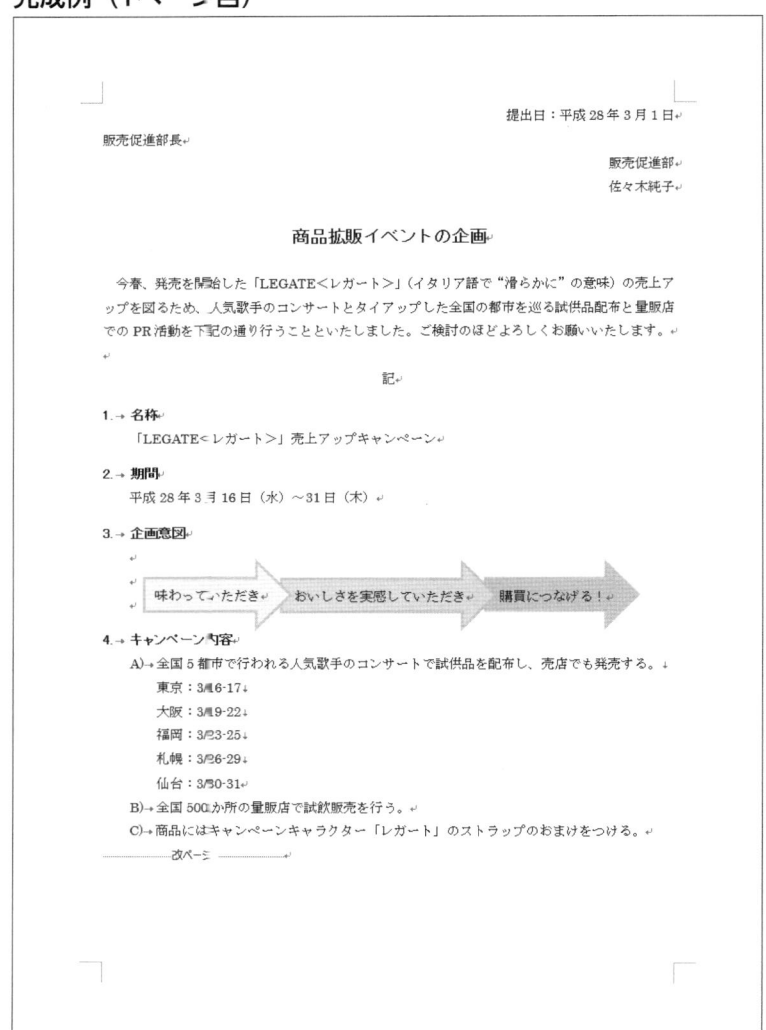

```
                                        提出日：平成 28 年 3 月 1 日
販売促進部長
                                                販売促進部
                                                佐々木純子

                    商品拡販イベントの企画

　今春、発売を開始した「LEGATE＜レガート＞」（イタリア語で"滑らかに"の意味）の売上アッ
プを図るため、人気歌手のコンサートとタイアップした全国の都市を巡る試供品配布と量販店
での PR 活動を下記の通り行うこととしました。ご検討のほどよろしくお願いいたします。

                           記

1. → 名称
     「LEGATE＜レガート＞」売上アップキャンペーン

2. → 期間
     平成 28 年 3 月 16 日（水）～31 日（木）

3. → 企画意図

     [味わっていただき] → [おいしさを実感していただき] → [購買につなげる！]

4. → キャンペーン内容
   A) → 全国 5 都市で行われる人気歌手のコンサートで試供品を配布し、売店でも発売する。
          東京：3月16-17
          大阪：3月19-22
          福岡：3/23-25
          札幌：3/26-29
          仙台：3/30-31
   B) → 全国 500 か所の量販店で試飲販売を行う。
   C) → 商品にはキャンペーンキャラクター「レガート」のストラップのおまけをつける。
   -----------------------改ページ-----------------------
```

復習問題 問題 2-2

文書にSmartArtを挿入してテキストを入力し、色やスタイルを変更しましょう。

1. [Word2016応用] フォルダーの中の [復習問題] フォルダーから、ファイル「復習2-2　イベントの企画」を開きましょう。

2. 20行目に「横方向箇条書きリスト」のSmartArtを挿入しましょう。

3. テキストウィンドウを利用して、次のようにテキストを入力しましょう。不要な行は削除しましょう。

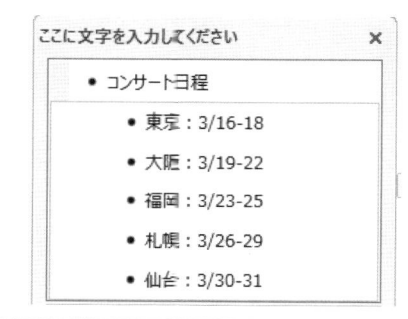

```
ここに文字を入力してください                    ×
● コンサート日程
     ● 東京：3/16-18
     ● 大阪：3/19-22
     ● 福岡：3/23-25
     ● 札幌：3/26-29
     ● 仙台：3/30-31
```

4. 22行目の後ろの改ページまでが1ページ内に収まるように、挿入したSmartArtのサイズを調整しましょう。

5. SmartArtのスタイルを［グラデーション］に変更しましょう。

6. SmartArtの色を［塗りつぶし-アクセント3］に変更しましょう。

7. ［Word2016応用］フォルダーの中の［保存用］フォルダーに、「復習2-2　イベントの企画」という名前でファイルを保存しましょう。

8. ファイル「復習2-2　イベントの企画」を閉じましょう。

完成例（1ページ目）

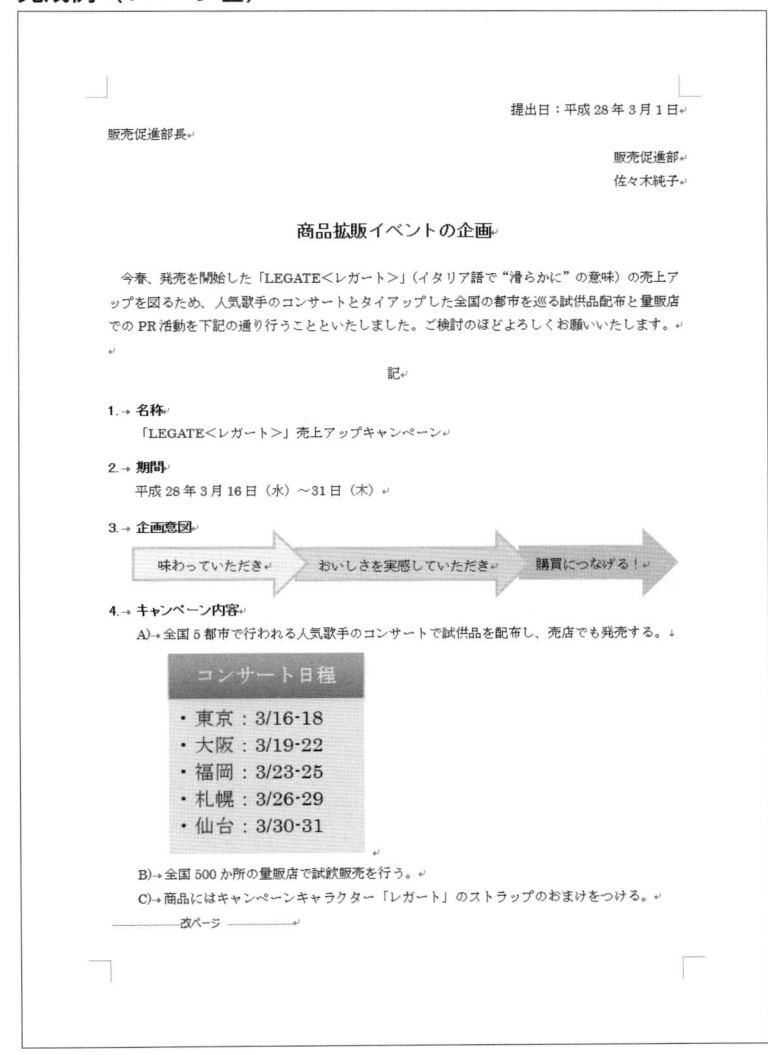

復習問題 問題 2-3

文書にグラフを挿入してデータを入力し、レイアウトやスタイルを変更しましょう。

1. ［Word2016応用］フォルダーの中の［復習問題］フォルダーから、ファイル「復習2-3　イベントの企画」を開きましょう。

2. 2ページ5行目に[集合縦棒]グラフを挿入し、次のようにデータを入力しましょう。

	A	B
1		売上
2	一昨年	46
3	昨年	49
4	今年（見込み）	56

3. グラフのスタイルを完成例を参考に変更しましょう。

4. グラフ内の文字列のサイズを11ポイントに変更しましょう。

5. グラフのレイアウトを次のように編集しましょう。

凡例	非表示
タイトル	「売上（単価：百万円）」に修正

6. [Word2016応用]フォルダーの中の[保存用]フォルダーに、「復習2-3 イベントの企画」という名前でファイルを保存しましょう。

7. ファイル「復習2-3 イベントの企画」を閉じましょう。

完成例（2ページ目）

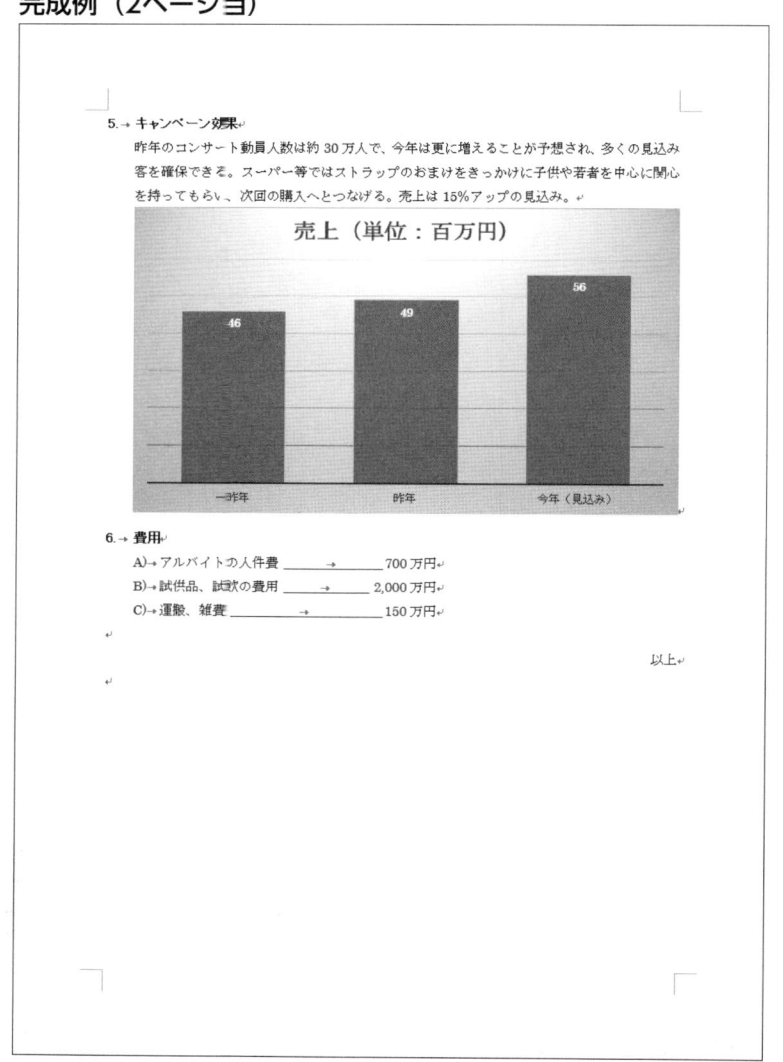

第3章

データの活用

- クイックパーツの活用
- 差し込み印刷
- 他のアプリケーションとの連携

クイックパーツの活用

頻繁に使用する連絡先情報やロゴ、図解などを、使用するたびに既存のファイルからコピーするのは煩雑な作業です。クイックパーツを利用すると、それらの文書を構成する要素を部品として登録しておき、必要なときに簡単な操作で文書内に挿入して利用することができます。

> 書類を作成する際に、会社情報や回覧印枠などの定型的な要素をゴム印としてあらかじめ用意し、利用することがあります。
> Wordにはヘッダー/フッター、ページ番号などの部品が再利用可能な「文書パーツ」として用意されています。また、新たな文書パーツを登録して利用することもできます。
> 文書を構成する要素を部品として登録したものを「クイックパーツ」といいます。クイックパーツには、文字列、図、テキストボックス、表、図解などさまざまな要素を登録できます。クイックパーツも文書パーツの一種です。
> クイックパーツは定型的な要素を文書に挿入できるだけでなく、挿入後に加工することができます。さらに、加工後の情報をあらためて部品化しておくこともできるため、活用の幅が広がります。

操作 クイックパーツを登録する

[Word2016応用] フォルダーの中にあるファイル「お知らせ」を開き、1ページの「お問い合わせ先」の表をクイックパーツとして登録しましょう。

Step 1 クイックパーツとして登録する表を選択し、[新しい文書パーツの作成] ダイアログボックスを開きます。

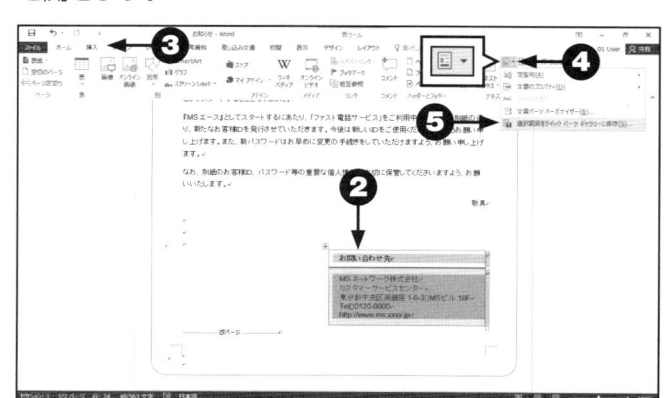

❶ ファイル「お知らせ」を開きます。

❷「お問い合わせ先」の表を選択します。

❸ [挿入] タブをクリックします。

❹ [クイックパーツの表示] ボタンをクリックします。

❺ [選択範囲をクイックパーツギャラリーに保存] をクリックします。

ヒント
表の選択
表内をポイントし、表の左上に表示される ✣ をクリックすると表全体を選択できます。

Step 2 表をクイックパーツとして登録します。

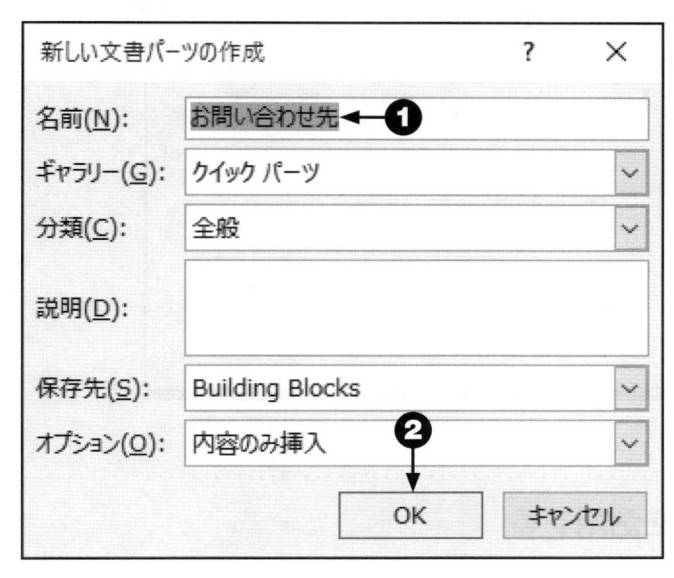

❶[名前]ボックスに「お問い合わせ先」と表示されていることを確認します。

❷[OK]をクリックします。

> **ヒント**
> **クイックパーツの保存先**
> 既定では[保存先]ボックスで「Building Blocks」というテンプレートが選択されており、登録したクイックパーツはすべてのWord文書から利用できます。「Notmal」を選択した場合も同様です。また、テンプレートを使用している場合は保存先にテンプレートを選択することもでき、そのテンプレートを元にした文書でのみ利用できます。

> **ヒント**
> **クイックパーツの削除**
> 登録したクイックパーツは次の手順で削除できます。
> 1. [挿入]タブの[クイックパーツの表示]ボタンをクリックします。
> 2. 削除するクイックパーツのプレビュー上で右クリックし、[整理と削除]をクリックします。
> 3. [文書パーツオーガナイザー]ダイアログボックスで削除するクイックパーツが選択されていることを確認し、[削除]をクリックします。
> 4. 削除の確認メッセージが表示されたら[はい]をクリックし、[閉じる]をクリックします。

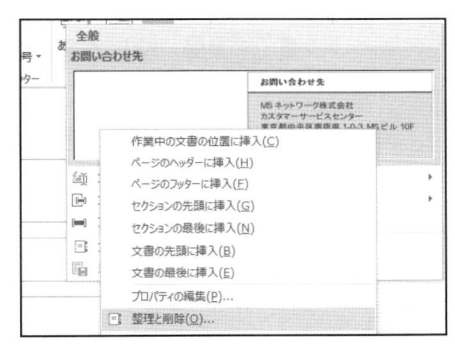

操作 クイックパーツを挿入する

登録したクイックパーツを2ページ最終行に挿入しましょう。

Step 1 クイックパーツを文書に挿入します。

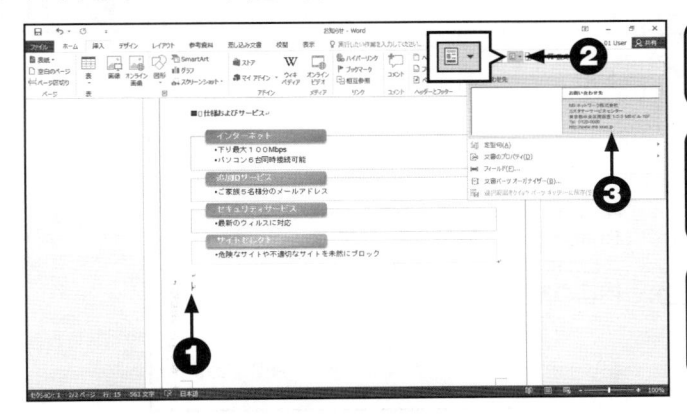

❶2ページ最終行(15行目)にカーソルを移動します。

❷[挿入]タブの[クイックパーツの表示]ボタンをクリックします。

❸クイックパーツギャラリーの[お問い合わせ先]のプレビューをクリックします。

第3章 データの活用

Step 2 クイックパーツが挿入されたことを確認します。

操作 クイックパーツを活用する

2ページ11行目の図形をクイックパーツとして登録し、9行目（「お客様ID／初期パスワード」の下の行）に挿入しましょう。挿入後、図形のサイズを変更してコピーしましょう。

Step 1 図形を選択して [新しい文書パーツの作成] ダイアログボックスを開きます。

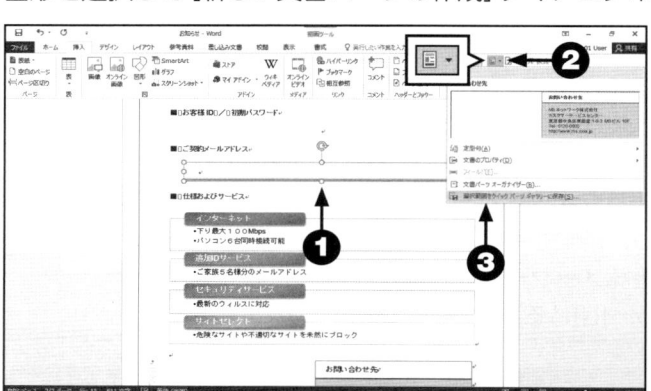

❶ 2ページ11行目の図形を選択します。

❷ [挿入] タブの [クイックパーツの表示] ボタンをクリックします。

❸ [選択範囲をクイックパーツギャラリーに保存] をクリックします。

Step 2 図形をクイックパーツとして登録します。

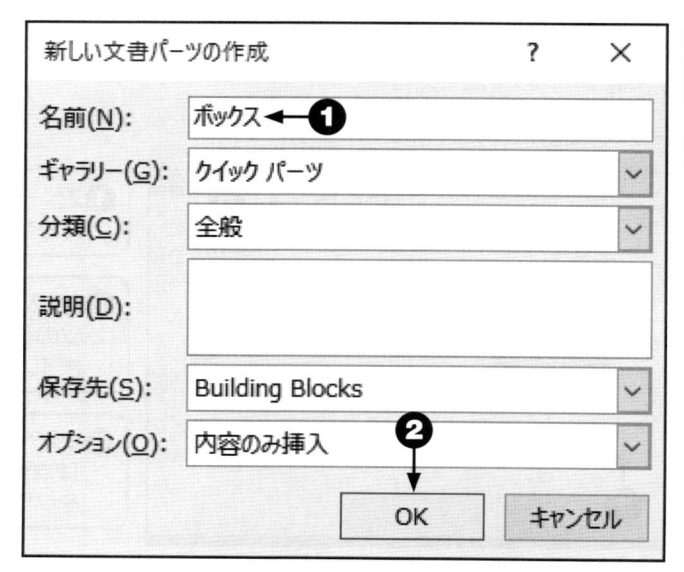

新しい文書パーツの作成

- 名前(N): ボックス ❶
- ギャラリー(G): クイック パーツ
- 分類(C): 全般
- 説明(D):
- 保存先(S): Building Blocks
- オプション(O): 内容のみ挿入

❷ OK

❶ [名前] ボックスに「ボックス」と入力します。

❷ [OK] をクリックします。

クイックパーツの活用

Step 3 クイックパーツを挿入します。

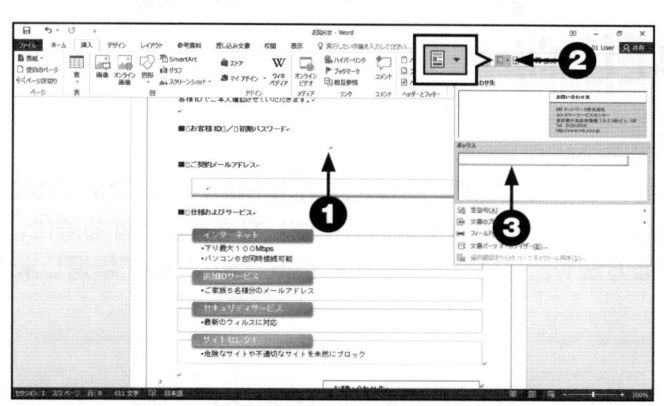

❶ 9行目にカーソルを移動します。

❷ [挿入] タブの [クイックパーツの表示] ボタンをクリックします。

❸ クイックパーツギャラリーの [ボックス] のプレビューをクリックします。

Step 4 挿入した図形のサイズを変更します。

💡 **ヒント**
半分の幅にするには
図形を選択して左または右に表示されているサイズ変更ハンドルをポイントし、図形の中央の上下に表示されているサイズ変更ハンドルの位置までドラッグします。または [描画ツール] の [書式] タブの [サイズ] ボタンをクリックし、[幅] ボックスで半分のサイズを指定します。

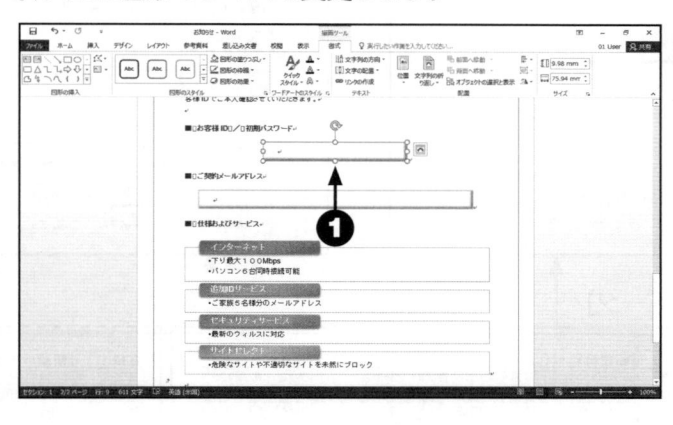

❶ 9行目に挿入した図形の幅を半分にします。

Step 5 図形をコピーします。

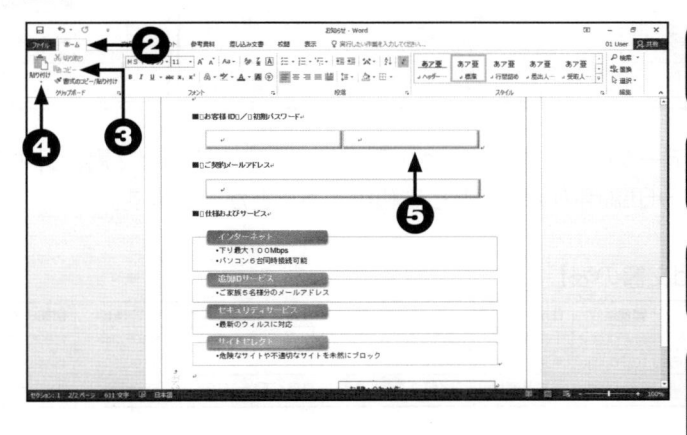

❶ 9行目の図形が選択されていることを確認します。

❷ [ホーム] タブをクリックします。

❸ [コピー] ボタンをクリックします。

❹ 図形の右の位置をクリックしてカーソルを移動し、[貼り付け] ボタンをクリックします。

❺ 図形が貼り付けられたことを確認します。

第 3 章 データの活用 **69**

差し込み印刷

差し込み印刷とは、ひな形となる文書内の決められた位置に、別のファイルに用意されたデータを差し込んで印刷する機能です。ここでは複数の人に同じ文書を配布する際に、宛先ごとに文書の一部を差し替えて印刷する方法や、宛名ラベルを印刷する方法について学習します。

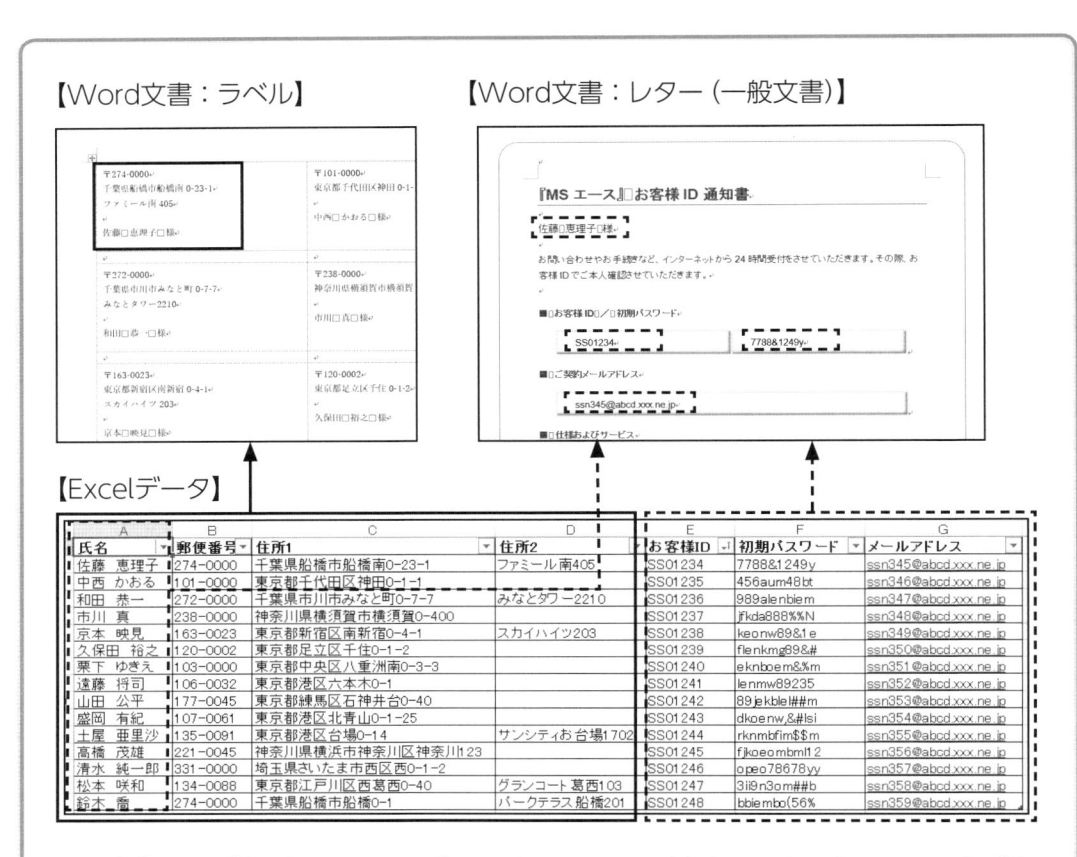

【Word文書：ラベル】　【Word文書：レター（一般文書）】

【Excelデータ】

Excelデータの他にも、Accessデータベース、Word文書、テキストファイルなどを差し込み印刷用のデータとして利用することができます。

【Word文書の表】

【テキストファイル（タブ区切り）】

定型書簡への差し込み印刷

定型書簡に他のWord文書ファイルのデータやExcel、Accessなどで作成したデータを差し込むことができます。ここではExcelファイルのデータを一般の文書に差し込んで印刷します。

■ 差し込み印刷に必要な文書
差し込み印刷を行うには、「メイン文書」と「データファイル」の2種類の文書が必要です。

・メイン文書
　異なるファイルからデータを差し込むためのひな形となる文書です。すべての文書に共通する内容を入力します。
・データファイル
　メイン文書に差し込むデータが準備されたファイルです。

■ 差し込み印刷の流れ
差し込み印刷を行う手順は、次のとおりです（ウィザード形式で指示に従って設定することもできますが、本書では後からの修正や応用に役立つよう1つずつボタンで設定する手順を説明します）。

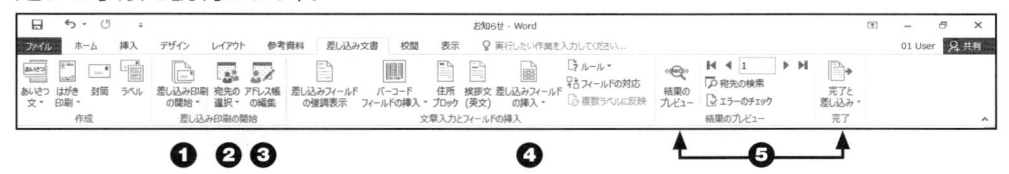

❶メイン文書の作成/指定
　　　メイン文書を新規作成するか、既存の文書をメイン文書として差し込み印刷を開始します。
❷データファイルの作成/指定
　　　データファイルを新規作成するか、既存のファイルをデータファイルとして指定します。
❸データの抽出/並べ替え
　　　条件を指定して差し込みデータを抽出したり、差し込むデータの順序を指定したりすることができます。この手順を省略すると、②で指定したファイルのすべてのレコードがそのままの順序で差し込まれます。
❹差し込みフィールドの挿入
　　　データファイルのどのフィールドをメイン文書のどの位置に差し込むかを指定します。
❺結果確認/印刷
　　　実際のデータを差し込んだイメージを確認し、差し込み印刷を実行します。また、データを差し込んだ結果を新しいファイルに出力することもできます。

操作 メイン文書を指定する

編集中の文書「お知らせ」をメイン文書として、差し込み印刷を開始しましょう。

Step 1 メイン文書として「お知らせ」を指定します。

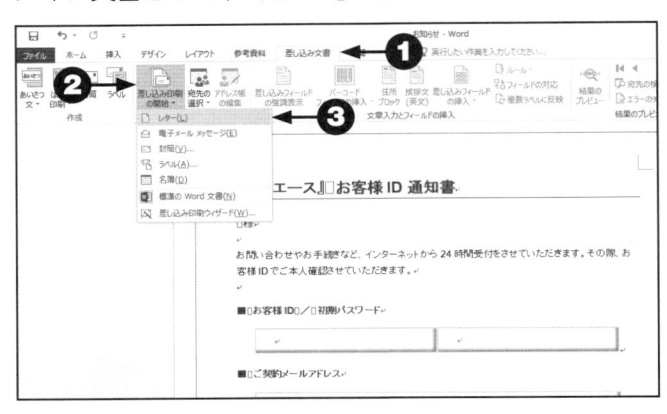

❶ [差し込み文書] タブをクリックします。

❷ [差し込み印刷の開始] ボタンをクリックします。

❸ [レター] をクリックします。

ヒント　差し込み印刷の種類

上記の操作を行わずに次の宛先の選択の操作を行うと、既定で [レター] が選択されるため、上記の操作は省略することができます。その他に次のオプションを選択できます。

電子メールメッセージ	メール送信用文書に差し込みフィールドを設定する
封筒	封筒に宛名のレイアウトをデザインする
ラベル	宛名ラベルのレイアウトをデザインする
名簿	名簿やカタログなどを作成する
標準のWord文書	差し込み印刷の設定を無効にして標準の文書に戻す

操作 データファイルを指定する

差し込み印刷のデータファイルとしてExcelファイルの「顧客データ」を指定しましょう。

Step 1 宛先の選択方法を指定します。

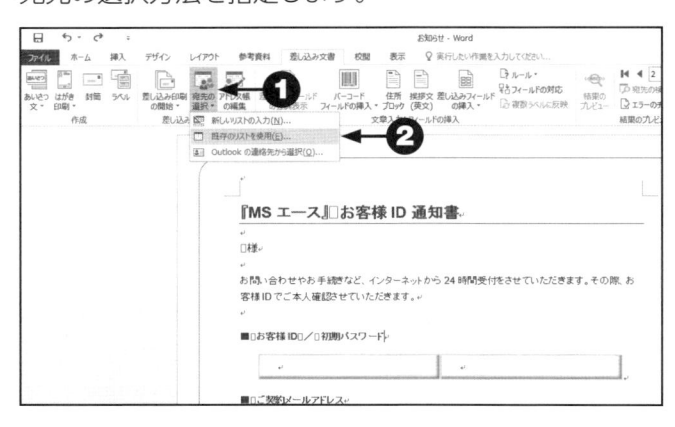

❶ [差し込み文書] タブの [宛先の選択] ボタンをクリックします。

❷ [既存のリストを使用] をクリックします。

72　差し込み印刷

Step 2 データファイルとしてExcelファイルの「顧客データ」を指定します。

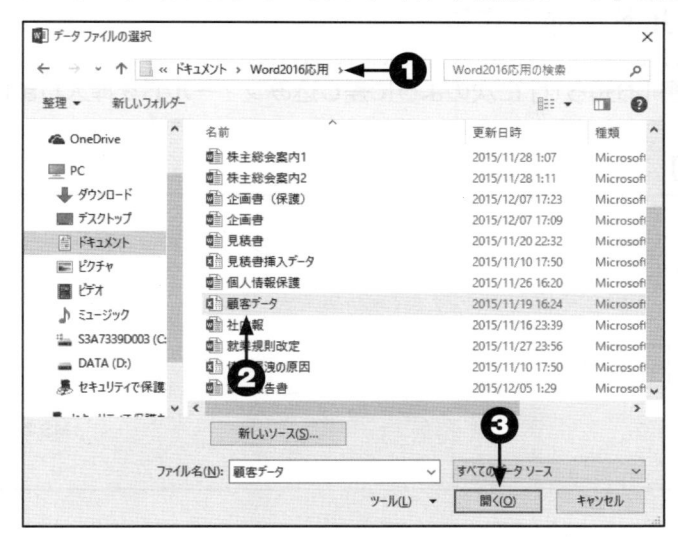

❶ [Word2016応用] フォルダーを開きます。

❷ [顧客データ] をクリックします。

❸ [開く] をクリックします。

Step 3 利用するテーブルを選択します。

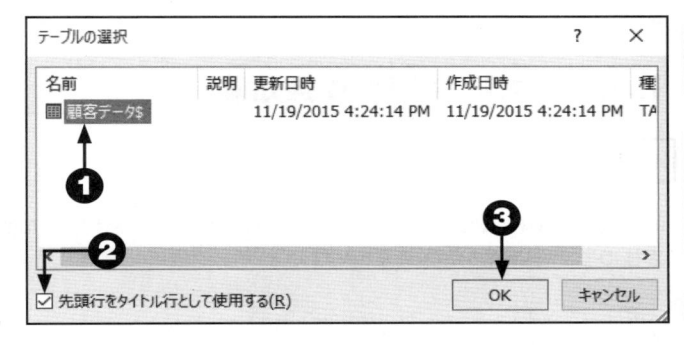

❶「顧客データ$」が選択されていることを確認します。

❷ [先頭行をタイトル行として使用する] チェックボックスがオンになっていることを確認します。

❸ [OK] をクリックします。

> **ヒント**
> **テーブルの名前**
> [テーブルの選択] ダイアログボックスの [名前] 列には、Excelファイルに含まれるシートの名前が表示されます。

> **ヒント**
> **差し込みデータの並べ替えと抽出**
> [差し込み文書] タブの [アドレス帳の編集] ボタンをクリックして表示される [差し込み印刷の宛先] ダイアログボックスで、差し込むデータの並べ替えや抽出ができます。
>
> ・宛先の指定
> 　差し込み印刷に使用する宛先のチェックボックスをオンにします。
> ・並べ替え
> 　特定のフィールドを基準に並べ替えてデータを差し込む場合は、そのフィールドタイトルをクリックしてデータを並べ替えます。
> ・抽出
> 　条件に一致するデータのみを差し込む場合は、対象のフィールドタイトルの▼をクリックして抽出条件を指定します。 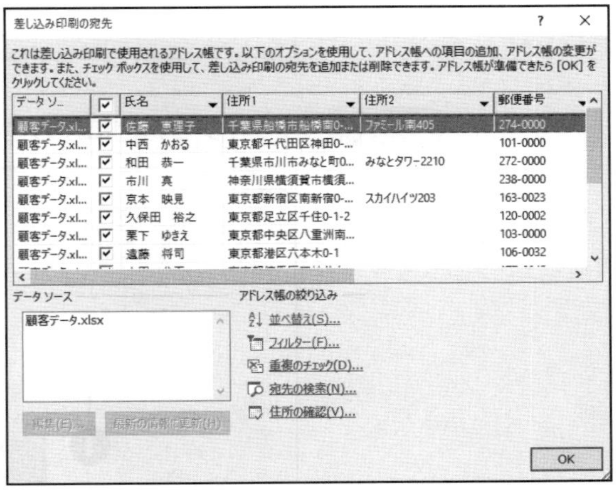
> ・詳細条件
> 　フィールドタイトルの▼をクリックして [(詳細)...] をクリックすると、複数の条件を組み合わせて並べ替えや抽出を設定することができます。

第3章　データの活用

操作　差し込みフィールドを挿入する

メイン文書「お知らせ」に次のように差し込みフィールドを挿入しましょう。

【1ページ】

≪氏名≫ 様

平成28年4月1日

MSネットワーク株式会社

【2ページ】

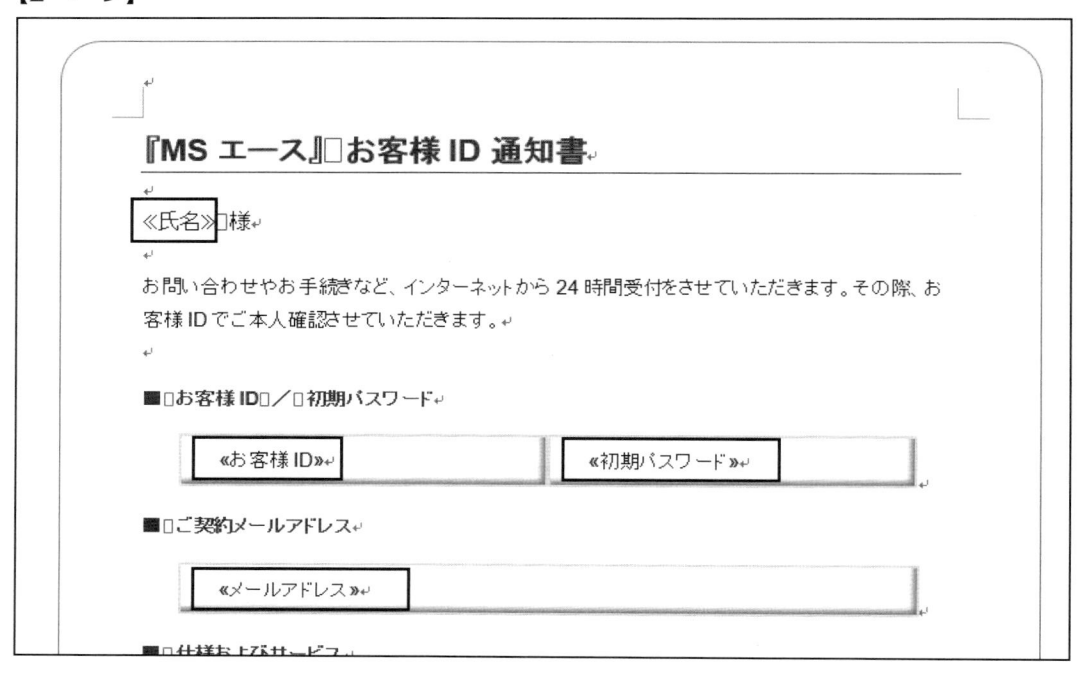

『MS エース』 お客様 ID 通知書

≪氏名≫ 様

お問い合わせやお手続きなど、インターネットから24時間受付をさせていただきます。その際、お客様IDでご本人確認させていただきます。

■ お客様ID ／ 初期パスワード

≪お客様ID≫　　≪初期パスワード≫

■ ご契約メールアドレス

≪メールアドレス≫

■ 仕様およびサービス

Step 1 1ページ3行目に差し込みフィールド「氏名」を挿入します。

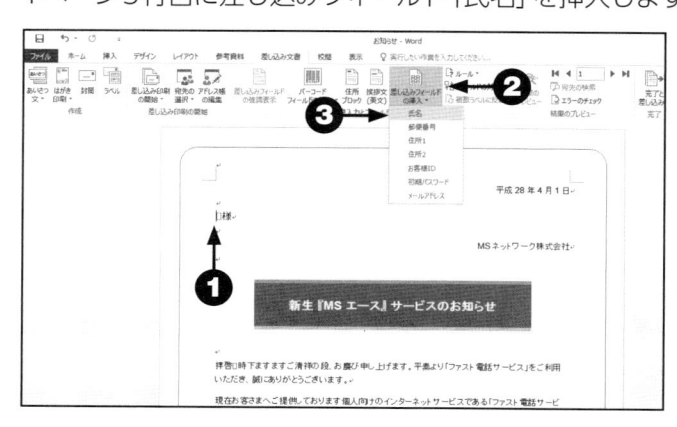

❶ 1ページ3行目の先頭にカーソルを移動します。

❷ [差し込み文書] タブの [差し込みフィールドの挿入] ボタンの▼をクリックします。

❸ [氏名] をクリックします。

74　差し込み印刷

Step 2 差し込みフィールドが挿入されたことを確認します。

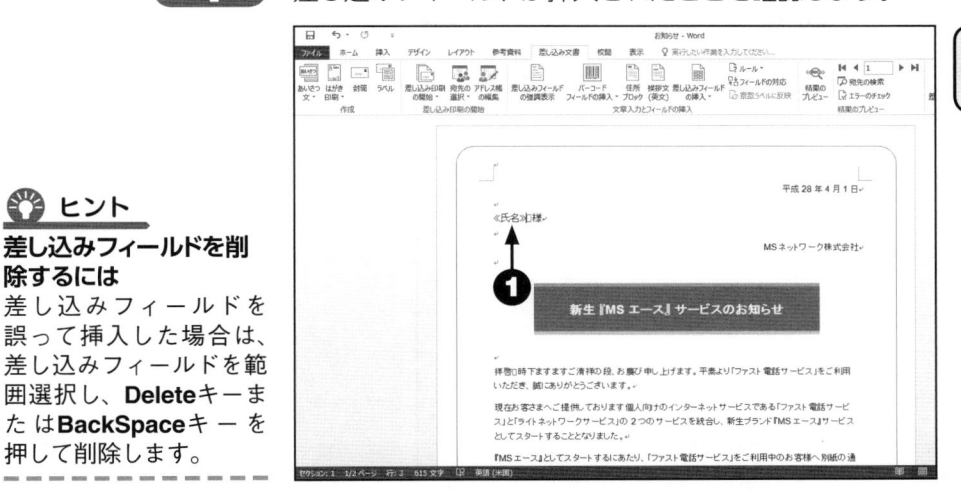

❶ 1ページ3行目に「《氏名》」が挿入されたことを確認します。

ヒント
差し込みフィールドを削除するには
差し込みフィールドを誤って挿入した場合は、差し込みフィールドを範囲選択し、**Delete**キーまたは**BackSpace**キーを押して削除します。

Step 3 同様に2ページ目に各フィールドを挿入します。

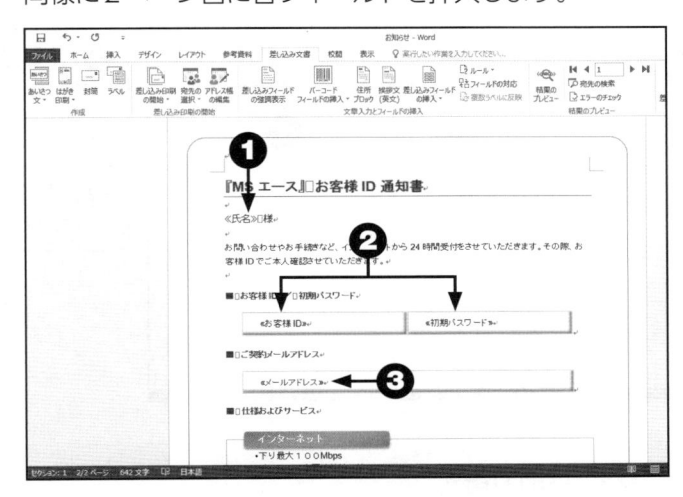

❶ 2ページ3行目に「《氏名》」を挿入します。

❷ 9行目の図形に「《お客様ID》」と「《初期パスワード》」を挿入します。

❸ 11行目の図形に「《メールアドレス》」を挿入します。

操作 ☞ 差し込みデータを表示する

差し込みフィールドを挿入した位置に実際のデータを表示してみましょう。

Step 1 1件目の差し込みデータを表示します。

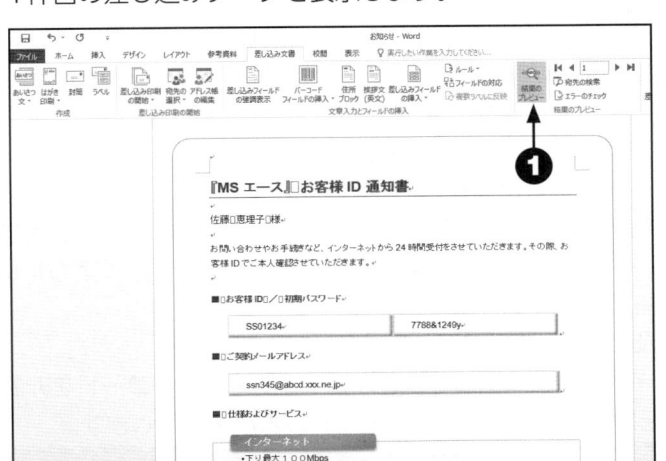

❶ [差し込み文書] タブの [結果のプレビュー] ボタンをクリックします。

ヒント
差し込みフィールドの再表示
[結果のプレビュー] ボタンを再度クリックすると、差し込みフィールドの表示に戻ります。

第 3 章 データの活用

Step 2 1件目の差し込みデータが表示されたことを確認します。

ヒント
差し込みフィールドの位置の確認
［差し込み文書］タブの［差し込みフィールドの強調表示］ボタンをクリックすると、差し込みフィールドが網かけで強調表示され、文書の他の内容と区別できます。

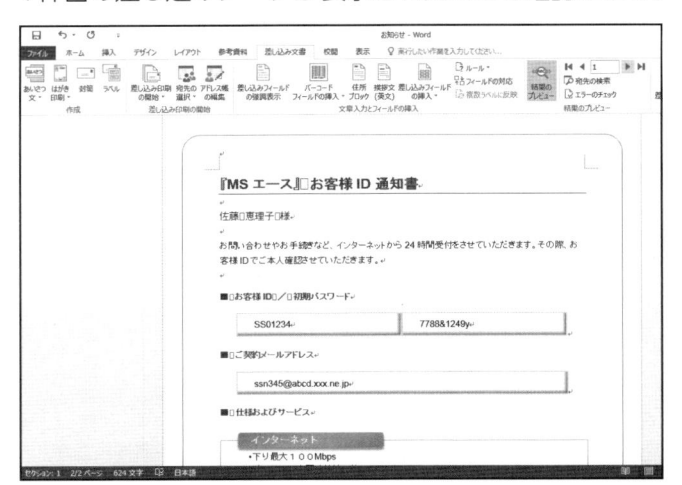

Step 3 2件目以降のデータを表示します。

❶ ［差し込み文書］タブの［次のレコード］ボタンをクリックします。

❷ 2件目以降のデータが順に表示されることを確認します。

ヒント　差し込みデータの表示切り替え

|◀ ［先頭のレコード］、◀ ［前のレコード］、▶ ［次のレコード］、▶| ［最後のレコード］の各ボタンで表示する差し込みデータを切り替えることができます。また、2　［レコード］ボックスには現在表示されている差し込みデータのレコード番号が表示され、数字を入力して**Enter**キーを押すと、そのレコード番号のデータを表示できます。

ヒント　差し込みフィールドの文字列の書式

差し込みフィールドに書式を設定すると、差し込まれたデータも同様の書式で表示され、印刷されます。差し込んだ数値データに桁区切りスタイルを設定するには、次のような手順で「フィールドコード」を編集します（他にも日付や金額などさまざまな書式を指定できます）。
1. 編集する差し込みフィールドをクリックします。
2. **Shift**キーを押しながら**F9**キーを押して、フィールドコードを表示します。差し込みフィールドが　{ MERGEFIELD [フィールド名] }　のように表示されます。
3. ［フィールド名］の後ろに「¥#」（数値書式スイッチ）と設定したい書式「#,##0」（コンマ区切り）を追加入力します。
　　　　{ MERGEFIELD [フィールド名] ¥# #,##0 }
4. **Shift**キーを押しながら**F9**キーを押して、フィールドコードを非表示にします。
5. **F9**キーを押して、差し込みフィールドの表示を更新します。

操作 差し込み印刷を実行する

Step 1 [プリンターに差し込み] ダイアログボックスを開きます。

> **ヒント**
> **新規ファイルへの出力**
> データを差し込んだ結果の文書を新規ファイルに出力するには、[差し込み文書] タブの [完了と差し込み] ボタンをクリックして [個々のドキュメントの編集] をクリックし、出力するレコードを指定します。

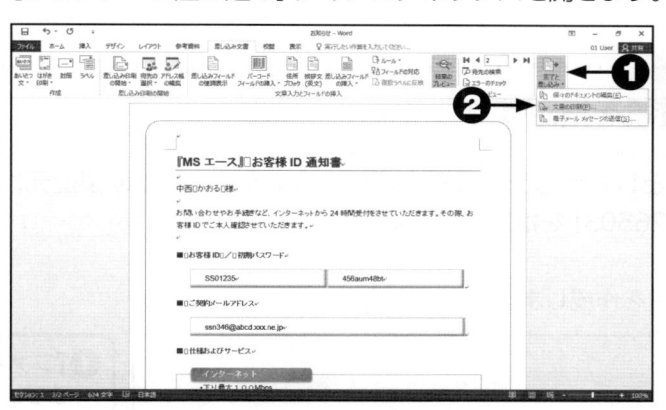

❶ [差し込み文書] タブの [完了と差し込み] ボタンをクリックします。

❷ [文書の印刷] をクリックします。

Step 2 印刷するレコード範囲を指定します。

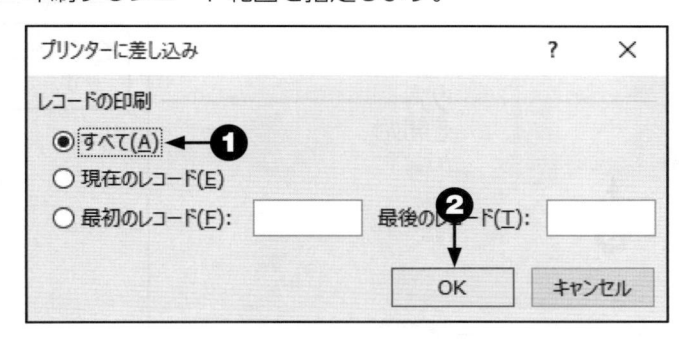

❶ [すべて] が選択されていることを確認します。

❷ [OK] をクリックします。

Step 3 印刷を実行します。

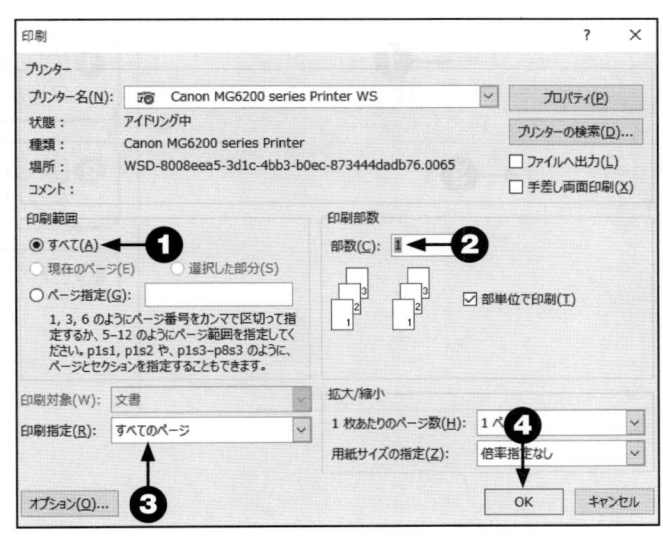

❶ [印刷範囲] で [すべて] が選択されていることを確認します。

❷ [部数] ボックスで「1」と指定されていることを確認します。

❸ [印刷指定] ボックスで「すべてのページ」が選択されていることを確認します。

❹ [OK] をクリックします。

Step 4 差し込みデータのレコード数分の文書が印刷されます。

Step 5 [Word2016応用] フォルダーの中の [保存用] フォルダーに「お知らせ」というファイル名で保存し、文書を閉じます。

第 3 章　データの活用　77

宛名ラベルの作成

差し込み印刷機能を利用して、市販されているラベル用紙のサイズに合ったさまざまなラベルを作成することができます。ここでは、ExcelファイルのデータをラベルにL差し込んで印刷します。

操作 ラベル用紙の種類を指定する

新規文書として宛名ラベルを作成しましょう。ラベルの製造元は [A-ONE]、製品番号は [A-ONE 26503] を指定しましょう。

Step 1 白紙の文書を作成します。

❶ [ファイル] タブをクリックします。

❷ [新規] をクリックします。

❸ [白紙の文書] をクリックします。

Step 2 [ラベルオプション] ダイアログボックスを開きます。

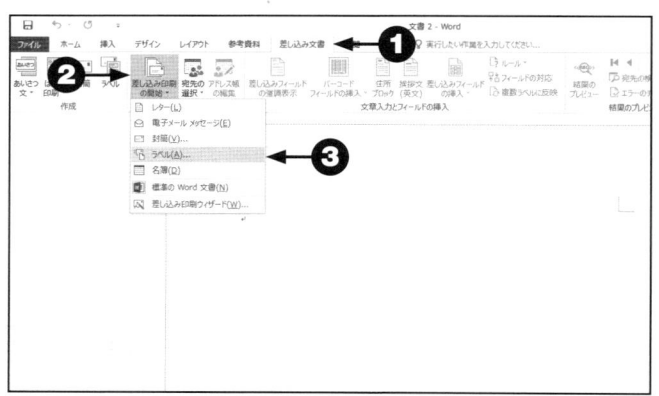

❶ [差し込み文書] タブをクリックします。

❷ [差し込み印刷の開始] ボタンをクリックします。

❸ [ラベル] をクリックします。

78 差し込み印刷

Step 3 ラベルの種類を指定します。

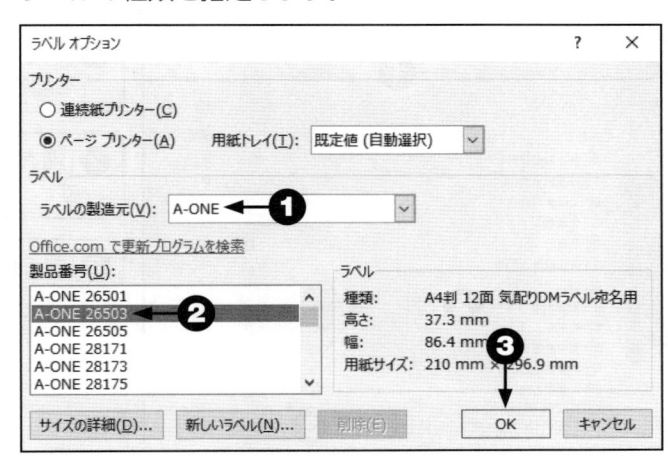

❶ [ラベルの製造元] ボックスの一覧から [A-ONE] を選択します。

❷ [製造番号] ボックスの一覧から [A-ONE 26503] を選択します。

❸ [OK] をクリックします。

Step 4 文書にラベルの枠線が表示されたことを確認します。

💡 **ヒント**
ラベルの枠線が表示されない場合
ラベルの枠線が表示されない場合は、[表ツール]の[レイアウト]タブの[表]グループにある[グリッド線の表示]ボタンをクリックしてオンにします。

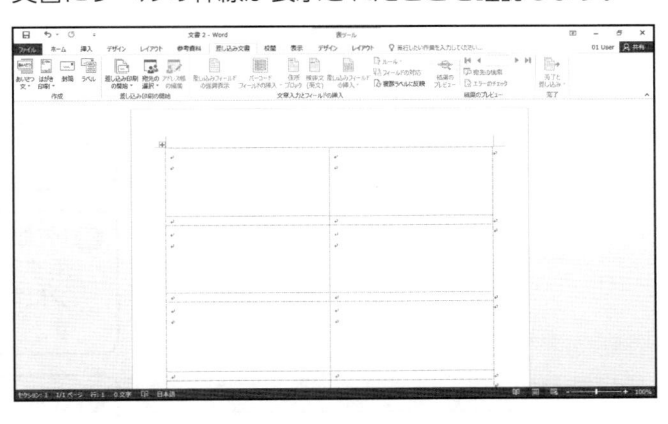

操作 👉 データファイルを指定する

差し込み印刷のデータファイルとしてExcelファイル「顧客データ」を指定しましょう。

Step 1 宛先の選択方法を指定します。

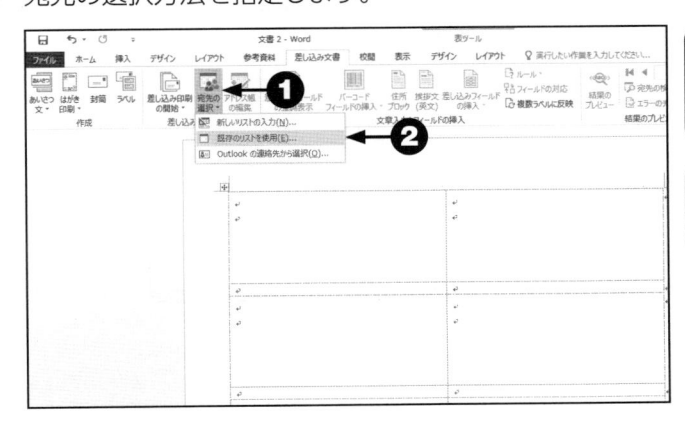

❶ [差し込み文書] タブの [宛先の選択] ボタンをクリックします。

❷ [既存のリストを使用] をクリックします。

第 3 章 データの活用 79

Step 2 データファイルとしてExcelファイル「顧客データ」を指定します。

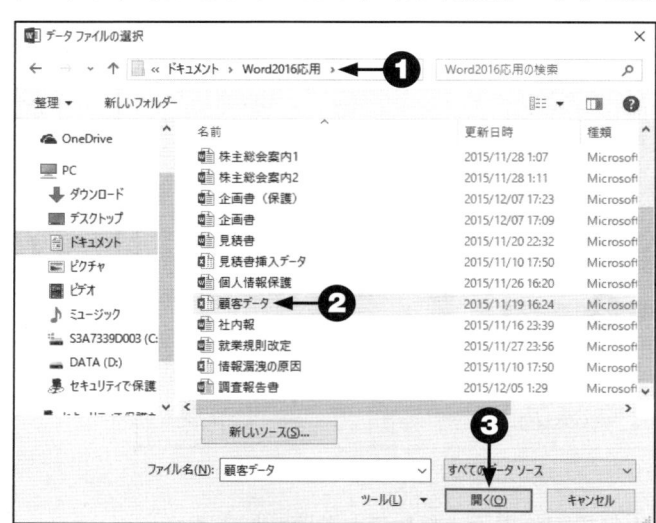

❶ [Word2016応用] フォルダーを開きます。

❷ [顧客データ] をクリックします。

❸ [開く] をクリックします。

Step 3 利用するテーブルを選択します。

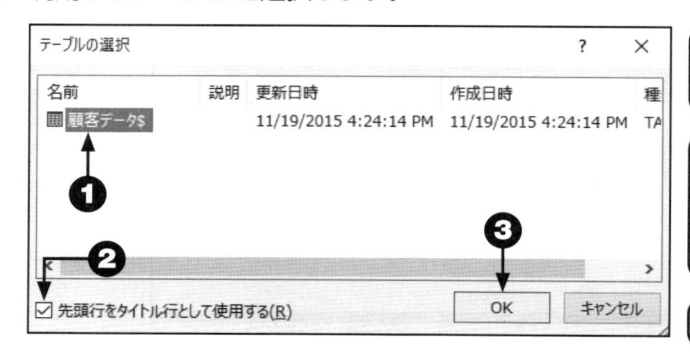

❶「顧客データ$」が選択されていることを確認します。

❷ [先頭行をタイトル行として使用する] チェックボックスがオンになっていることを確認します。

❸ [OK] をクリックします。

Step 4 データファイルが指定されたことを確認します。

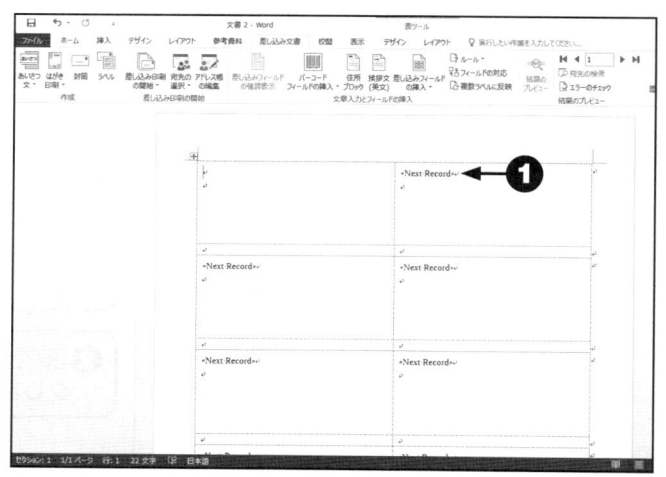

❶ ラベルの配置を示す枠（2つ目以降）に［《Next Record》］と表示されたことを確認します。

80　差し込み印刷

操作 宛名ラベルを完成させる

ラベルに差し込みフィールドを挿入し、実際に差し込まれるデータを確認して印刷しましょう。最後に「宛名ラベル」というファイル名を付けて保存しましょう。

Step 1 [郵便番号] フィールドを差し込む位置を指定します。

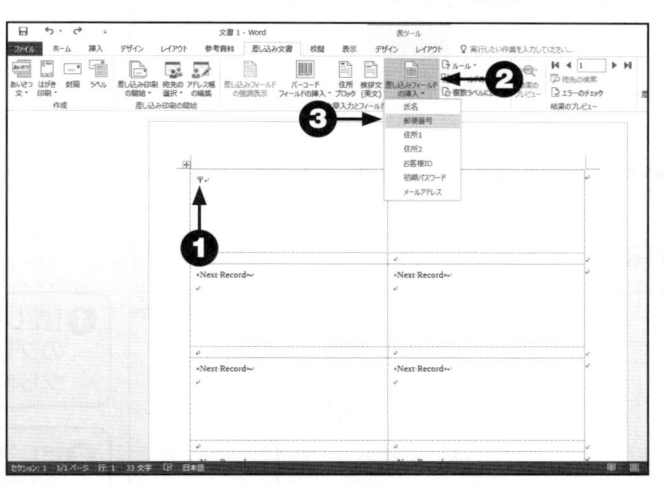

❶ 1行目に「〒」と入力します。

❷ [差し込み文書] タブの [差し込みフィールドの挿入] ボタンの▼をクリックします。

❸ [郵便番号] をクリックします。

ヒント
複数のフィールドの挿入
[差し込みフィールドの挿入] ボタンの▼ではなく左の部分をクリックすると [差し込みフィールドの挿入] ダイアログボックスが表示され、フィールドを選択して [挿入] をクリックすることで連続して複数のフィールドを挿入することができます。

Step 2 [郵便番号] フィールドが差し込まれたことを確認します。

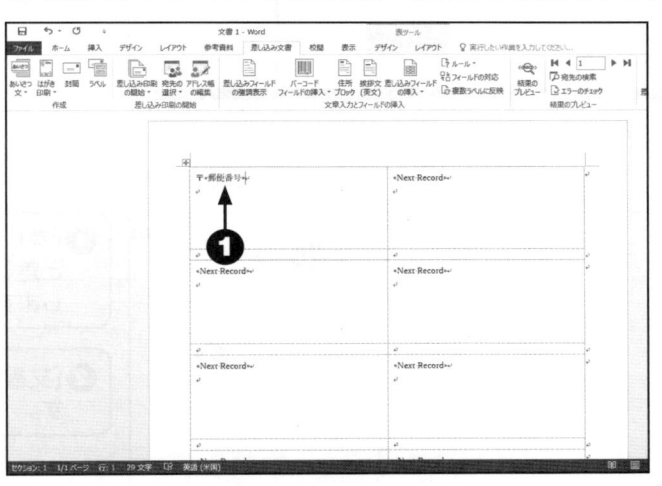

❶ 「〒」の右の位置に「《郵便番号》」と表示されたことを確認します。

Step 3 同様に、次の差し込みフィールドを挿入します。

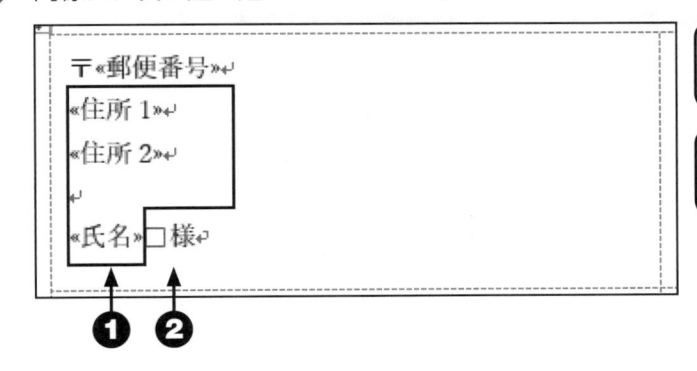

❶ 「《住所1》」、「《住所2》」、「《氏名》」を挿入します。

❷ 挿入した「《氏名》」の後ろに「　様」と入力します。

第 3 章　データの活用

Step 4 1枚目のラベルのレイアウトを他のラベルに反映します。

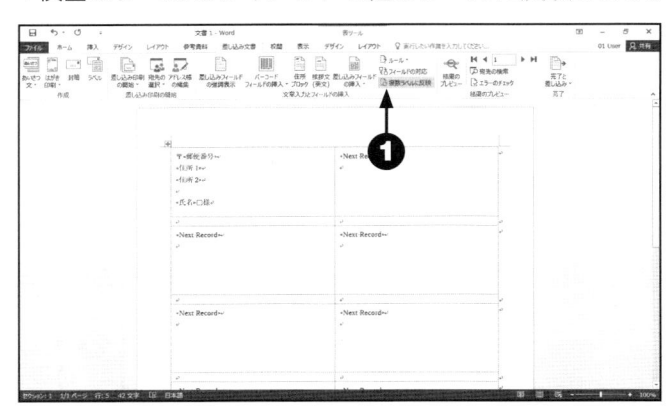

❶ [差し込み文書] タブの [複数ラベルに反映] ボタンをクリックします。

Step 5 差し込まれるデータを確認します。

❶ [差し込み文書] タブの [結果のプレビュー] ボタンをクリックします。

❷ 差し込みデータが表示されたことを確認します。

Step 6 [プリンターに差し込み] ダイアログボックスを開きます。

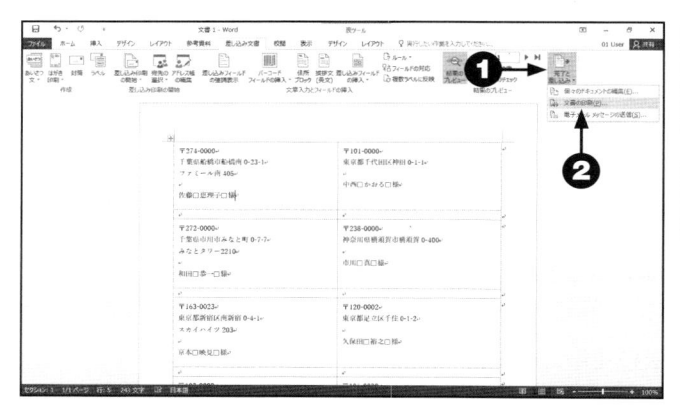

❶ [差し込み文書] タブの [完了と差し込み] ボタンをクリックします。

❷ [文書の印刷] をクリックします。

82　差し込み印刷

Step 7 印刷するレコード範囲を指定します。

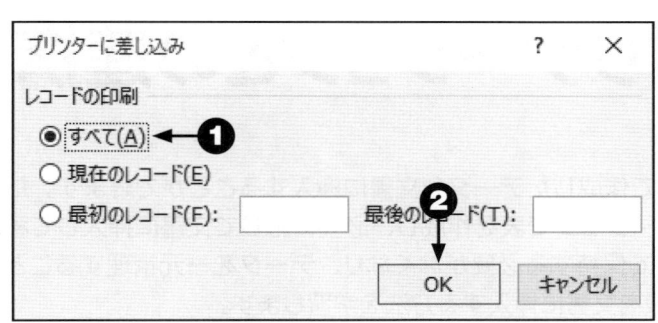

❶ [すべて] が選択されていることを確認します。

❷ [OK] をクリックします。

Step 8 印刷を実行します。

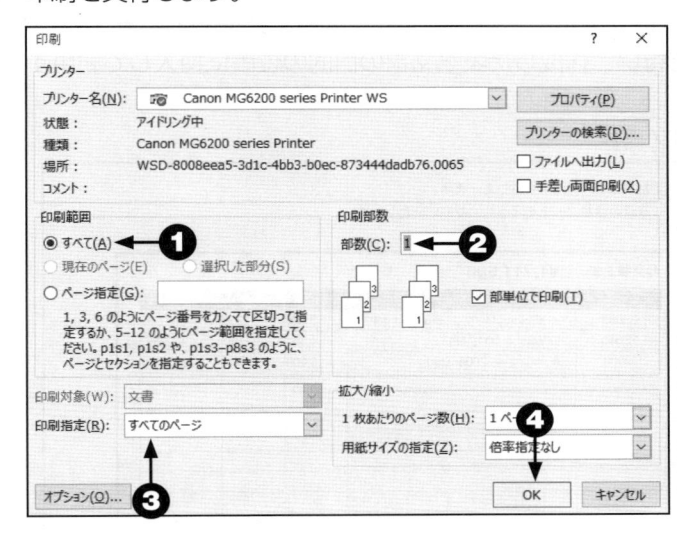

❶ [印刷範囲] で [すべて] が選択されていることを確認します。

❷ [部数] ボックスで「1」が指定されていることを確認します。

❸ [印刷指定] ボックスで「すべてのページ」が選択されていることを確認します。

❹ [OK] をクリックします。

Step 9 差し込みデータのレコード数分の宛名ラベルが印刷されます。

Step 10 [Word2016応用] フォルダーの中の [保存用] フォルダーに「宛名ラベル」というファイル名で保存し、文書を閉じます。

💡 ヒント　バーコードの生成と挿入

差し込みフィールドのデータからバーコードを生成して文書に挿入することができます。また、住所情報から郵便バーコードを生成して挿入することや、メールアドレスやWebサイトアドレスからQRコードを生成して挿入することもできます。

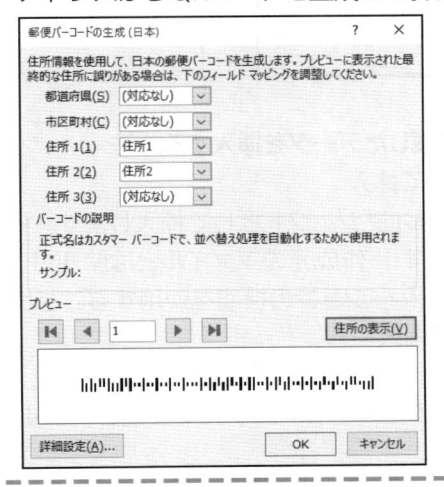

他のアプリケーションとの連携

他のアプリケーションで作成したデータを文書に挿入することができます。たとえば、データ処理を得意とするアプリケーションで表を作成し、必要に応じて文書に挿入して利用すれば、同じ目的を持つデータを重複して保持する必要がなくなり、データを一元管理することができます。ここでは、Excelで作成した表を文書に挿入する方法を学習します。

たとえば、見積書の文書を作成する場合、見積明細データの入力および金額の計算はExcelで行い、作成した表を文書の目的の位置に挿入して利用することができます。

【Word文書】

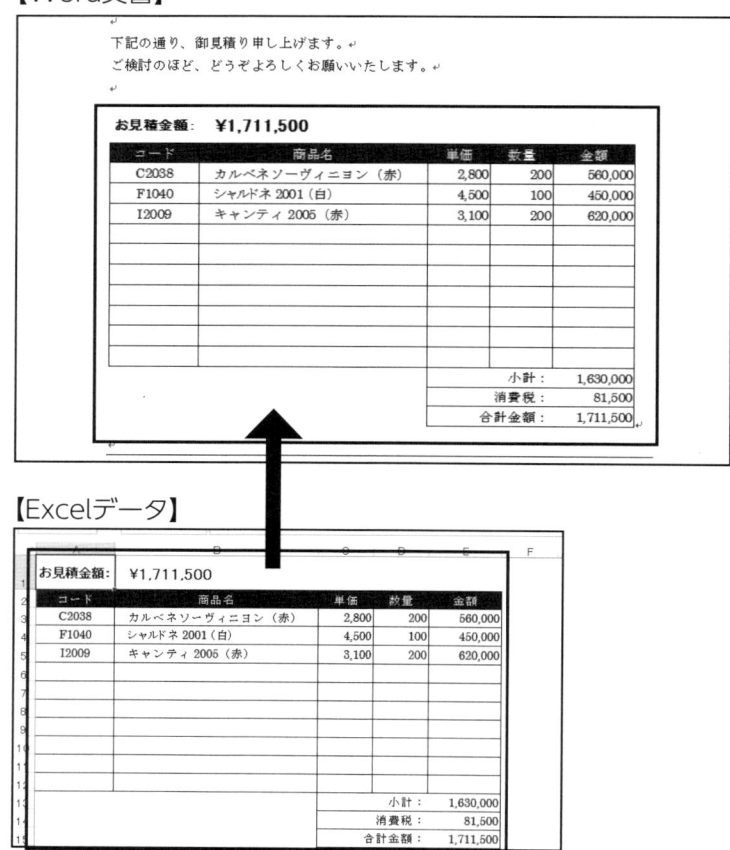

コード	商品名	単価	数量	金額
C2038	カルベネソーヴィニヨン（赤）	2,800	200	560,000
F1040	シャルドネ 2001（白）	4,500	100	450,000
I2009	キャンティ 2005（赤）	3,100	200	620,000

お見積金額： ¥1,711,500

小計： 1,630,000
消費税： 81,500
合計金額： 1,711,500

【Excelデータ】

（同じ表）

用語

オブジェクト
図や図形、表、SmartArt、クイックパーツなど、文書内の操作の対象になる要素のことを「オブジェクト」といいます。他のアプリケーションで作成されたデータを文書に挿入した場合、その挿入されたデータも「オブジェクト」といいます。

■ 他のアプリケーションで作成したデータを挿入する方法

・埋め込みオブジェクトとして挿入
　作成元のデータを埋め込みオブジェクトとして挿入します。挿入されたデータはその文書ファイル内に保存され、作成元のファイルとは関連付けられません。データの編集には作成元のアプリケーションの機能を使用することができます。

・リンクオブジェクトとして挿入
　作成元のファイルの参照先情報が文書に保持されます。作成元のファイルを編集すると、挿入したリンクオブジェクトのデータにも反映されます。

・図として挿入
　作成元のデータを図（Windowsメタファイル、ビットマップなど）に変換して挿入します。
・ファイルからテキストの挿入
　他のファイル内のテキストを文書に挿入します。作成元のファイルと関連付けられない「挿入」、作成元のファイルへの変更が反映される「リンク挿入」を選択できます。

■ 他のアプリケーションで作成したデータを挿入する手順

【形式を選択して貼り付け】

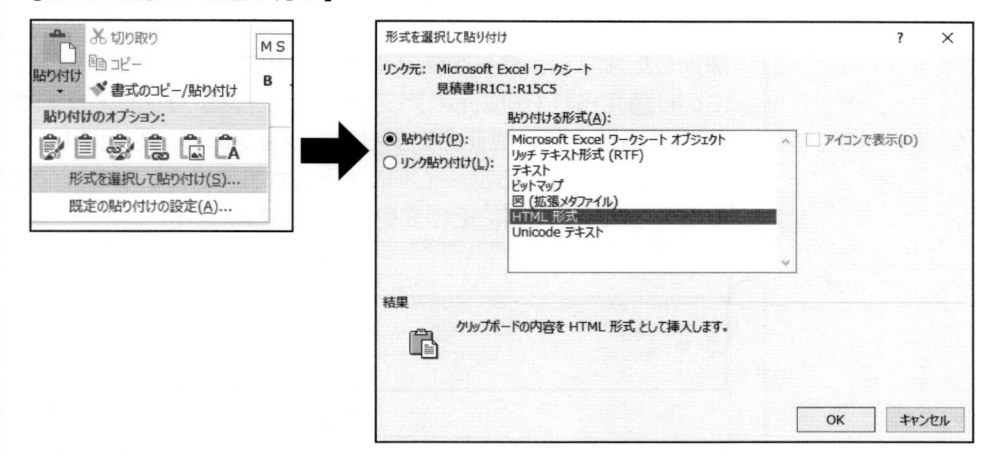

【ファイル名を指定して挿入】

埋め込みオブジェクトとして挿入

Excelファイルのデータを文書内に埋め込みオブジェクトとして挿入し、挿入したオブジェクトを編集します。

■ **データの保存場所**
挿入されたデータはWord文書の一部として保存され、作成元のファイルとの関連はなくなります。

■ **データの編集**
挿入したオブジェクトをダブルクリックすると、作成元のアプリケーションのリボンに切り替えられ（作成元のアプリケーションがセットアップされている必要があります）、Word上で作成元のアプリケーションの機能を使用してデータを編集できます。編集内容は作成元のファイルには反映されません。また、作成元のファイルを編集した場合もWord文書にその変更は反映されません。

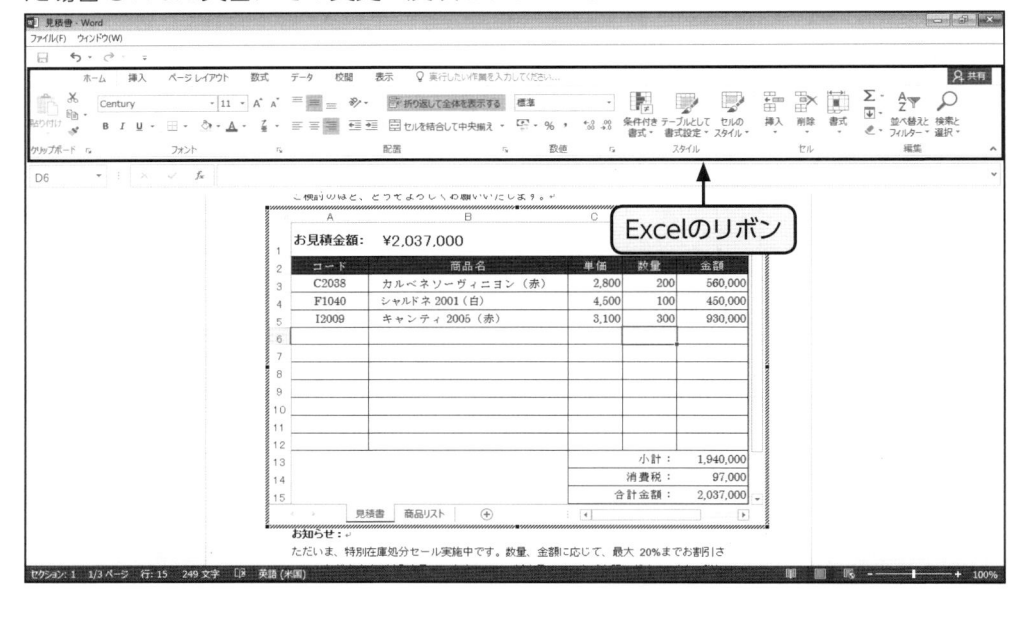

操作 ☞ 埋め込みオブジェクトとして挿入する

[Word2016応用] フォルダーの中にあるファイル「見積書」を開き、1ページ15行目の位置にExcelファイル「見積書挿入データ」のシート「見積書」の表をExcelワークシートオブジェクトとして挿入しましょう。

86　他のアプリケーションとの連携

Step 1 Wordファイル「見積書」を開きます。

Step 2 Excelファイル「見積書挿入データ」を開きます。

Step 3 Excelファイル「見積書挿入データ」で挿入する表をコピーします。

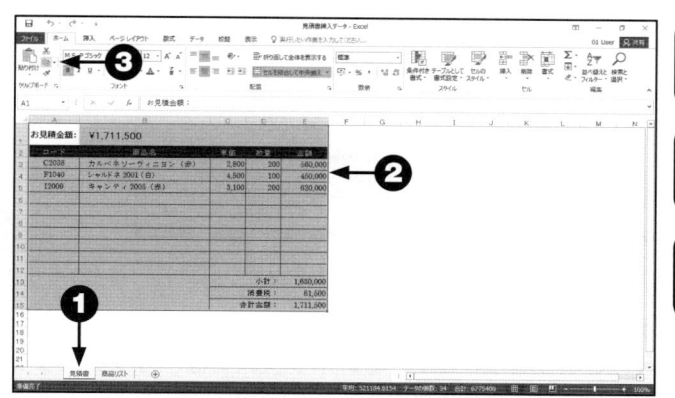

❶ シート「見積書」が選択されていることを確認します。

❷ セルA1～E15を範囲選択します。

❸ [ホーム] タブの [コピー] ボタンをクリックします。

💡 ヒント
Excelのセルの範囲選択
Excelでセルを範囲選択するには、セル上をポイントし、マウスポインターの形状が ✚ に変わったらドラッグします。

Step 4 Wordファイル「見積書」で表を挿入する位置を指定し、[形式を選択して貼り付け] ダイアログボックスを開きます。

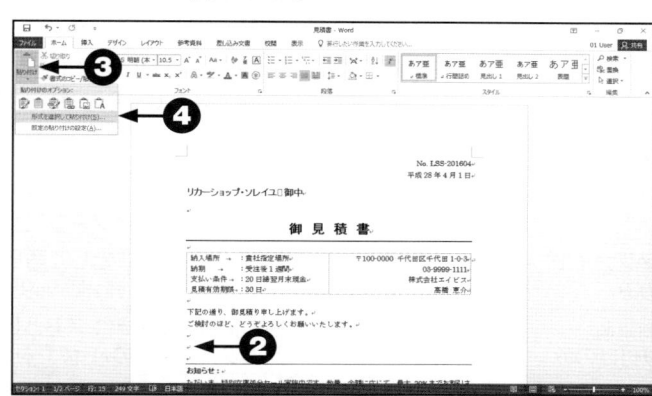

❶ Wordファイル「見積書」のウィンドウに切り替えます。

❷ 1ページ15行目にカーソルを移動します。

❸ [ホーム] タブの [貼り付け] ボタンの▼をクリックします。

❹ [形式を選択して貼り付け] をクリックします。

Step 5 貼り付ける形式を選択します。

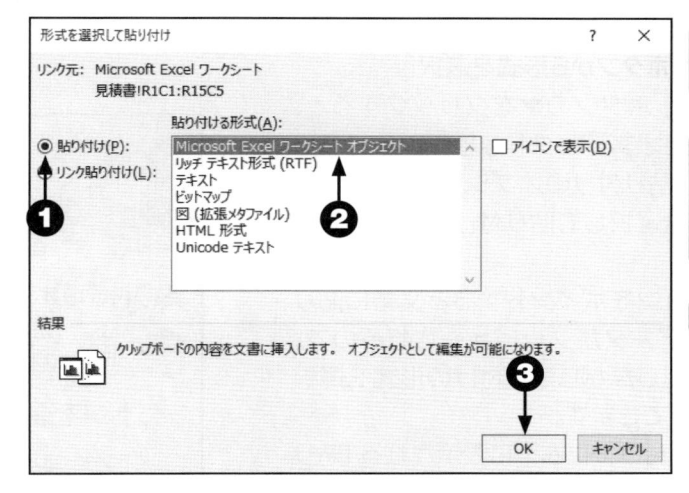

❶ [貼り付け] が選択されていることを確認します。

❷ [貼り付ける形式] ボックスの一覧の [Microsoft Excelワークシートオブジェクト] をクリックします。

❸ [OK] をクリックします。

第3章 データの活用

Step 6 Excelの表が挿入されたことを確認します。

> **ヒント**
>
> 通常のコピー/貼り付け
> Excelファイルの表をコピーして、Word文書で[貼り付け]ボタンの▼ではなく上の部分をクリックした場合は、Wordの表として貼り付けられます。

> **ヒント**
>
> **挿入する形式について**
>
> [形式を選択して貼り付け]ダイアログボックスでは、オブジェクトをどのような形式で挿入するかを指定します。主な形式には次の種類があります。

貼り付け形式	貼り付け結果
Microsoft Excelワークシートオブジェクト	Excelの機能を使用してWord上で編集できる
リッチテキスト形（RTF）	書式情報付きのテキストとして貼り付け
テキスト	書式情報のないテキストとして貼り付け
図（Windowsメタファイル） ※リンク貼り付けのみ	Windowsメタファイルとして貼り付け Windows1.0の発売時から標準でサポートしているベクター画像
ビットマップ	ビットマップ形式の画像として貼り付け 多くのメモリとディスク容量を必要とするが、画面に表示された通りのイメージになる
図（拡張メタファイル） ※貼り付けのみ	拡張メタファイルとして貼り付け 32ビットOSのWindows95から登場したベクター画像
Word Hyperlink ※リンク貼り付けのみ	書式情報付きのテキストとして貼り付け 元のファイルへのハイパーリンクが設定される
HTML形式	HTML形式で貼り付け
Unicodeテキスト	書式情報のないUnicodeテキストとして貼り付け

> **ヒント**
>
> **[貼り付け]ボタンから形式を選択**
>
> [貼り付け]ボタンの▼をクリックすると、コピーしたオブジェクトの種類に応じていくつかの[貼り付けのオプション]が表示され、形式を選択して貼り付けることができます。
>
> 各オプションをポイントすると文書に貼り付け後のデータがプレビューされるので、結果を確認しながら貼り付けの形式を選択することができます。
>
> また、貼り付け後に右下に表示される[貼り付けのオプション]スマートタグから形式を選択することもできます。

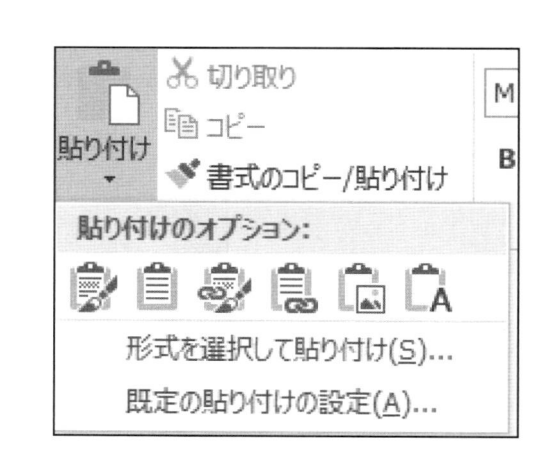

操作 挿入したオブジェクトを編集する

Excelファイルから埋め込みオブジェクトとして挿入した表の「キャンティ2005（赤）」の数量を「300」に変更しましょう。

Step 1 Excelオブジェクトを編集するモードに切り替えます。

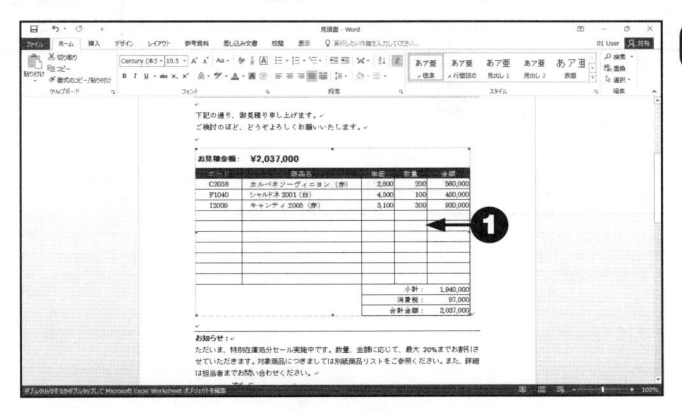

❶表をダブルクリックします。

ヒント
埋め込みオブジェクトを編集するには
挿入したオブジェクトを編集するには、そのオブジェクトをダブルクリックします。

Step 2 データを変更します。

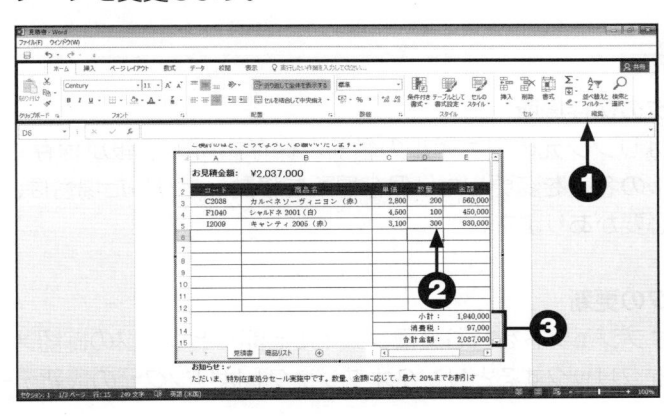

❶Excelのリボンが表示されたことを確認します。

❷セルD5の値を「300」に変更します。

❸金額や小計、見積金額などが再計算されたことを確認します。

Step 3 Excelオブジェクトの編集するモードを終了します。

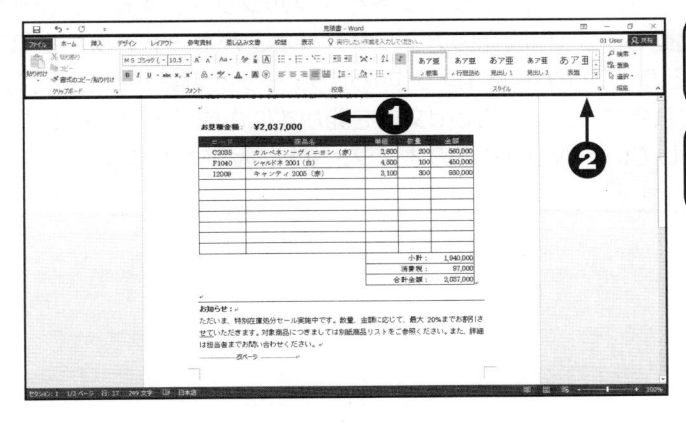

❶Word文書の領域をクリックします。

❷Wordのリボンに戻ったことを確認します。

Step 4 挿入元のファイルのデータが変更されていないことを確認します

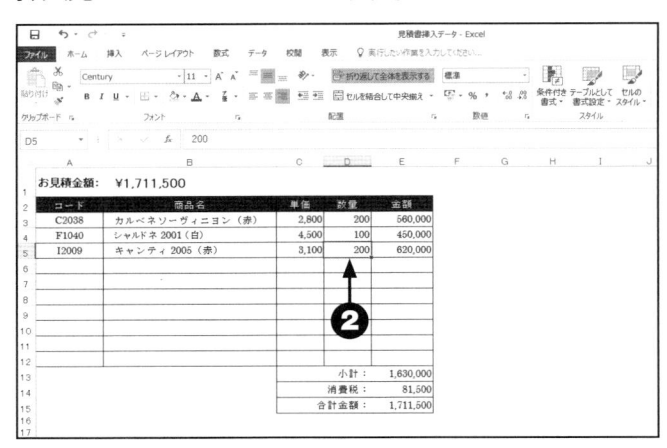

❶Excelファイル「見積書挿入データ」のウィンドウに切り替えます。

❷セルD5の値が「200」のまま変更されていないことを確認します。

リンク貼り付け

Excelファイルのデータを文書内にリンク貼り付けし、リンク貼り付けしたオブジェクトを編集します。

■ データの保存場所
文書にはリンク元のファイルの名前と保存場所の情報が保存されます。リンク元のファイルの名前を変更したり保存場所を移動したりした場合は、そのリンク情報を更新する必要があります。

■ データの更新
リンクオブジェクトを含む文書ファイルを開くとリンクの確認メッセージが表示され、[はい] をクリックするとリンクオブジェクトはリンク元の最新データで更新されます。

■ データの編集
リンク貼り付けしたオブジェクトをダブルクリックすると、作成元のアプリケーションが起動します（作成元のアプリケーションがセットアップされている必要があります）。そのアプリケーションで作成元のデータを編集すると、その内容はWord文書に反映されます。また、Word文書を開かずに作成元のファイルを直接変更した場合も、リンクしているWord文書のオブジェクトに反映されます。

操作 リンクして貼り付ける

Word文書「見積書」の2ページ3行目の位置にExcelファイル「見積書挿入データ」のシート「商品リスト」の表をリンク貼り付けしましょう。

Step 1 リンク元のExcelデータをコピーします。

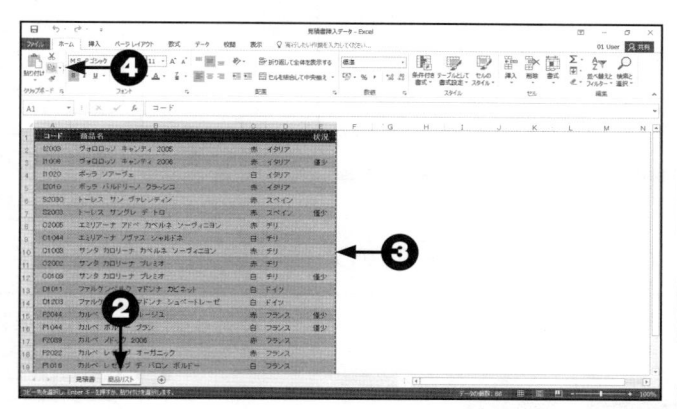

❶Excelファイル「見積書挿入データ」のウィンドウに切り替えます。

❷シート「商品リスト」を選択します。

❸セルA1～E21を範囲選択します。

❹[コピー]ボタンをクリックします。

Step 2 Wordファイル「見積書」で表を貼り付ける位置を指定し、[形式を選択して貼り付け]ダイアログボックスを開きます。

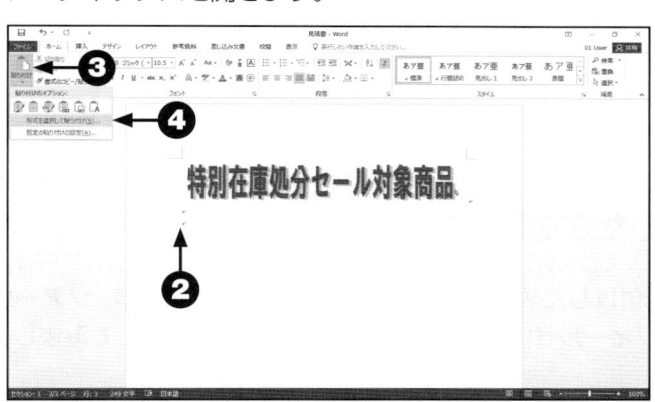

❶Wordファイル「見積書」のウィンドウに切り替えます。

❷2ページ3行目にカーソルを移動します。

❸[ホーム]タブの[貼り付け]ボタンの▼をクリックします。

❹[形式を選択して貼り付け]をクリックします。

Step 3 貼り付ける形式を選択します。

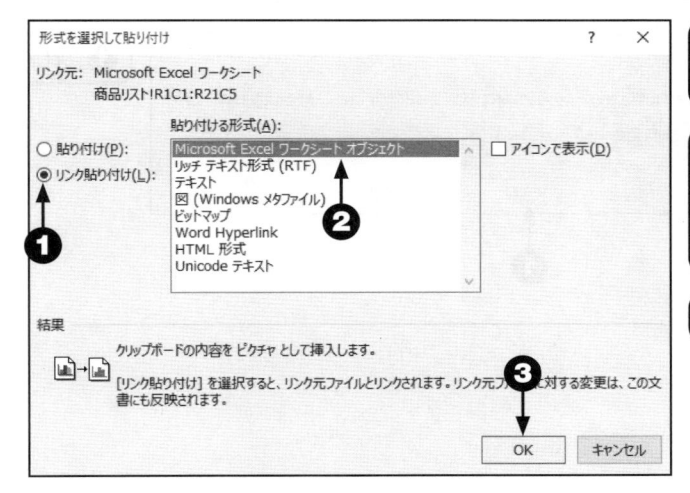

❶[リンク貼り付け]をクリックして選択します。

❷[貼り付ける形式]ボックスの一覧の[Microsoft Excelワークシートオブジェクト]をクリックします。

❸[OK]をクリックします。

第3章 データの活用

Step 4 Excelの表が挿入されたことを確認し、保存して文書を閉じます。

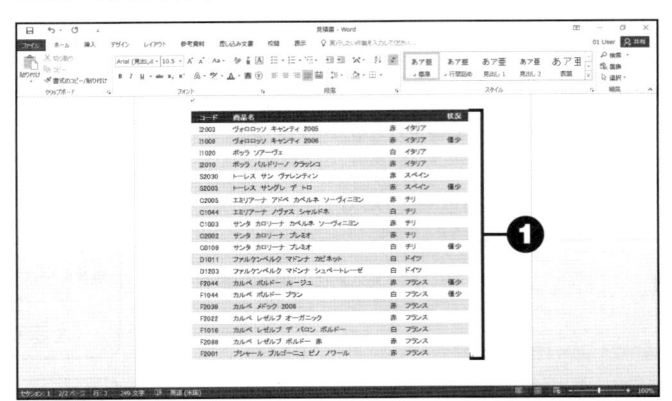

❶ Excelの表が挿入されたことを確認します。

❷ [ファイル] タブをクリックして [名前を付けて保存] をクリックし、[Word2016応用] フォルダーの中の [保存用] フォルダーに「見積書」というファイル名で保存します。

❸ [ファイル] タブをクリックし、[閉じる] をクリックします。

Step 5 Excelファイル「見積書挿入データ」のデータを変更し、上書き保存してExcelを終了します。

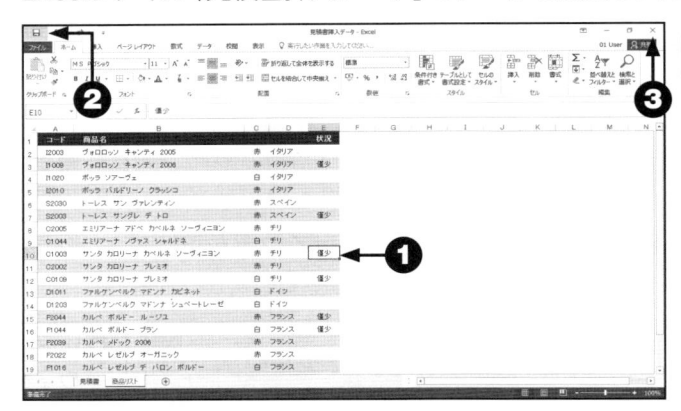

❶ セルE10に「僅少」と入力します。

❷ [上書き保存] ボタンをクリックします。

❸ 閉じるボタンをクリックします。

操作 ☞ リンク貼り付けした表を編集する

リンク貼り付けした表のデータで文書を更新し、「ボッラ ソアーヴェ」の行(3行目の商品)の「状況」フィールドに「僅少」と入力してデータを変更してみましょう。

Step 1 [保存用] フォルダーに保存したファイル「見積書」を再度開きます。

Step 2 リンク更新の確認メッセージが表示されます。

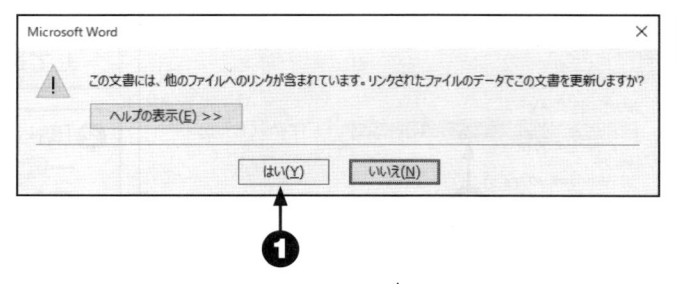

❶ [はい] をクリックします。

92 他のアプリケーションとの連携

Step 3 リンク貼り付けした表のデータが変更されていることを確認し、リンク元のExcelファイルを表示します。

💡 **ヒント**
リンク貼り付けしたオブジェクトを編集するには
リンク貼り付けしたオブジェクトをダブルクリックします。作成元のアプリケーションが起動してリンク元ファイルが開き、編集することができます。

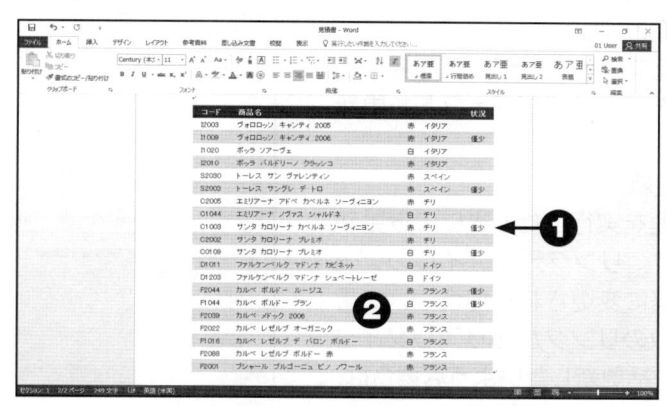

❶「C1003」の行（9行目の商品）の「状況」フィールドに「僅少」と表示されていることを確認します。

❷表をダブルクリックします。

Step 4 データを変更し、上書き保存してExcelを終了します。

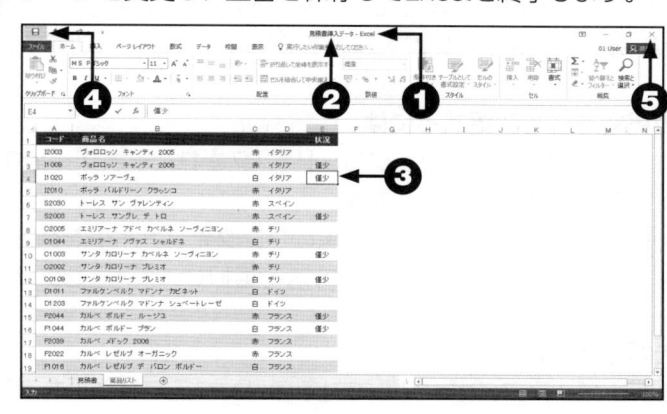

❶タイトルバーに［Excel］と表示され、Excelが起動したことを確認します。

❷Excelファイル「見積書挿入データ」が開いたことを確認します。

❸セルE4に「僅少」と入力します。

❹［上書き保存］ボタンをクリックします。

❺閉じるボタンをクリックします。

Step 5 リンク貼り付けした表のデータが変更されていることを確認し、上書き保存して文書を閉じます。

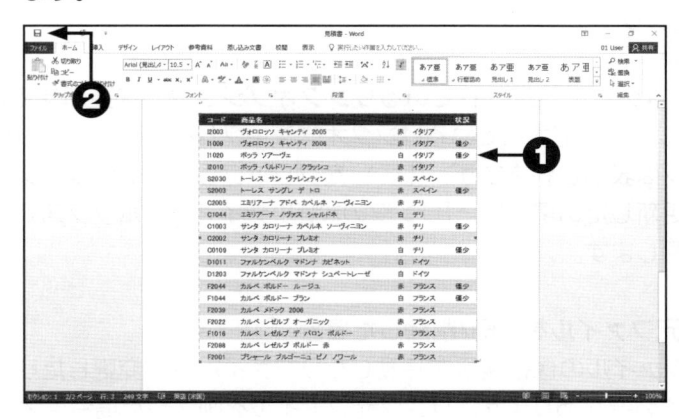

❶「ボッラ ソアーヴェ」の行（3行目の商品）の「状況」フィールドに「僅少」と表示されていることを確認します。

❷［上書き保存］ボタンをクリックします。

❸［ファイル］タブをクリックし、［閉じる］をクリックします。

第3章 データの活用 93

ヒント　リンクの更新

■ **リンクの更新方法の種類**

- 自動更新（既定）
  リンク元ファイルのデータが変更されたときリンクオブジェクトも更新されます。
- 手動で更新
  更新処理を実行したときにのみ更新されます。リンク元ファイルのデータが頻繁に変更される場合や、文書内に複数のリンクがあり同じタイミングで一括更新したいような場合は、手動更新に設定して利用します。
- 更新しない
  自動でも手動でも更新できません。信頼できないリンク元ファイルによって文書が更新されることを防止するなど、文書を保護する手段としても有効です。

■ **リンクの更新方法を変更するには**

1. リンクオブジェクトを右クリックし、[リンクされた<オブジェクト名>オブジェクト]から[リンクの設定]をクリックします。
2. [リンク元のファイル]ボックスで対象のリンク元ファイルを選択します。
3. [選択したリンクの更新方法]で更新方法を選択し、[OK]をクリックします。

■ **リンクを解除するには**

[リンクの設定]ダイアログボックスで対象のリンク元ファイルを選択し、[リンクの解除]をクリックします。リンクを解除するとオブジェクトは「図」に変換され、編集できなくなります。

■ **リンクオブジェクトを手動で更新するには**

[手動で更新]に設定されているリンクオブジェクトを手動で更新するには、対象のリンクオブジェクトを右クリックし、[リンク先の更新]をクリックします。または、[リンクの設定]ダイアログボックスの[リンク元のファイル]の一覧で更新したいファイルを選択し、[今すぐ更新]をクリックします。

■ **[更新しない]に設定されているリンクオブジェクトを更新するには**

[更新しない]に設定されているリンクオブジェクトを含むファイルを開くときも更新確認のメッセージは表示されますが、[はい]をクリックしてもそのリンクオブジェクトは更新されません。更新したい場合は、[リンクの設定]ダイアログボックスでリンク元ファイルの更新方法を変更します。

■ **リンク元ファイルを移動/削除した場合**

リンク元ファイルの保存場所を移動したりファイル名を変更したりした場合、再度リンクを設定し直す必要があります。リンク元ファイルを削除した場合はオブジェクトを編集できなくなります。

ヒント　他の形式でリンク貼り付けしたデータの編集

［形式を選択して貼り付け］ダイアログボックスで［テキスト］や［リッチテキスト形式］、［HTML形式］を選択してリンク貼り付けした場合は、表をダブルクリックしても作成元のアプリケーションは起動しません。ただし、リンク元ファイルを開いて編集した後、リンク先の文書ファイルでリンクを更新して文書にデータの変更を反映することはできます。

ヒント　すべての文書でリンクが自動更新されないようにするには

すべての文書でリンクが自動的に更新されないように設定することができます。
1. ［ファイル］タブの［オプション］をクリックします。
2. ［Wordのオプション］ダイアログボックスの［詳細設定］をクリックします。
3. ［全般］グループの［文書を開いたときにリンクを自動的に更新する］チェックボックスをオフにして［OK］をクリックします。

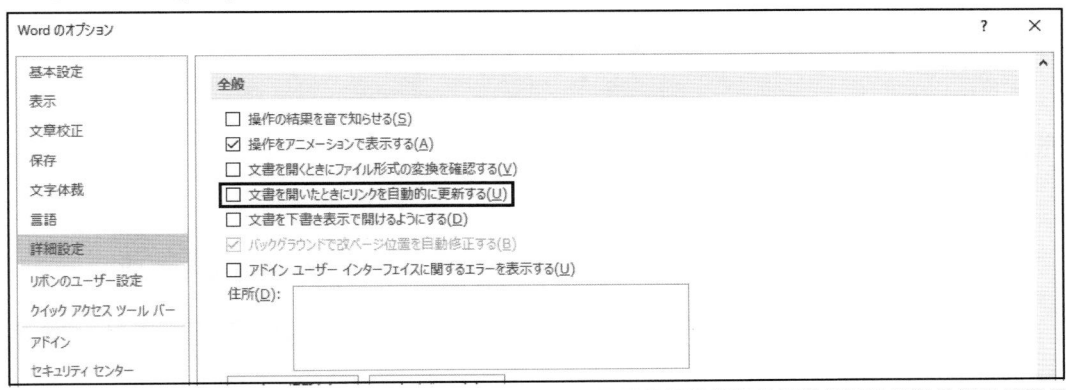

📶 この章の確認

- ☐ クイックパーツを登録できますか？
- ☐ クイックパーツを文書に挿入できますか？
- ☐ 差し込み印刷のメイン文書とデータファイルを指定できますか？
- ☐ 差し込みフィールドを文書に挿入できますか？
- ☐ 差し込みデータを表示できますか？
- ☐ 差し込み印刷を実行できますか？
- ☐ ラベルのサイズを指定できますか？
- ☐ 他のアプリケーションで作成されたデータをオブジェクトとして挿入できますか？
- ☐ 文書に挿入されたオブジェクトを編集できますか？
- ☐ 他のアプリケーションで作成されたデータをリンク貼り付けできますか？
- ☐ 文書にリンク貼り付けされたデータを編集できますか？

復習問題 問題 3-1

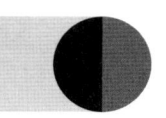

クイックパーツを登録し、登録したクイックパーツを文書に挿入しましょう。

1. [Word2016応用] フォルダーの中の [復習問題] フォルダーから、ファイル「復習3-1　納品書」を開きましょう。

2. 1ページ最終行の位置にあるテキストボックスを「ORANGE-CSC」という名前でクイックパーツとして登録しましょう。

3. 登録したクイックパーツ「ORANGE-CSC」を2ページ最終行の位置に挿入しましょう。

4. [Word2016応用] フォルダーの中の [保存用] フォルダーに、「復習3-1　納品書」という名前でファイルを保存しましょう。

5. ファイル「復習3-1　納品書」を閉じましょう。

完成例

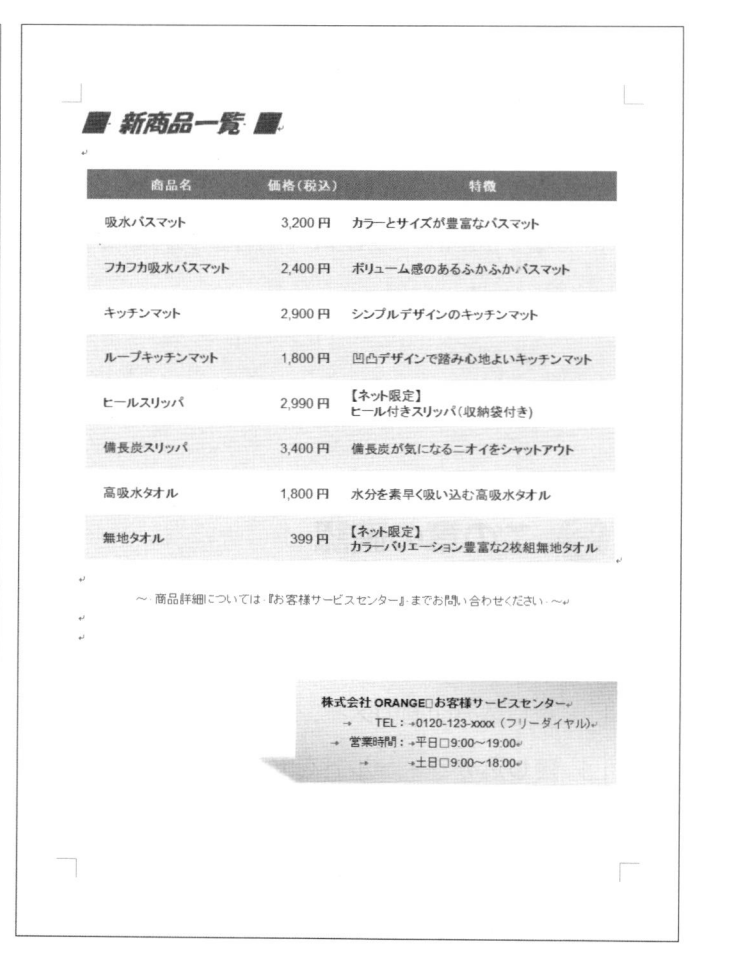

問題 3-2

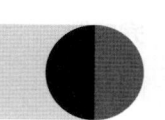

文書内にExcelの表をリンク貼り付けし、データを変更しましょう。また、文書内にExcelの表をオブジェクトとして挿入し、データを変更しましょう。

1. ［Word2016応用］フォルダーの中の［復習問題］フォルダーから、ファイル「復習3-2　納品書」を開きましょう。

2. 1ページ13行目に［復習問題］フォルダーにあるExcelファイル「納品明細」のセルA1～E14の表を［図（Windowsメタファイル）］形式でリンク貼り付けしましょう。

3. Excelウィンドウに切り替えて商品「アロマオイル」の数量を「5」に変更し、Excelファイルを上書き保存して閉じましょう。

4. リンク貼り付けした表のリンク先を更新し、「アロマオイル」の数量が「5」に変更されることを確認しましょう。

5. 2ページ3行目に［復習問題］フォルダーにあるExcelファイル「新商品一覧」のセルA1～C9の表を［Excelワークシートオブジェクト］として挿入しましょう。

6. 挿入した表の最終行の「無地タオル」を「無地タオル（2枚組）」に変更しましょう。

7. Excelウィンドウに切り替えてデータが変更されてないことを確認し、Excelファイルを閉じましょう。

8. ［Word2016応用］フォルダーの中の［保存用］フォルダーに、「復習3-2　納品書」という名前でファイルを保存しましょう。

9. ファイル「復習3-2　納品書」を閉じましょう。

完成例

平成28年3月1日

林 祥子 様

〒150-xxxx 渋谷区神宮前 xx-xx
TEL03-0000-xxxx　FAX03-0000-xxxx
株式会社ORANGE

納　品　書

拝啓 時下ますますご清祥の段、お慶び申し上げます。この度は当店をご利用いただき、心より御礼申し上げます。
　下記の通り、ご注文いただいた商品をお届けいたしましたのでご確認ください。またのご利用をお待ち申し上げます。

敬具

商品番号	商品名	数量	単価	金額
M-012	玄関マット	1	7,800	7,800
M-023	バスマット	1	4,500	4,500
L-122	クッションカバー	2	3,200	6,400
S-252	アロマオイル	5	600	3,000
			小計（税込）	22,785
			送料	600
			合計金額	23,385

なお、商品に関するお問い合わせやご質問、返品・交換などがございましたら、下記のお客様サービスセンターまでご連絡いただけますよう　よろしくお願いいたします。

――――― 改ページ ―――――

株式会社ORANGE お客様サービスセンター
TEL：0120-123-xxxx（フリーダイヤル）
営業時間：平日 9:00～19:00
　　　　　土日 9:00～18:00

■ 新商品一覧 ■

商品名	価格(税込)	特徴
吸水バスマット	3,200 円	カラーとサイズが豊富なバスマット
フカフカ吸水バスマット	2,400 円	ボリューム感のあるふかふかバスマット
キッチンマット	2,900 円	シンプルデザインのキッチンマット
ループキッチンマット	1,800 円	凹凸デザインで踏み心地よいキッチンマット
ヒールスリッパ	2,990 円	【ネット限定】ヒール付きスリッパ（収納袋付き）
備長炭スリッパ	3,400 円	備長炭が気になるニオイをシャットアウト
高吸水タオル	1,800 円	水分を素早く吸い込む高吸水タオル
無地タオル(2枚組)	399 円	【ネット限定】カラーバリエーション豊富な2枚組無地タオル

～ 商品詳細については『お客様サービスセンター』までお問い合わせください。～

株式会社ORANGE お客様サービスセンター
TEL：0120-123-xxxx（フリーダイヤル）
営業時間：平日 9:00～19:00
　　　　　土日 9:00～18:00

問題 3-3

差し込みフィールドを文書に挿入し、差し込みデータをプレビュー表示してから差し込み印刷を実行しましょう。

1. [Word2016応用] フォルダーの中の [復習問題] フォルダーから、ファイル「復習3-3　納品書」を開きましょう。

2. [レター] を選択して差し込み印刷を開始し、データファイルとして [復習問題] フォルダーにあるExcelファイル「顧客リスト」を指定しましょう。

3. 2行目の「No.」の右の位置に「顧客No」フィールドを挿入し、3行目の「　様」の左の位置に「顧客名」フィールドを挿入しましょう。

4. 何件かの差し込みデータをプレビュー表示しましょう。

5. 個々の文書を編集できるようにレコード1～3のデータを新規文書へ差し込みましょう。

6. レコードを差し込んだ新規文書を [Word2016応用] フォルダーの中の [保存用] フォルダーに「復習3-3　納品書1-3」という名前で保存して、ファイルを閉じましょう。

7. 差し込み印刷のメイン文書を [Word2016応用] フォルダーの中の [保存用] フォルダーに「復習3-3　納品書」という名前で保存して、ファイルを閉じましょう。

完成例

第4章

長文作成機能

- 長文作成に役立つ機能
- アウトラインの活用

長文作成に役立つ機能

ここでは、長文作成時に便利な「表紙」や「ヘッダー/フッター」、「索引」などを挿入する機能を利用し、統一感のある文書を効率よく仕上げる方法について学習します。

仕様書や論文などのようにページ数の多い文書を作成する際に役立つ、次のような機能があります。

■ テーマの設定
テーマを設定すると、本文や見出しのフォントスタイル、図形や罫線の色など、文書全体に統一感のある書式や配色を設定できます。あらかじめ準備されたテーマギャラリーから使用したいテーマを選択するだけで、文書のイメージを簡単に切り替えることができます。

■ 表紙の作成
あらかじめ準備された表紙ギャラリーから使用したい表紙を選択するだけで、文書に表紙ページを挿入できます。挿入後は指示された位置にタイトルなどの情報を入力するだけで、簡単に表紙ページを完成させることができます。

■ ヘッダー/フッターの挿入
あらかじめ準備されたデザインギャラリーから使用したいヘッダー/フッターデザインを選択するだけで、ページ番号や特定の文字列を表示できます。挿入後は自由に編集することもできます。

■ ハイパーリンクの設定
文書内の特定の文字列をクリックしたときに指定したWebサイトや他のファイルを開くことができる「ハイパーリンク」を設定できます。

■ 脚注の設定
文書内の特定の用語についての解説や補足説明などをページの下部や文末に付け加えることができます。対象の用語には番号や記号を表示して、ページ下部や文末に解説があることを示します。

■ 索引の作成
索引に含みたい文書内の用語を指定することで、対象の用語とその用語が出現するページ番号の一覧を索引として作成することができます。

テーマの設定

「テーマ」とは、統一されたデザイン要素（本文や見出しのフォント、文書に使用される色、図形やグラフなどのデザイン効果）の組み合わせです。テーマを適用し、文書全体のデザインを統一する方法を学習しましょう。

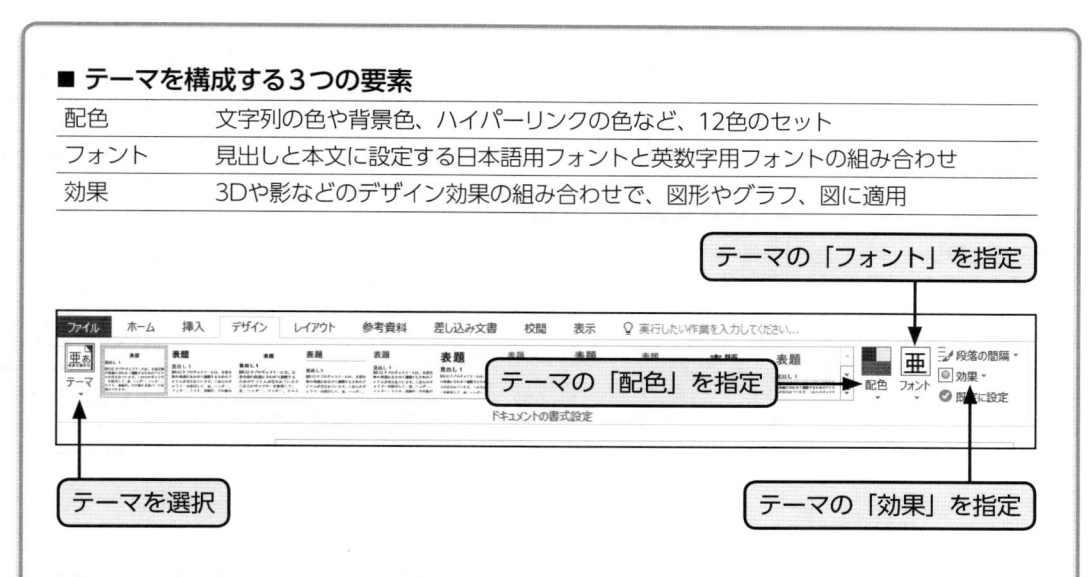

■ テーマを構成する3つの要素

配色	文字列の色や背景色、ハイパーリンクの色など、12色のセット
フォント	見出しと本文に設定する日本語用フォントと英数字用フォントの組み合わせ
効果	3Dや影などのデザイン効果の組み合わせで、図形やグラフ、図に適用

文書に適用するテーマや配色、フォント、効果は [デザイン] タブの [ドキュメントの書式設定] グループの各ボタンで変更します。組み込みのテーマとして、「イオン」や「オーガニック」、「メッシュ」などのイメージを表す21種類が用意されており、簡単な操作で文書全体のデザインを統一することができます。新規作成文書には「Office」というテーマが設定されています。

■ テーマを利用する利点

- 文書全体のデザインを簡単な操作で統一できる
- Officeアプリケーション（Word、Excel、PowerPoint、Access）で共有されているため、どのアプリケーションで作成しても統一されたデザインが実現できる

> **ヒント　[デザイン]タブ**
>
> [デザイン] タブでは、テーマのほかにスタイルセット、段落の間隔、透かし（注意を促すために文書の背景に半透明で表示する「至急」、「社外秘」などの文字）、ページの背景色、およびページ罫線を設定することができます。
> 「テーマ」が色やフォントの種類、効果などのデザインを統一できるのに対し、「スタイルセット」では文字列や段落に設定されているスタイルに応じてフォントの種類やサイズ、行間などをまとめて設定し、文書全体を統一感のある書式にすることができます。

操作 テーマを設定する

[Word2016応用] フォルダーの中にあるファイル「個人情報保護」を開き、文書に「レトロスペクト」というテーマを設定しましょう。

Step 1
テーマを変更します。

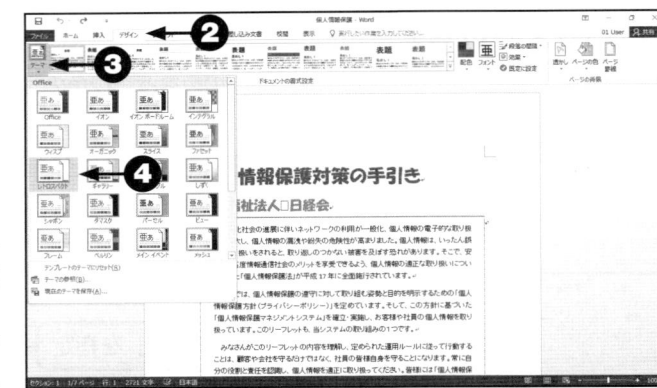

❶ ファイル「個人情報保護」を開きます。

❷ [デザイン] タブをクリックします。

❸ [テーマ] ボタンをクリックします。

❹ [レトロスペクト] をクリックします。

💡 ヒント
テーマギャラリー
テーマギャラリーのテーマをポイントすると、文書にテーマ適用後のイメージがプレビューされます。

Step 2
テーマが変更されたことを確認します。

❶ 本文のフォントや罫線の色が変更されたことを確認します。

💡 **ヒント** **テーマの要素を変更するには**

[配色] ボタン、[フォント] ボタン、[効果] ボタンをそれぞれクリックすると、要素ごとに書式を変更できます。「配色」と「フォント」については、下部のカスタマイズをクリックして、独自のテーマを作成することもできます。

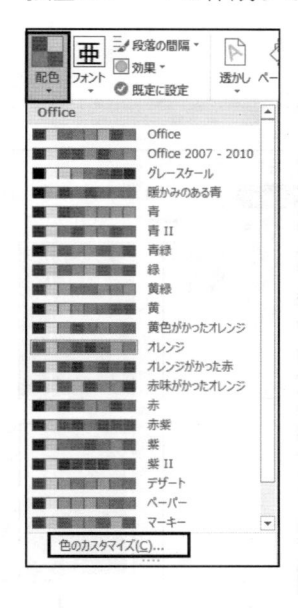

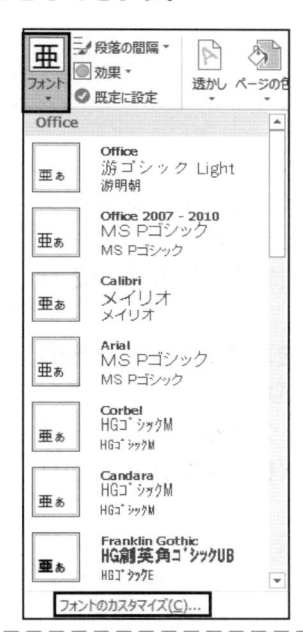

💡 **ヒント** **変更したテーマを保存するには**

テーマの要素を変更した場合、次の手順で変更後のテーマを保存できます。
1. [テーマ] ボタンをクリックして [現在のテーマを保存] をクリックします。
2. [現在のテーマを保存] ダイアログボックスで [ファイルの種類] ボックスが [Officeテーマ] になっていることを確認します。
3. [ファイル名] ボックスに名前を入力して [保存] をクリックします。

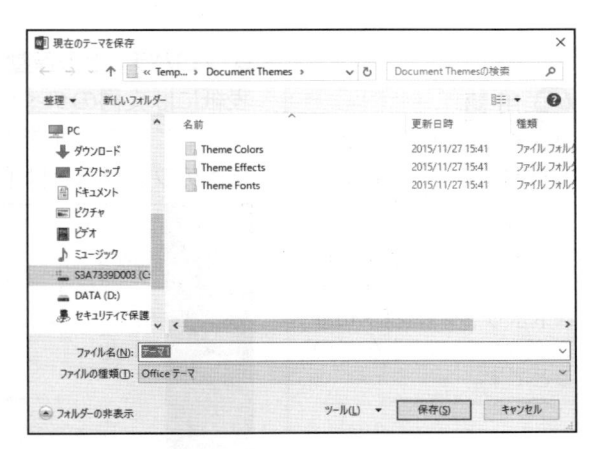

保存したテーマはユーザー定義のテーマとしてテーマギャラリーに表示され、組み込みのテーマと同様に利用できます。
保存したテーマを削除するには、テーマギャラリーに表示されたテーマ名を右クリックし、ショートカットメニューの [削除] をクリックします。

第 4 章 長文作成機能

表紙の作成

Wordには、さまざまなデザインや書式が設定された組み込みの表紙が用意されています。ここでは、表紙の作成方法について学習します。

■ 表紙の挿入

[挿入] タブの [表紙] ボタンをクリックすると、表紙ギャラリーに組み込みの表紙の一覧が表示されます。
任意の表紙をポイントするとその表紙の説明がポップヒントで表示され、クリックすると文書の先頭ページに選択した表紙が挿入されます。

■ プロパティとの連動

表紙には文書のタイトルや会社名などの「コンテンツコントロール」が配置されています。そこに文字列を入力すると、その内容は文書のプロパティと連動します。
文書のプロパティは [ファイル] タブの [情報] で確認できます。

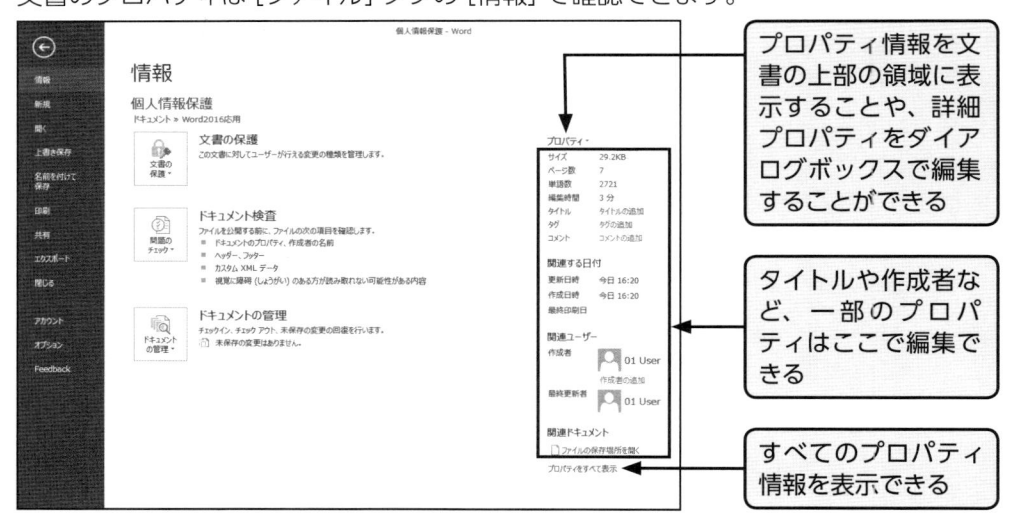

> プロパティ情報を文書の上部の領域に表示することや、詳細プロパティをダイアログボックスで編集することができる

> タイトルや作成者など、一部のプロパティはここで編集できる

> すべてのプロパティ情報を表示できる

用語

コンテンツコントロール
文書内の指定した位置にユーザーが文字列を入力したり、リストから値を選択したりできるように文書内に配置する「テキストボックス」や「ドロップダウンリスト」などのことです。

操作☞ 組み込みの表紙を挿入する

文書に「ファセット」という表紙を挿入し、コンテンツコントロールを次のように編集しましょう。

コンテンツコントロール	操作
文書のタイトル	2ページ1行目の「個人情報保護対策の手引き」を移動
文書のサブタイトル	2ページ2行目の「社会福祉法人　日経会」を移動
要約	削除
作成者	削除
電子メール	削除

Step 1 表紙を挿入します。

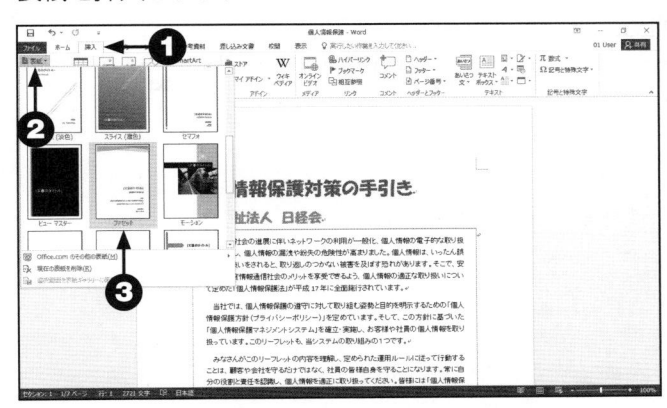

❶[挿入] タブをクリックします。

❷[表紙] ボタンをクリックします。

❸「ファセット」をクリックします。

Step 2 表紙が挿入されたことを確認します。

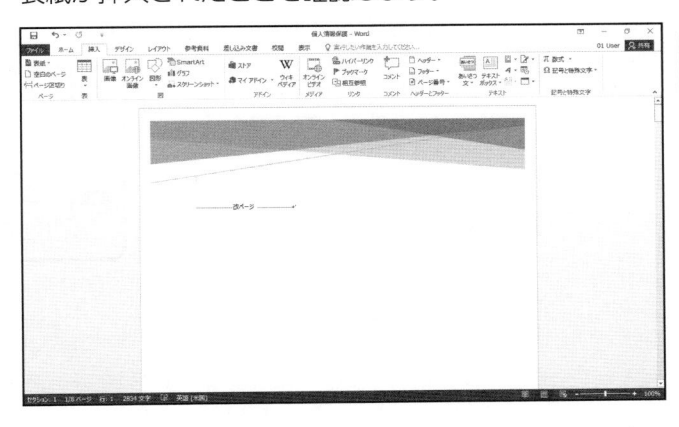

❶先頭ページに表紙が挿入されたことを確認します。

Step 3 2ページ1行目の文字列を切り取ります。

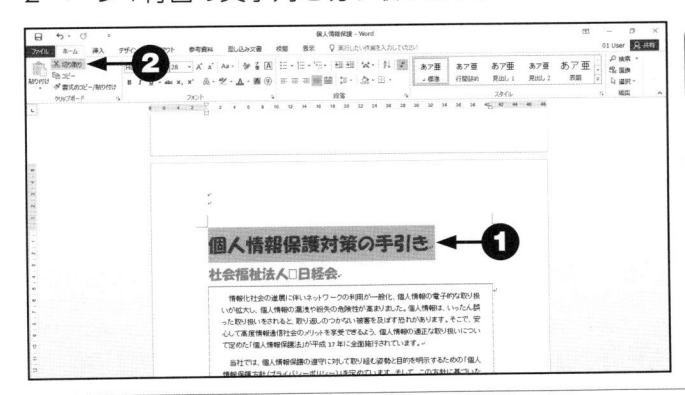

❶2ページ1行目「個人情報保護対策の手引き」を選択します。

❷[ホーム] タブの [切り取り] ボタンをクリックします。

第4章　長文作成機能

Step 4 文書のタイトルに設定します。

❶ 1ページ目の「[文書のタイトル]」をクリックして選択します。

❷ [ホーム] タブの [貼り付け] ボタンをクリックします。

Step 5 タイトルが設定されたことを確認します。

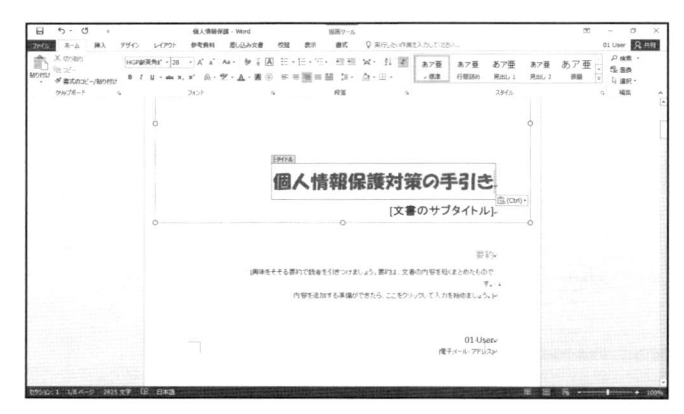

Step 6 2ページ1行目の文字列を文書のサブタイトルに設定します。

❶ 2ページ1行目「社会福祉法人日経会」を切り取ります。

❷ 1ページ目の「[文書のサブタイトル]」に貼り付けます。

💡 ヒント
作成者の名前
[作成者] のコンテンツコントロールには、[ファイル] タブの [情報] をクリックした時に表示される [プロパティ] の [作成者] の情報が自動的に入力されます。

Step 7 要約を削除します。

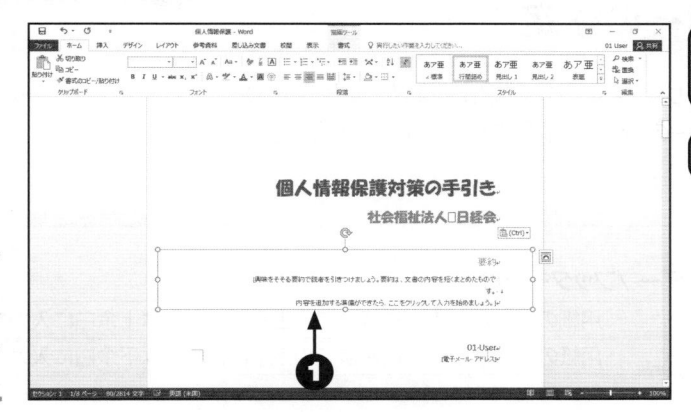

❶ [要約] コントロールを含むテキストボックスを選択します。

❷ Deleteキーを押します。

💡 **ヒント**
コンテンツコントロールを利用しない場合
自動的に配置されたコンテンツコントロールのうち、利用しないコンテンツコントロールは削除しておきます。

Step 8 作成者と電子メールを削除します。

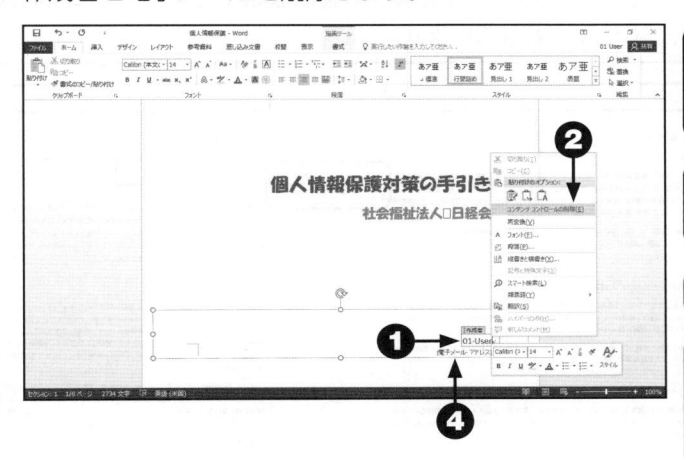

💡 **ヒント**
コントロールの削除
ここでは操作の確認のために個別にコントロールを削除していますが、要約と同様にコントロールを含むテキストボックスごと削除することもできます。

❶ ユーザー名が表示されている [作成者] コントロールを右クリックします。

❷ [コンテンツコントロールの削除] をクリックします。

❸ 作成者の文字列を削除します。

❹ [電子メール] コントロールを右クリックして [コンテンツコントロールの削除] をクリックします。

Step 9 [要約]、[作成者]、[電子メール] のコンテンツコントロールが削除されたことを確認します。

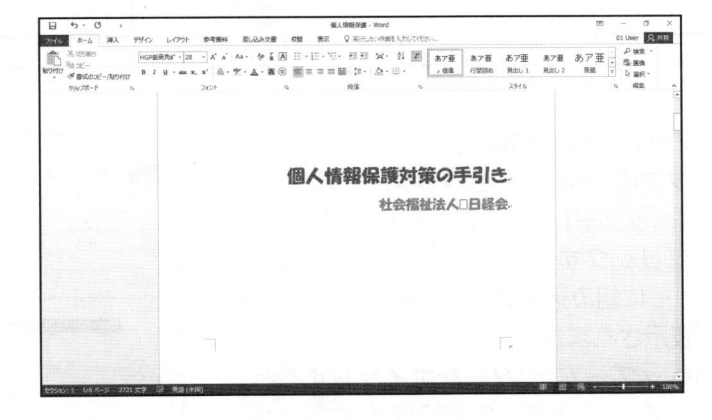

💡 **ヒント** **挿入した表紙を変更/削除するには**
挿入後に表紙のデザインを変更するには、[挿入] タブの [ページ] ボタンから [表紙] ボタンをクリックし、表紙ギャラリーから変更後の表紙を選択します。コンテンツコントロールに入力した文書のタイトル、作成者名、日付などの情報は変更後の表紙に引き継がれます。表紙ギャラリーの [現在の表紙を削除] をクリックすると、挿入した表紙を削除することができます。

ヘッダー/フッターの設定

Wordには、さまざまなデザインや書式が設定された組み込みのヘッダー/フッターが用意されています。ここでは、ヘッダー/フッターの挿入と編集方法について学習します。

■ ヘッダー/フッターとは

ヘッダー	用紙の上端から本文領域までの上余白、または上余白に入力する情報
フッター	用紙の下端から本文領域までの下余白、または下余白に入力する情報

ヘッダーやフッターに文書のタイトルやページ番号、日付と時刻、会社や商品のロゴを挿入すると、文書の内容をより明確に表現できるほか、印刷した文書が管理しやすくなる、などの効果もあります。

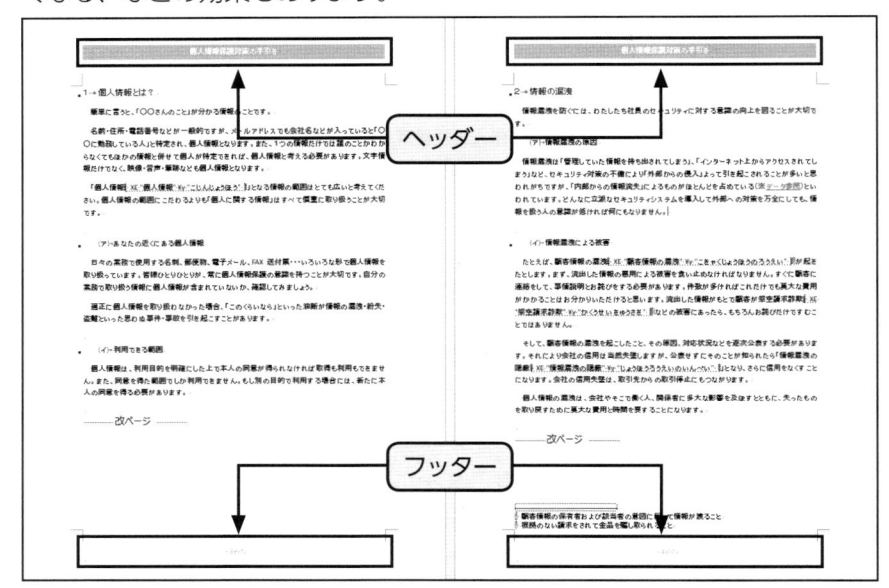

■ ヘッダー/フッターの挿入

[挿入] タブの [ヘッダーとフッター] グループにある [ヘッダー] ボタンまたは [フッター] ボタンをクリックすると、ヘッダー/フッターギャラリーに組み込みのヘッダー/フッターの一覧が表示されます。

任意のヘッダー/フッターをポイントすると、そのヘッダー/フッターの説明がポップヒントで表示されます。また、クリックするとヘッダー/フッターが挿入されます。

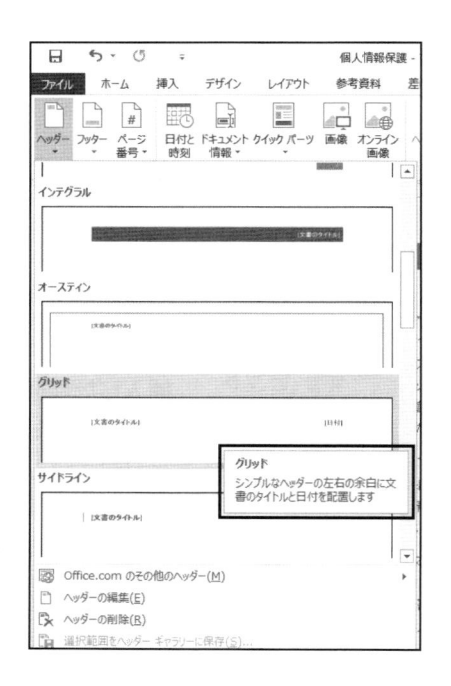

■ **ヘッダー / フッターの編集モード表示**

ヘッダー / フッター領域の内容は淡色で表示され、本文の表示と区別されています。ヘッダー / フッターを挿入した直後やヘッダー / フッター領域をダブルクリックしたときには、本文領域は淡色、ヘッダー / フッター領域は標準の色で表示され、ヘッダー / フッターの編集モードになります。

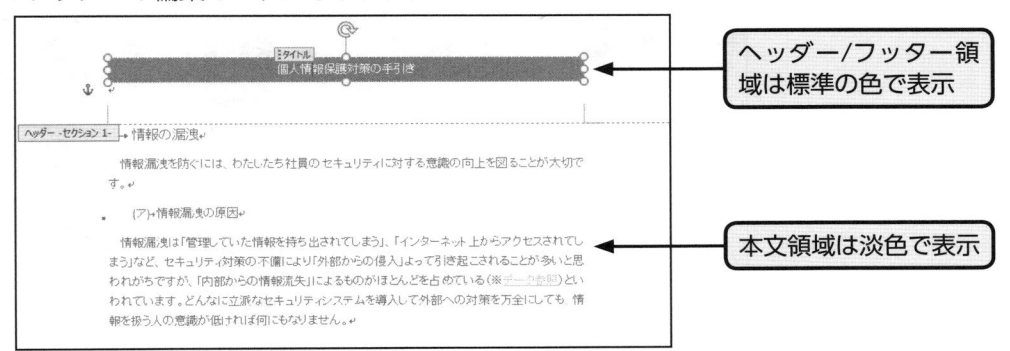

■ **ヘッダー / フッターが反映されるページ**

ヘッダー / フッターに設定した内容は通常すべてのページに適用されますが、先頭ページおよび奇数ページと偶数ページで異なる設定にすることもできます。これにより、印刷して製本する場合などに、表紙や左右のページのヘッダー / フッターに表示する内容や表示位置を変えることができます。また、セクション単位で異なる設定にすることもできます。

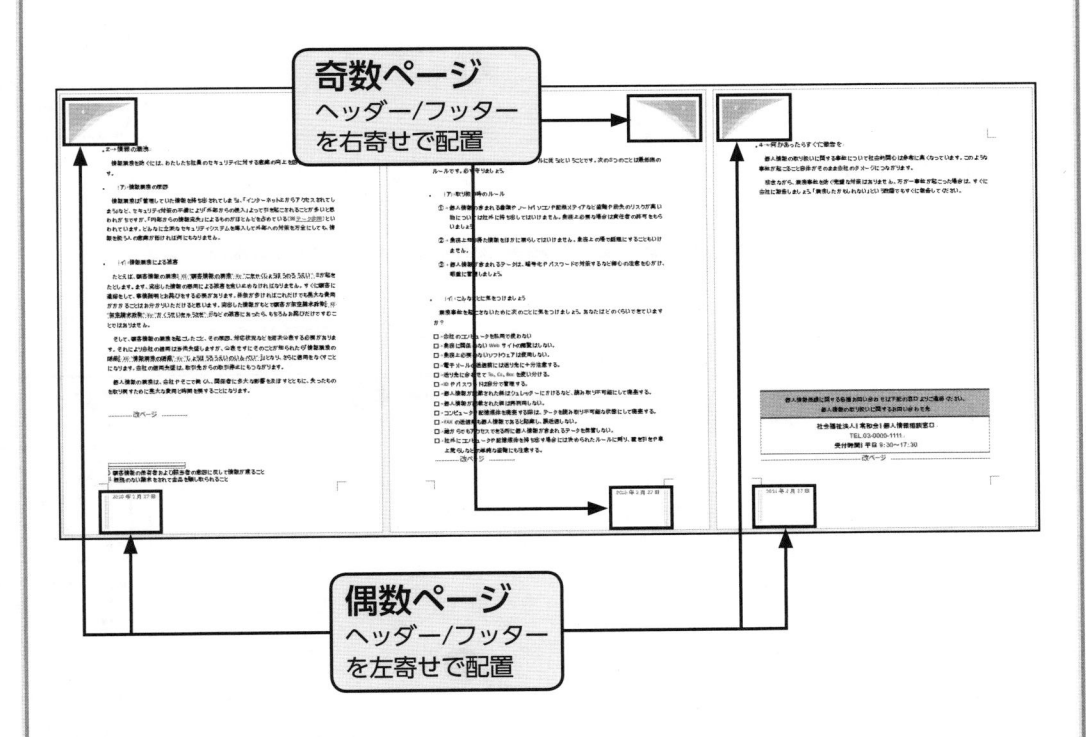

■ **ヘッダー / フッターの保存**

ヘッダーやフッターの編集後、オリジナルのヘッダーやフッターとしてギャラリーに保存し、繰り返し利用することもできます。

操作 ヘッダーを設定する

先頭ページを除くすべてのページに、組み込みのヘッダー「縞模様」を設定しましょう。

Step 1
ヘッダーを設定します。

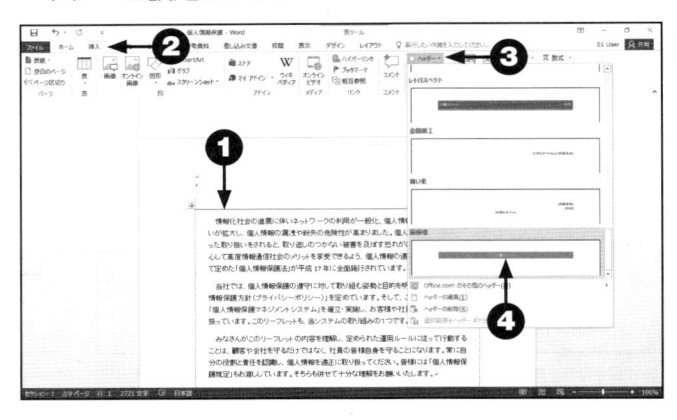

❶ 2ページ目にカーソルを移動します。

❷ [挿入] タブをクリックします。

❸ [ヘッダー] ボタンをクリックします。

❹ ヘッダーギャラリーをスクロールして「縞模様」をクリックします。

Step 2
ヘッダーが挿入されたことを確認します。

❶ ヘッダー領域に文書のタイトルが表示されたことを確認します。

❷ ページをスクロールして、先頭ページ以外にヘッダーが挿入されていることを確認します。

💡 **ヒント**
自動的に挿入される内容
表紙の挿入時に入力した文書のプロパティ情報は、ヘッダーやフッターに反映されます。

Step 3
先頭ページが別指定となっていることを確認します。

💡 **ヒント**
ヘッダー/フッターの編集画面
ヘッダー/フッターの編集画面に切り替わると、リボンにはヘッダー/フッターに関するコマンドが集められた [ヘッダー/フッターツール] の [デザイン] タブが自動的に表示されます。

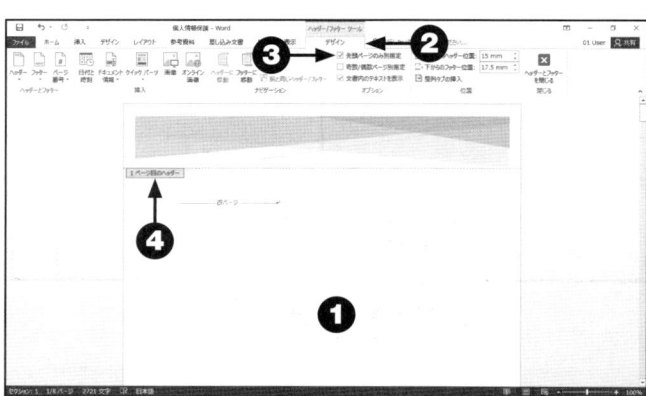

❶ 1ページ目を表示します。

❷ [ヘッダー/フッターツール] の [デザイン] タブをクリックします。

❸ [先頭ページのみ別指定] チェックボックスがオンになっていることを確認します。

❹ [1ページ目のヘッダー] と表示されていることを確認します。

長文作成に役立つ機能

ヒント　ヘッダー/フッターの編集画面の点線
ヘッダー/フッターの編集画面では、ヘッダー/フッター領域と本文領域が点線で区切られて表示され、本文の内容は淡色で表示されます。この点線は印刷されません。

ヒント　ヘッダー/フッターの位置
ヘッダーやフッターを表示する位置は、[ヘッダー/フッターツール]の[デザイン]タブにある[位置]グループで変更することができます。

ヒント　先頭ページや奇数/偶数ページを別指定するには
「先頭ページのみ別指定」や「偶数奇数ページ別指定」に設定する場合は、[ヘッダー/フッターツール]の[デザイン]タブの[オプション]グループにある各チェックボックスで指定します。また、[ページレイアウト]タブの[ページ設定]グループのダイアログボックス起動ツールをクリックし、[ページ設定]ダイアログボックスの[その他]タブで設定することもできます。

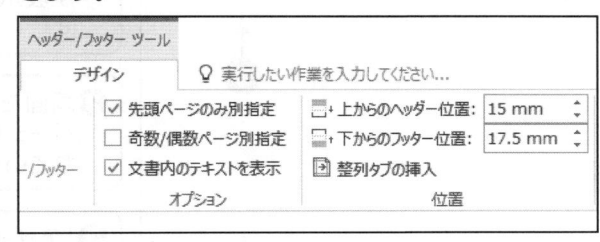

操作　フッターを設定する

先頭ページを除くすべてのページに、組み込みのフッター「サイドライン」を設定しましょう。

Step 1 フッター領域を確認します。

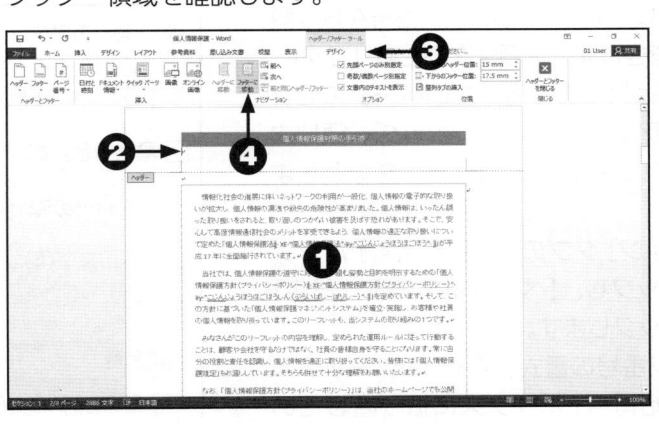

❶ 2ページ目を表示します。

❷ ヘッダー領域にカーソルが表示されていることを確認します。

❸ [ヘッダー/フッターツール]の[デザイン]タブが選択されていることを確認します。

❹ [フッターに移動]ボタンをクリックします。

ヒント
効率的なカーソル移動
[ヘッダーに移動]ボタンや[フッターに移動]ボタンをクリックすると、ヘッダー/フッター間でカーソルを移動できます。

第4章　長文作成機能　113

Step 2 フッターを設定します。

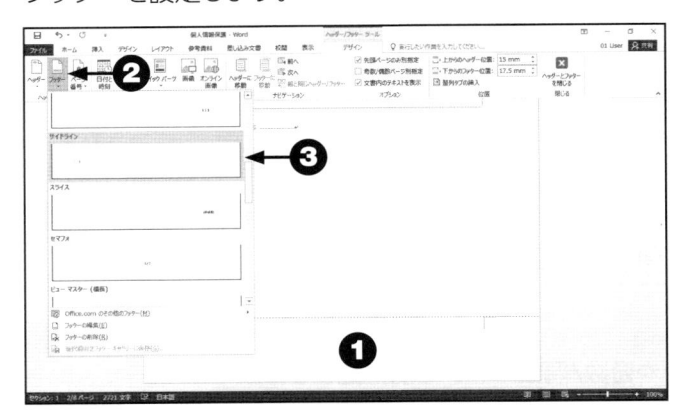

① フッター領域にカーソルが移動したことを確認します。

② [デザイン] タブの [フッター] ボタンをクリックします。

③ フッターギャラリーをスクロールして「サイドライン」をクリックします。

Step 3 フッターが挿入されたことを確認し、ヘッダー/フッターの編集を終了します。

① フッター領域にページ番号「1」が表示されたことを確認します。

② 画面をスクロールして、先頭ページ以外にフッターが挿入されていること確認します。

③ [デザイン] タブの [ヘッダーとフッターを閉じる] ボタンをクリックします。

💡 **ヒント**
効率的なカーソル移動
[ナビゲーション] グループの [前へ] ボタンや [次へ] ボタンをクリックすると、ヘッダー/フッター領域間でカーソルを移動できます。

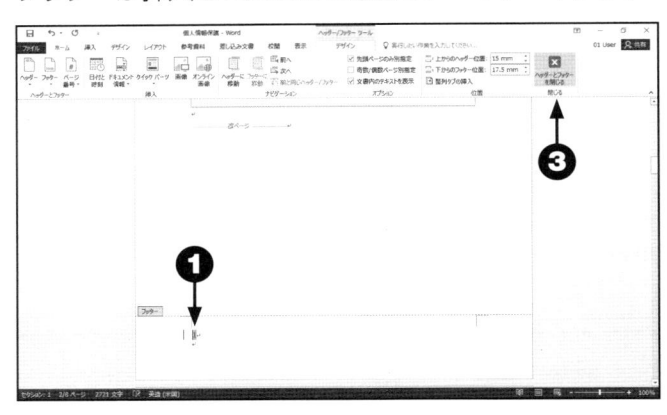

💡 **ヒント** **ページ番号の挿入と編集**

ページ番号は [挿入] タブまたは [ヘッダー/フッターツール] の [デザイン] タブの [ページ番号] ボタンから挿入することもできます。ページの上部、下部、余白、または現在のカーソル位置に挿入できます。

また、任意のページからページ番号を振り直すことができます。手順は次のとおりです。

1. ページ番号を振り直したいページにセクション区切りを挿入し、ヘッダー領域またはフッター領域にカーソルを移動します。
2. [デザイン] タブの [ページ番号] ボタンをクリックし、[ページ番号の書式設定] をクリックします。
3. [ページ番号の書式] ダイアログボックスの [開始番号] ボックスに振り直したい番号を入力し、[OK] をクリックします。

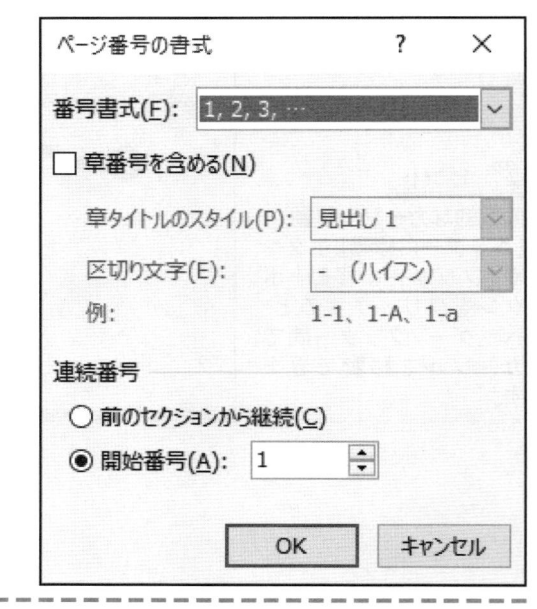

ヒント　ヘッダー/フッターを修正または削除するには

ヘッダーやフッターを修正するには、[挿入] タブの [ヘッダー] / [フッター] ボタンから [ヘッダーの編集] / [フッターの編集] をクリックします。削除するには [ヘッダー] / [フッター] ボタンから [ヘッダーの削除] / [フッターの削除] をクリックします。また、設定済みのヘッダー/フッター領域でダブルクリックしてヘッダー/フッターの編集画面に切り替えることもできます。ヘッダー/フッターは通常の文字列と同様に修正できます。

ヒント　異なるヘッダー/フッターを設定するには

添付資料や別紙などのように、特定のページ以降から異なるヘッダーやフッターを設定するには、セクションを分ける必要があります。次の手順で行います。

1. 異なるヘッダーやフッターを作成したい最初の位置にセクション区切りを挿入します。
2. 異なるヘッダーやフッターを作成したいセクションにカーソルを移動します。
3. [挿入] タブの [ヘッダー] / [フッター] ボタンをクリックし、[ヘッダーの編集] / [フッターの編集] をクリックします。
4. [ナビゲーション] グループの [前と同じヘッダー/フッター] ボタンをクリックしてオフにします。
   - [前と同じヘッダー/フッター] ボタンがオンの場合は、現在のセクションと前のセクションのヘッダー/フッターが連動していることを示します。現在のセクションでヘッダー/フッターを変更すると、前のセクションの内容も変更されます。
   - [前と同じヘッダー/フッター] ボタンがオフの場合は、前のセクションのヘッダー/フッターとの連動が解除されていることを示します。現在のセクションでヘッダー/フッターを変更しても、前のセクションの内容は変更されません。
5. 現在のセクションで、既存のヘッダーやフッターを変更するか、新しいヘッダーやフッターを作成します。

ヘッダーやフッターを変更すると、以降のすべてのセクションのヘッダーやフッターが自動的に変更されます。部分的に異なる内容のヘッダーやフッターを設定する場合には、異なるヘッダーやフッターを作成したい最後のページの文末にセクション区切りを挿入し、手順2～5を繰り返します。

ヒント　文書パーツオーガナイザー

ヘッダー/フッター、ページ番号などのように、ギャラリーに表示して再利用可能にしたコンテンツのことを「文書パーツ」といいます。
[挿入] タブの [クイックパーツの表示] ボタンをクリックし、[文書パーツオーガナイザー] をクリックすると、「文書パーツオーガナイザー」に文書パーツの一覧が表示されます。
文書パーツオーガナイザーを使用すると、文書パーツを文書に挿入したり、登録内容を変更または削除したりすることができます。

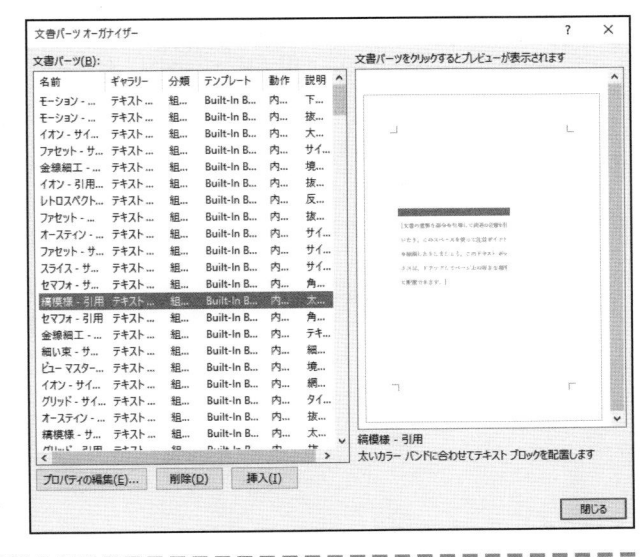

ハイパーリンクの設定

「ハイパーリンク」機能を利用すると、文書内の文字列や画像から、あらかじめ設定したWebページや異なるファイルなどを開くことができます。ここでは、ハイパーリンクの設定方法について学習します。

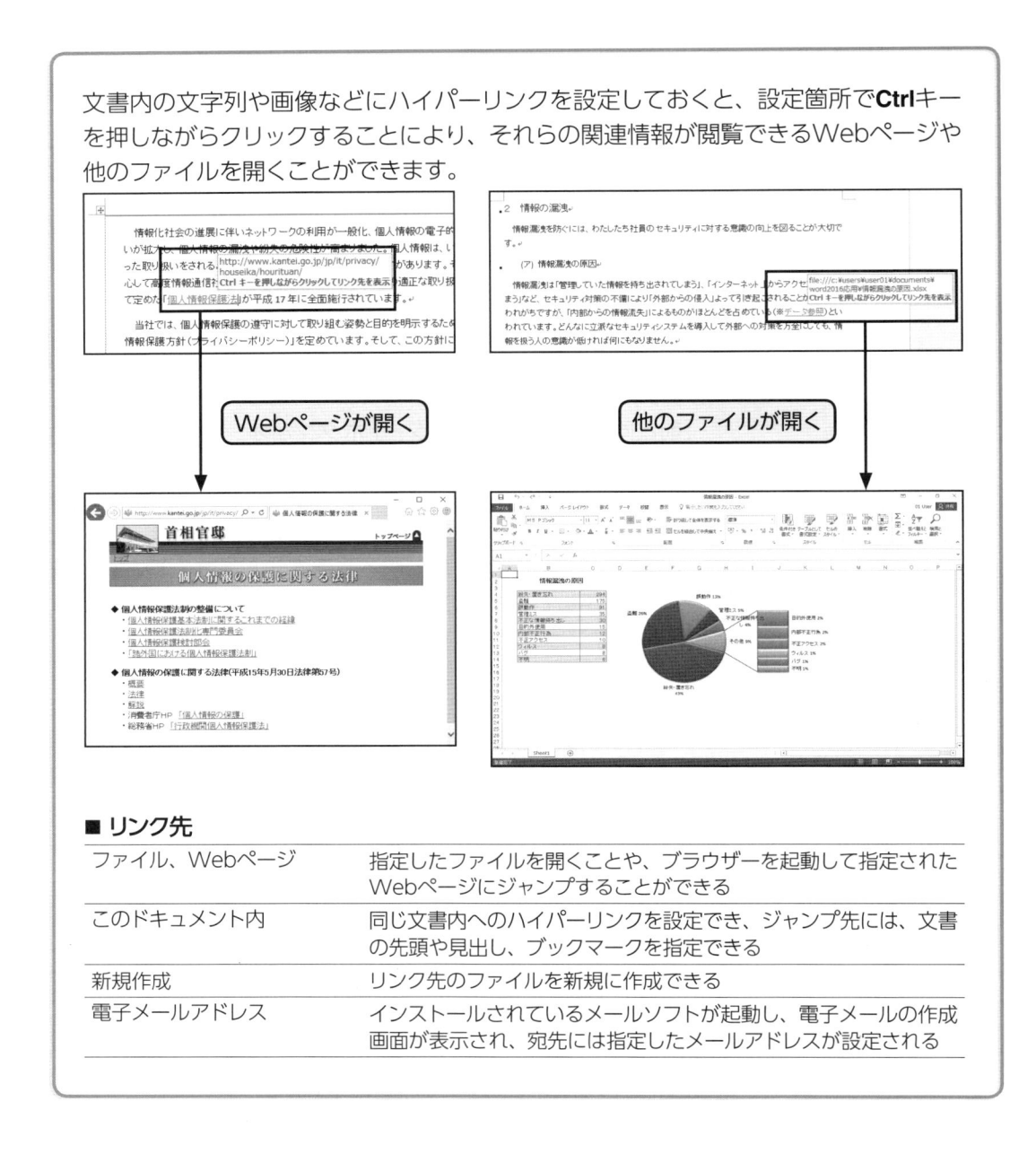

文書内の文字列や画像などにハイパーリンクを設定しておくと、設定箇所で**Ctrl**キーを押しながらクリックすることにより、それらの関連情報が閲覧できるWebページや他のファイルを開くことができます。

Webページが開く / 他のファイルが開く

■ リンク先

ファイル、Webページ	指定したファイルを開くことや、ブラウザーを起動して指定されたWebページにジャンプすることができる
このドキュメント内	同じ文書内へのハイパーリンクを設定でき、ジャンプ先には、文書の先頭や見出し、ブックマークを指定できる
新規作成	リンク先のファイルを新規に作成できる
電子メールアドレス	インストールされているメールソフトが起動し、電子メールの作成画面が表示され、宛先には指定したメールアドレスが設定される

操作 ハイパーリンクを設定する

5ページ7行目の「データ参照」という文字列に、Excelファイル「情報漏洩の原因」を開くハイパーリンクを設定しましょう。

Step 1 ハイパーリンクを設定する文字列を選択して[ハイパーリンクの挿入]ダイアログボックスを開きます。

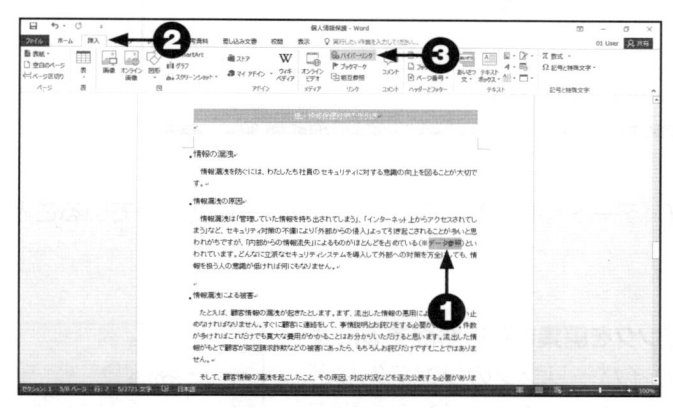

❶ 5ページ7行目の「データ参照」を選択します。

❷ [挿入]タブをクリックします。

❸ [ハイパーリンク]ボタンをクリックします。

Step 2 ハイパーリンクを設定します。

❶ [リンク先:]で[ファイル、Webページ]をクリックします。

❷ [検索先:]で[Word2016応用]フォルダーを指定します。

❸ 「情報漏洩の原因」をクリックします。

❹ [OK]をクリックします。

Step 3 ハイパーリンクが設定されたことを確認します。

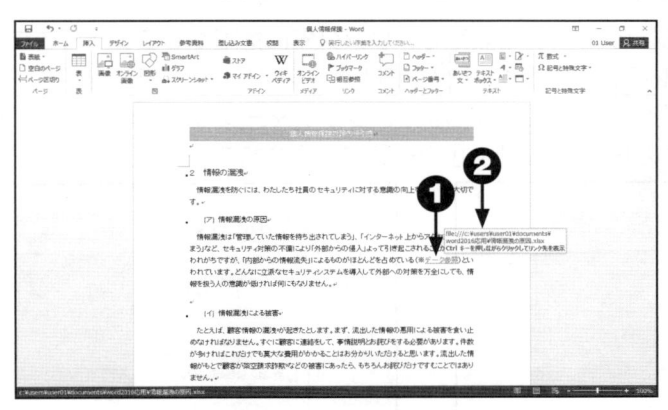

❶ 「データ参照」の文字列が下線付きの水色で表示されていることを確認します。

❷ 「データ参照」の文字列をポイントすると、リンク先の情報がポップヒントで表示されることを確認します。

❸ 「データ参照」の文字列をCtrlキーを押しながらクリックします。

第4章 長文作成機能　117

Step 4 リンク先にジャンプすることを確認します。

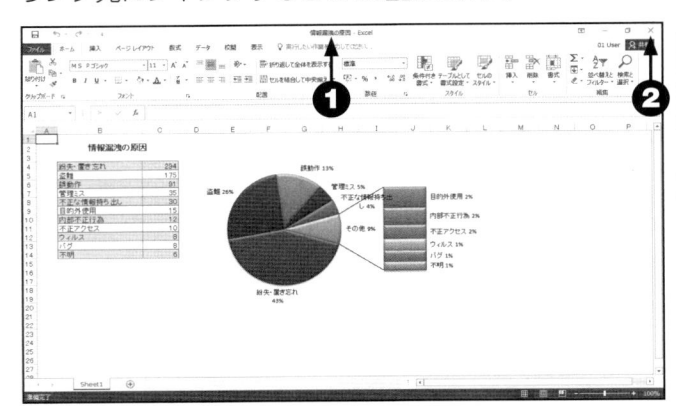

❶ Excelが起動し、ファイル「情報漏洩の原因」が表示されたことを確認します。

❷ Excelの閉じるボタンをクリックして、Excelを終了します。

Step 5 リンク元の「データ参照」の文字列の色がグレーに変わっていることを確認します。

💡 **ヒント** **ハイパーリンクを編集または解除するには**
設定したハイパーリンクのリンク先などを変更するには、ハイパーリンクの設定されている文字列を右クリックしてショートカットメニューの [ハイパーリンクの編集] をクリックし、[ハイパーリンクの編集] ダイアログボックスで編集します (文字列にカーソルを移動して [リンク] ボタンから [ハイパーリンク] ボタンをクリックしても編集できます)。
ハイパーリンクの設定を解除するには、ハイパーリンクが設定されている文字列を右クリックし、ショートカットメニューの [ハイパーリンクの削除] をクリックします。

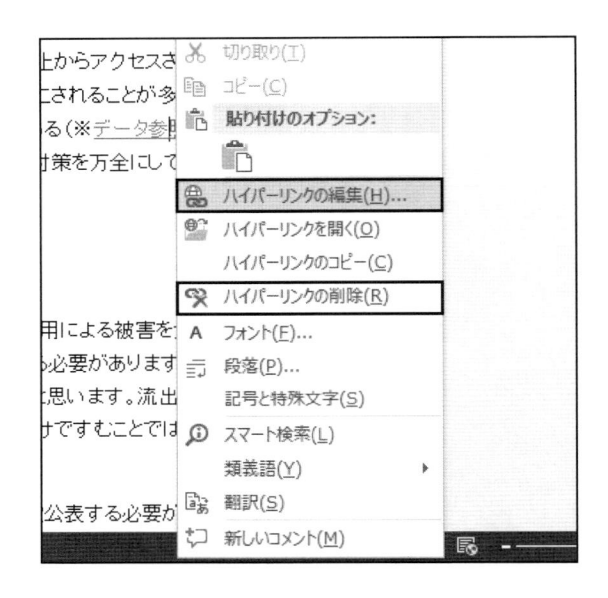

💡 **ヒント** **ブックマーク**
文書内にブックマークを設定し、リンク先に指定することができます。ブックマークを設定する場所を選択して [挿入] タブの [ブックマーク] ボタンをクリックし、ブックマーク名を入力して [追加] をクリックします。ブックマークは [ハイパーリンクの挿入] ダイアログボックスの [このドキュメント内] の一覧に表示されます。

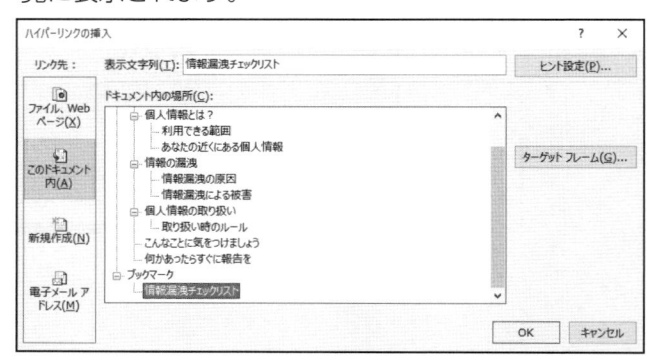

脚注の挿入

「脚注」機能を使用すると、文書中の語句に注釈を付けることができます。ここでは脚注の設定方法について学習します。

脚注とは、文書内の用語の注釈や補足説明などを、その用語の含まれるページの下部や文末に記述する機能です。脚注は、脚注記号（ページ内や文末に追加情報が含まれていることを示す番号や記号）と脚注内容（注釈や補足説明文）で成り立ちます。

■ 脚注の種類

脚注	脚注を設定した用語のあるページ内に脚注領域を設定し、脚注内容を表示する
文末脚注	文末またはセクションの最後に脚注領域を設定し、脚注内容を表示する

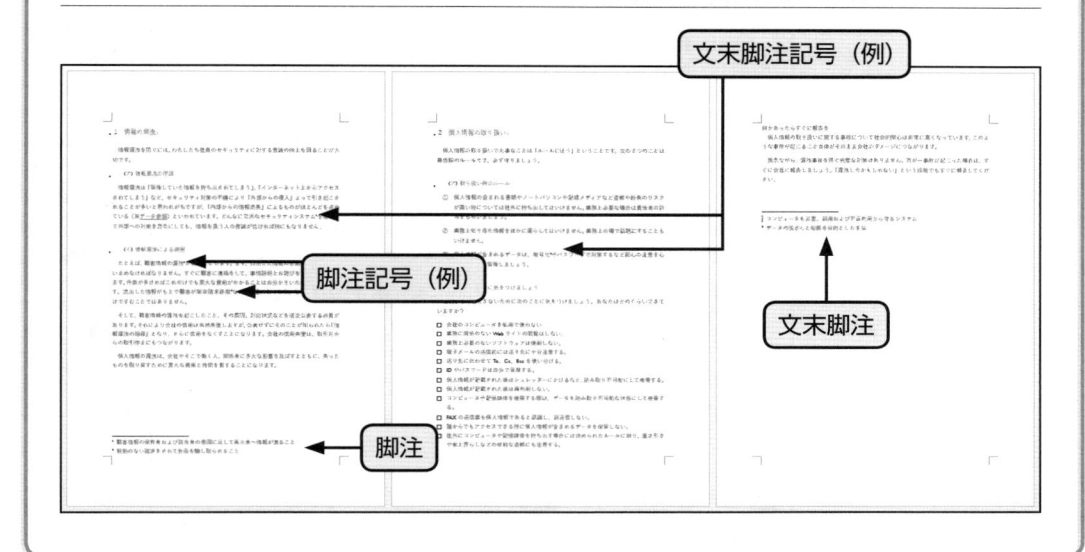

操作☞ 脚注を設定する

文書内の用語に次のように脚注を設定しましょう。

位置	用語	注釈
5ページ12行目	顧客情報の漏洩	顧客情報の保有者および該当者の意図に反して第三者へ情報が渡ること
5ページ15行目	架空請求詐欺	根拠のない請求をされて金品を騙し取られること

Step 1 脚注を設定します

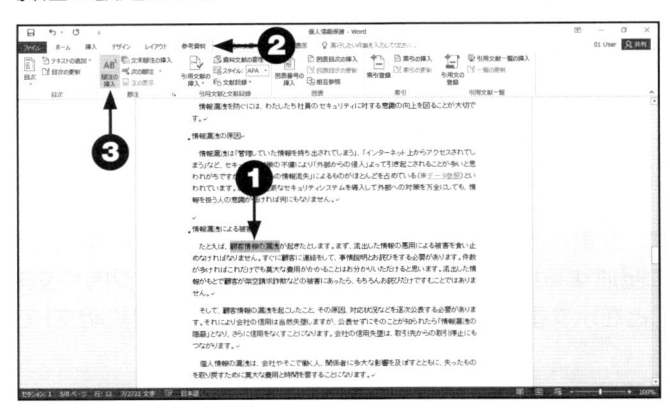

❶ 5ページ12行目の「顧客情報の漏洩」を選択します。

❷ [参考資料] タブをクリックします。

❸ [脚注の挿入] ボタンをクリックします。

Step 2 注釈を入力し、脚注を設定した用語に脚注記号が表示されていることを確認します。

❶ カーソルが脚注領域に移動し、「1」と表示されていることを確認します。

❷ 「顧客情報の保有者および該当者の意図に反して第三者へ情報が渡ること」と入力します。

❸ 5ページ12行目「顧客情報の漏洩」の右の位置に「1」と表示されていることを確認します。

Step 3 同様に、5ページ15行目に脚注を設定します。

❶ 5ページ15行目の「架空請求詐欺」に脚注を設定します。

❷ 「根拠のない請求をされて金品を騙し取られること」と注釈を入力します。

💡 ヒント　注釈の表示

脚注を設定した用語の右に表示される脚注記号をポイントすると、マウスポインターの形状が ▢ に変わり、注釈がポップヒントで表示されます。

> たとえば、顧客情報の漏洩が起きたとします。まず、流出した情報の悪用による被害を食い止めなければなりません。すぐに顧客に連絡をして、事情説明とお詫びをする必要があります。件数が多ければこれだけでも莫大な　根拠のない請求をされて金品を騙し取られること　と思います。流出した情報がもとで顧客が架空請求詐欺などの被害にあったら、もちろんお詫びだけですむことではありません。
>
> そして、顧客情報の漏洩を起こしたこと、その原因、対応状況などを逐次公表する必要がありま

また、脚注を設定した用語にカーソルを移動し、[参考資料] タブの [注の表示] ボタンをクリックすると、注釈が記述されている脚注領域にジャンプします。再度 [注の表示] ボタンをクリックすると、脚注が設定された用語の位置に戻ります。

操作 ☞ 脚注記号を変更する

脚注記号を「a,b,c,…」に変更しましょう。

Step 1 [脚注と文末脚注] ダイアログボックスを開きます。

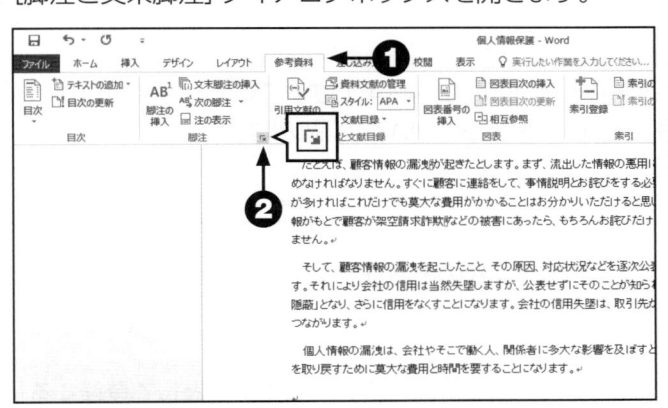

❶ [参考資料] タブが選択されていることを確認します。

❷ [脚注] グループの右下の [脚注と文末脚注] ボタンをクリックします。

Step 2 脚注記号を変更します。

❶ [番号書式] ボックスの一覧から [a,b,c,…] を選択します。

❷ [適用] をクリックします。

第 4 章　長文作成機能

Step 3 脚注記号が変更されたことを確認します。

❶「顧客情報の漏洩」の脚注記号が「a」に変わったことを確認します。

❷「架空請求詐欺」の脚注記号が「b」に変わったことを確認します。

❸脚注領域の脚注記号が「a」、「b」に変わったことを確認します。

💡 ヒント
脚注の注釈を表示する位置を変更するには
脚注の注釈を表示する位置は[脚注と文末脚注]ダイアログボックスの[場所]で変更できます。[文末脚注]をクリックして[文書の最後]を選択すると、注釈は文末に表示されます。

索引の利用

長文作成時に索引を手作業で作成するのは面倒な作業です。ここでは、あらかじめ索引に掲載したい項目を登録しておいて、自動的に索引を作成する方法について学習します。

索引を作成する手順は次のとおりです。

①索引の登録
　文書内の索引に掲載したい用語を索引文字列として登録する

②索引の作成
　作成する索引の書式(段数やページ番号の配置など)を指定し、索引を文書内に挿入する

次のように索引が挿入されます。

```
架空請求詐欺 ...................................................... 4
顧客情報の漏洩 .................................................. 4
個人情報 .............................................................. 3
個人情報保護法 .................................................. 1
個人情報保護方針(プライバシーポリシー) .......... 1
情報漏洩の隠蔽 .................................................. 4
```

操作 索引項目を登録する

文書内の次の文字列を索引項目として登録しましょう。

位置	文字列
2ページ5行目	個人情報保護法
2ページ6行目	個人情報保護方針（プライバシーポリシー）
4ページ7行目	個人情報
5ページ12行目	顧客情報の漏洩
5ページ15行目	架空請求詐欺
5ページ18行目	情報漏洩の隠蔽

Step 1
[索引登録] ダイアログボックスを開きます。

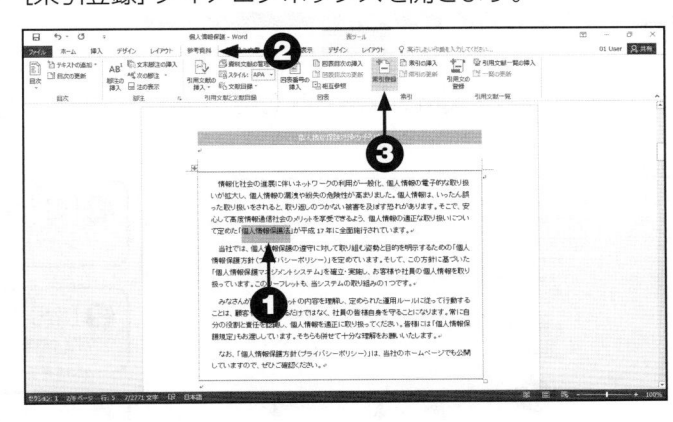

❶ 2ページ5行目の文字列「個人情報保護法」を選択します。

❷ [参考資料] タブをクリックします。

❸ [索引登録] ボタンをクリックします。

Step 2
索引項目を登録します。

❶ [登録（メイン）] に「個人情報保護法」、[読み] に「こじんじょうほうほごほう」と表示されていることを確認します。

❷ [登録] をクリックします。

ヒント
[登録]と[すべて登録]
[索引登録] ダイアログボックスの [登録] をクリックすると、現在選択している部分が索引に登録されます。[すべて登録] をクリックすると、文書内にある同じ文字列すべてが索引に登録されます。

第4章 長文作成機能

Step 3 索引項目として登録されたことを確認します。

> **ヒント**
> **XEフィールド**
> 索引を登録すると、文書には次の書式のXEフィールドが表示されます。
> { XE "＜索引項目＞" ¥y "＜読み＞" }
> ¥yは読みを表すスイッチです。索引は読みの順に並べ替えられるため、[索引登録] ダイアログボックスの [読み] ボックスが違っていた場合は修正してから登録しましょう。

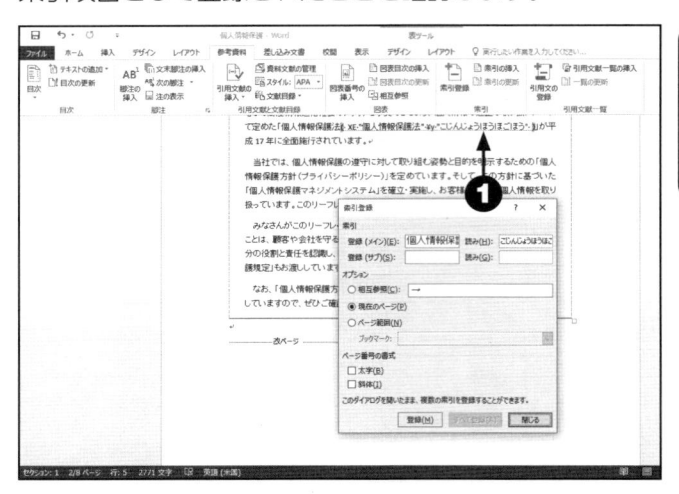

❶「個人情報保護法」の後ろに「{ XE "個人情報保護法" ¥y "こじんじょうほうほごほう" }」と表示されていることを確認します。

Step 4 2ページ6行目の文字列「個人情報保護方針(プライバシーポリシー)」を索引項目として登録します。

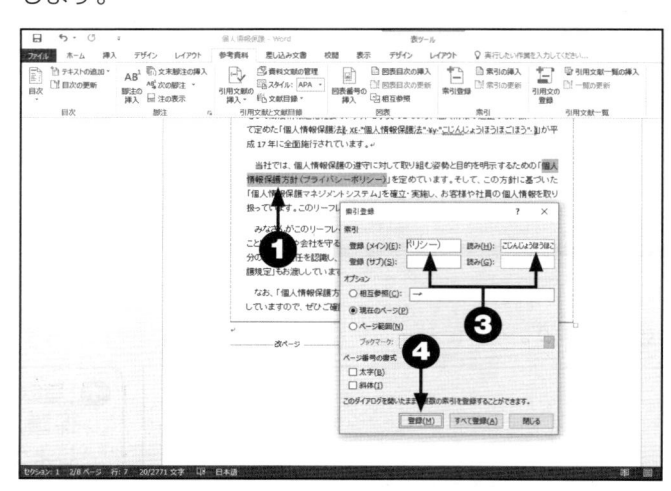

❶「個人情報保護方針(プライバシーポリシー)」を選択します。

❷[索引登録] ダイアログボックス内をクリックします。

❸[登録(メイン)] と [読み] に入力されたことを確認します。

❹[登録] をクリックします。

Step 5 同様に、次の文字列を索引項目として登録します。

4ページ7行目	個人情報
5ページ12行目	顧客情報の漏洩
5ページ15行目	架空請求詐欺
5ページ18行目	情報漏洩の隠蔽

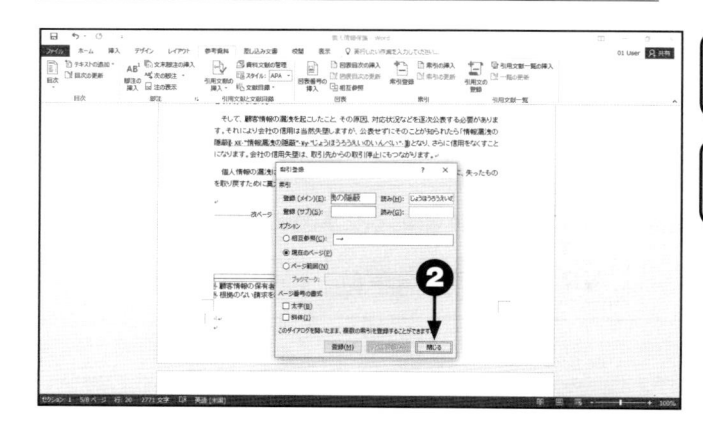

❶同様の手順で索引項目を登録します。

❷すべての登録が完了したら [閉じる] をクリックします。

Step 6 索引のフィールドコードを非表示にします。

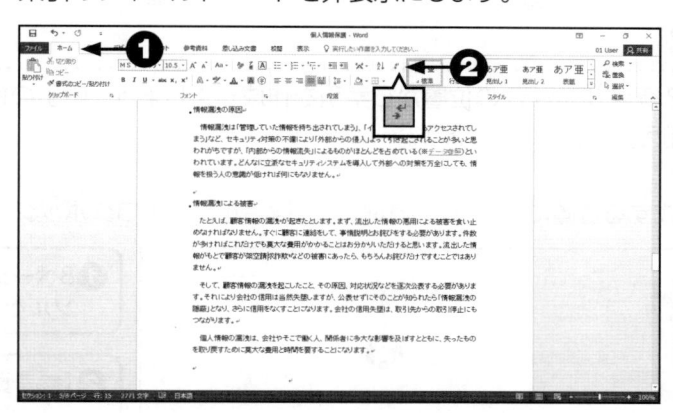

❶ [ホーム] タブをクリックします。

❷ [編集記号の表示/非表示] ボタンをクリックしてオフにします。

❸ フィールドコードが非表示になったことを確認します（非表示にならない場合はヒントを参照してください）。

💡 ヒント　フィールドコードを非表示にする

索引項目を登録すると、編集記号の表示をオフにしていた場合も自動的にオンになり、フィールドコードが自動的に表示されます。フィールドコードは長い文字列であるため、場合によっては文章の行送りやページ送りに影響します。そのため、索引や目次などページ番号を自動で抽出して挿入する前には、フィールドコードを非表示にしておきます。

[編集記号の表示/非表示] ボタンをオフにしてもフィールドコードが非表示にならない場合は、[ファイル] タブの [オプション] をクリックし、[Wordのオプション] ダイアログボックスの [表示] にある [常に画面に表示する編集記号] の [隠し文字] チェックボックスをオフにします。

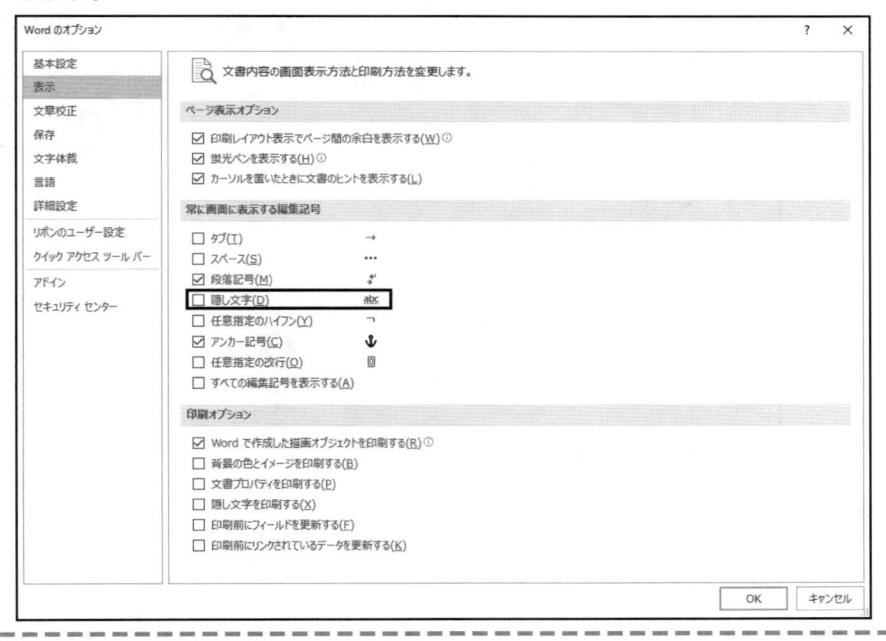

第4章　長文作成機能

操作 索引を作成する

8ページ3行目(最終行)の位置から索引を作成しましょう。索引の書式は「1段」、ページ番号は「右揃え」に設定しましょう。

Step 1
索引を作成する位置にカーソルを移動し、[索引] ダイアログボックスを開きます。

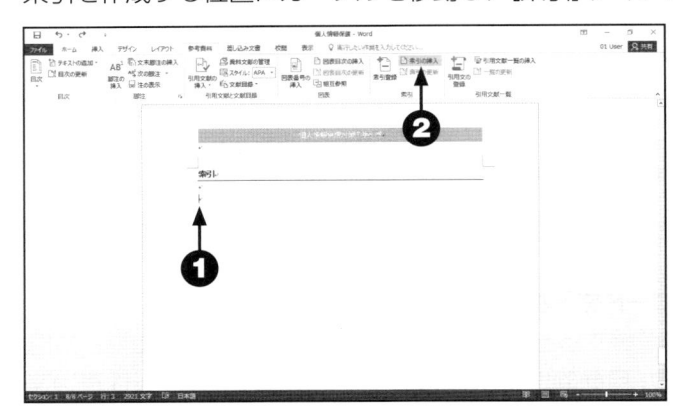

❶ 8ページ3行目(最終行)にカーソルを移動します。

❷ [参考資料] タブの [索引の挿入] ボタンをクリックします。

Step 2
索引を挿入します。

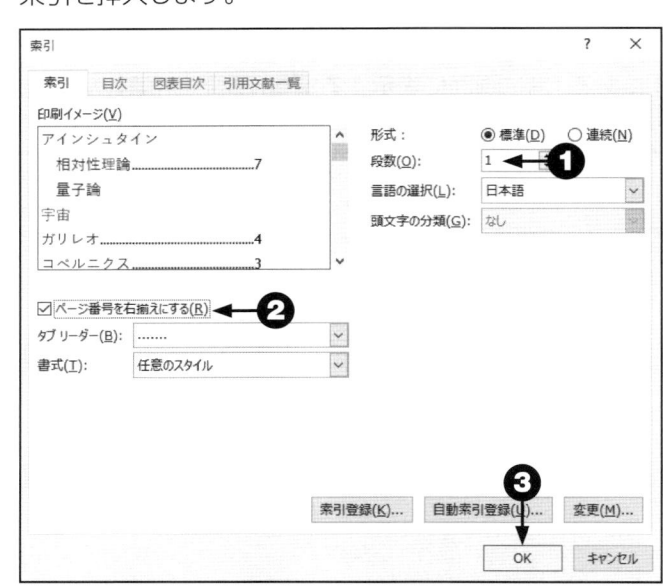

❶ [段数] に「1」を指定します。

❷ [ページ番号を右揃えにする] チェックボックスをオンにします。

❸ [OK] をクリックします。

Step 3
索引が挿入されたことを確認します。

💡 ヒント
索引を更新するには
文章の編集やページの追加などにより索引項目のページが移動した場合には、索引を更新する必要があります。索引を更新するには、索引内で右クリックして [フィールド更新] をクリックします。索引の更新は文書の編集がすべて完了してから実行するとよいでしょう。

アウトラインの活用

「アウトライン」機能を利用すると、文書内のタイトルに見出しのレベルを設定して構成を整え、文書を効率よく管理できます。また、設定した見出しから「目次」を作成することもできます。ここでは、アウトラインの設定と目次の作成方法について学習します。

> ■ **アウトラインとは**
> 章・節・項などの一連の見出しスタイルを文章のレベルに応じて階層型に設定、表示したものです。論文や説明書など、特に全体の流れや構成が重要な長文において、文書の構成を整理する際に役立ちます。
>
> ■ **アウトライン表示**
> アウトライン表示に切り替えると、文書の構成を確認しやすいだけでなく、効率よく編集作業を行うことができます。アウトライン表示に切り替えるには、[表示] タブの [アウトライン] ボタンをクリックします。
> また、アウトライン表示で「ナビゲーションウィンドウ」を利用すると、見出しをクリックするだけで対象の段落へジャンプすることや、見出しレベル単位で文章を移動することができます。

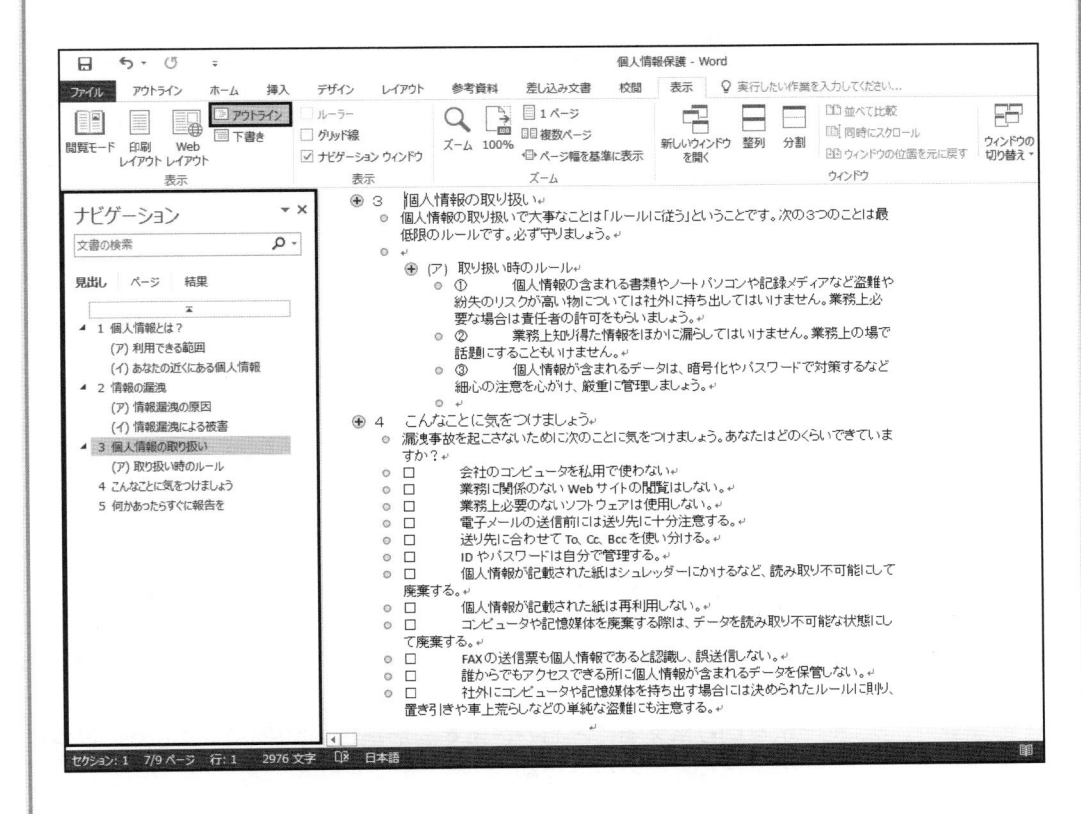

■ アウトライン記号

アウトライン表示では、段落ごとに「見出し」と「本文」に分類されます。見出しにはレベルが9段階あり、見出し以外の段落は本文になります。アウトライン表示では、見出しや本文などのレベルを示すアウトライン記号が段落の左の位置に表示されます。

アウトライン記号	意味
⊕	本文または下位の見出しを持つ見出し
⊖	本文も下位の見出しも持たない見出し
○	本文

アウトライン記号を利用すると、次のような操作を行えます。
・アウトライン記号をクリックすると、その見出しと下位にある見出しや本文がすべて選択される
・見出しのアウトライン記号をダブルクリックすると、下位の文章の表示/非表示が切り替わる
・アウトライン記号を左右の方向にドラッグすると、見出しレベルを変更できる
・アウトライン記号を上下の方向にドラッグすると、見出しとその見出し内の本文を移動できる

■ [アウトライン] タブのボタン

アウトライン表示に切り替えると [アウトライン] タブが表示され、各ボタンで次のような操作を行えます。

ボタン	ボタン名	操作内容
«	見出し1に変更	見出しレベル1（最上位レベル）に変更する
←	レベル上げ	見出しレベルを1レベル上げる
→	レベル下げ	見出しレベルを1レベル下げる
»	標準文字列	見出しを本文（最下位レベル）にする
▲	1つ上のレベルへ移動	見出しと見出しの下位に属する本文を上に移動する
▼	1つ下のレベルへ移動	見出しと見出しの下位に属する本文を下に移動する
すべてのレベル ▼	レベルの表示	選択したレベルまでの表示に切り替える

💡 ヒント　見出しの折りたたみ

下書き以外の表示モードでは、見出し行をポイントすると左側に三角が表示され、クリックするとアウトライン表示のように見出しの下位にある文章の表示/非表示を切り替えることができます。見出し行を右クリックし、[展開/折りたたみ] からすべての見出しの表示/非表示を切り替えることもできます。ただし、見出しレベルの変更や指定した見出しレベルまでの表示などはできません。

アウトライン表示への切り替え

アウトライン機能を利用する際には、アウトライン表示で操作すると便利です。アウトライン表示に切り替える方法を確認します。

操作☞ アウトライン表示に切り替える

4ページ目を表示して、アウトライン表示に切り替えましょう。

Step 1 4ページ目を表示して、アウトライン表示に切り替えます。

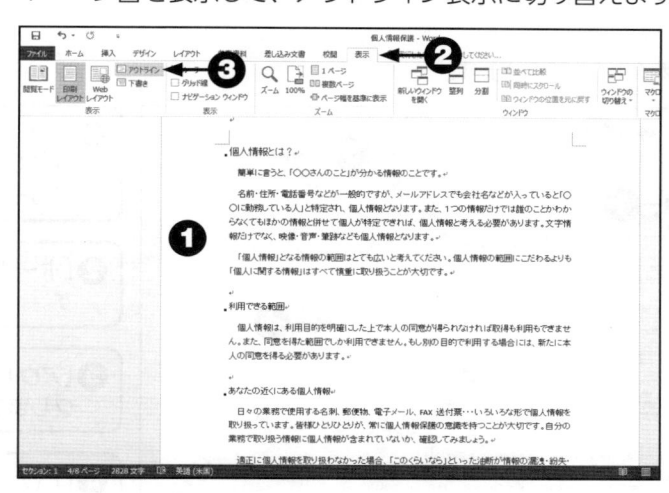

❶4ページ目を表示します。

❷[表示] タブをクリックします。

❸[アウトライン] ボタンをクリックします。

Step 2 アウトライン表示に切り替わったことを確認します。

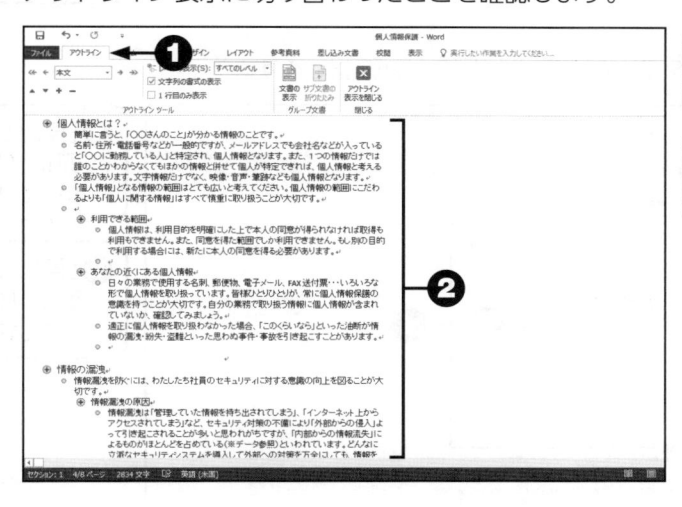

❶[アウトライン] タブが表示されたことを確認します。

❷文書が階層構造で表示されていることを確認します。

💡 ヒント
アウトライン表示
アウトライン表示に切り替えると、リボンには [アウトライン] タブが自動的に表示されます。

第4章 長文作成機能

リストスタイルの適用

[リストスタイル]を利用すると、アウトラインレベルごとに設定された書式を文書全体に適用することができます。ここでは、リストスタイルを適用する方法を確認します。

操作☞ リストスタイルを設定する

この文書では4ページ1行目「個人情報とは？」などに[見出し1]、10行目「利用できる範囲」、15行目「あなたの近くにある個人情報」などに[見出し2]のスタイルが設定されています。リストスタイル[1 (ア) ①]を設定しましょう。

Step 1 リストスタイルを設定します。

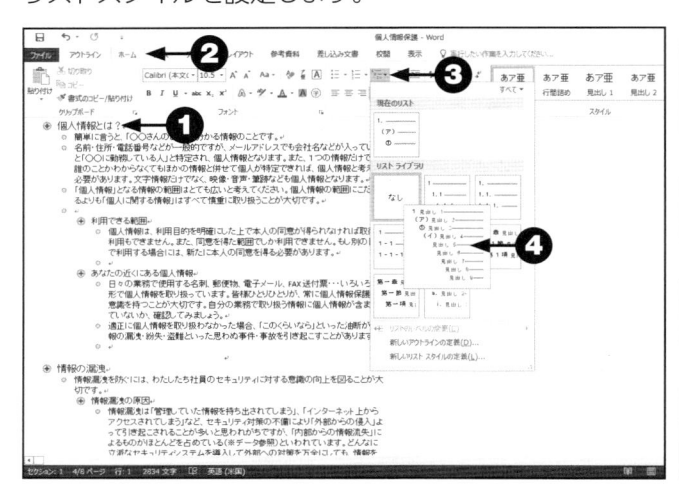

❶ スタイル[見出し1]が設定されている4ページ1行目の段落にカーソルを移動します。

❷ [ホーム]タブをクリックします。

❸ [アウトライン]ボタンをクリックします。

❹ [1 (ア) ①]([リストライブラリ]の上から2番目、左から2番目)をクリックします。

💡 **ヒント**
リストスタイルギャラリー
リストスタイルギャラリー内をポイントすると、そのリストを設定したときの[見出し1]～[見出し9]までのイメージが拡大表示されます。

Step 2 リストスタイルが設定されたことを確認します。

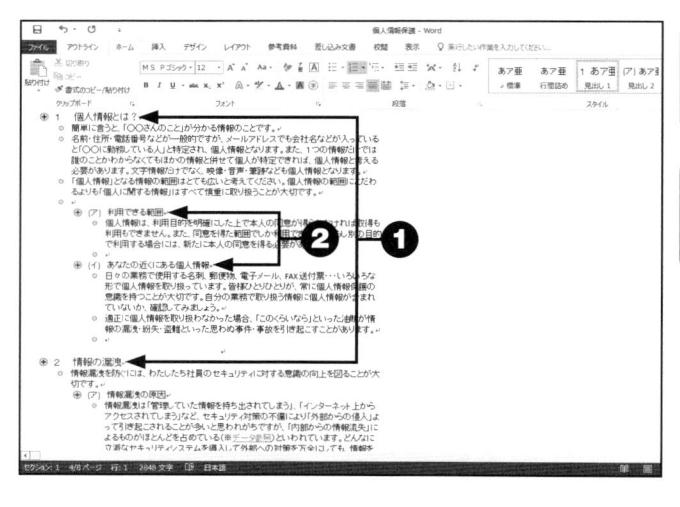

❶ [見出し1]の見出しの行の先頭に「1」、「2」と表示されていることを確認します。

❷ [見出し2]の見出しの行の先頭に「(ア)」、「(イ)」と表示されていることを確認します。

文書構成の確認と変更

アウトライン機能を利用すると、見出しに属する本文などを一時的に非表示にして見出し行だけを表示し、文書全体の構成を確認することができます。ここではナビゲーションウィンドウを利用して、見出しレベル単位で表示を切り替える方法を学習します。

操作 📑 文書の構成を確認する

ナビゲーションウィンドウを利用して、見出し「3　個人情報の取り扱い」の文章を表示しましょう。

Step 1　ナビゲーションウィンドウを表示します。

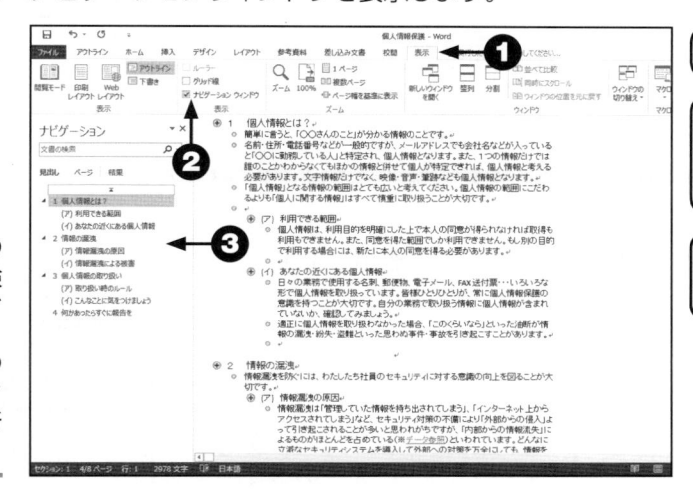

❶[表示] タブをクリックします。

❷[ナビゲーションウィンドウ] チェックボックスをオンにします。

❸ナビゲーションウィンドウが表示されたことを確認します。

📖 用語

ナビゲーションウィンドウ
文書の見出しやページのサムネイル、文字列を検索した結果を一覧表示することができる作業ウィンドウです。それぞれの一覧から項目をクリックすると、文書の該当箇所にジャンプします。

Step 2　見出し「3　個人情報の取り扱い」の文章を表示します。

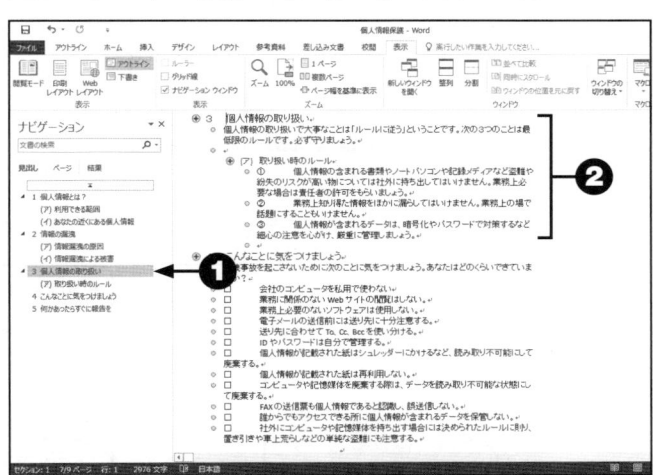

❶ナビゲーションウィンドウの見出し「3　個人情報の取り扱い」をクリックします。

❷「3　個人情報の取り扱い」の文章が表示されたことを確認します。

💡 ヒント

ナビゲーションウィンドウの見出しの表示レベルの切り替え
見出しの左に表示されている ▲ をクリックすると、下位レベルの見出しが非表示になります。▷ をクリックすると再度表示されます。

第 4 章　長文作成機能

操作 ☞ レベルを指定して見出しを表示する

レベル1の見出しのみを表示した後で、見出し「2 情報の漏洩」の下位レベルの文章のみを表示しましょう。

Step 1 見出し[レベル1]のみを表示します。

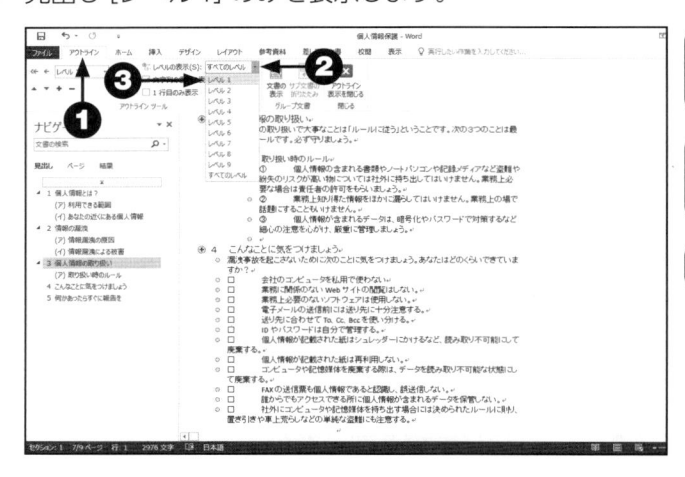

❶ [アウトライン] タブをクリックします。

❷ [レベルの表示] をクリックします。

❸ [レベル1] をクリックします。

Step 2 見出し「2 情報の漏洩」の文章を表示します。

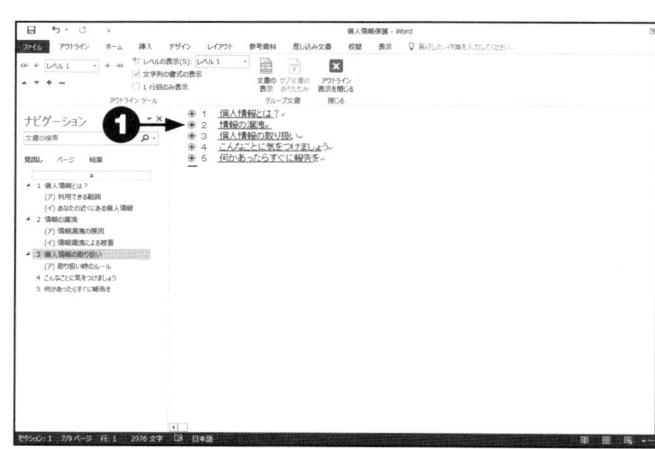

❶ 見出し「2 情報の漏洩」の左に表示されている ⊕ をダブルクリックします。

Step 3 見出し「2 情報の漏洩」の下位の文章が表示されたことを確認します。

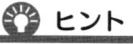

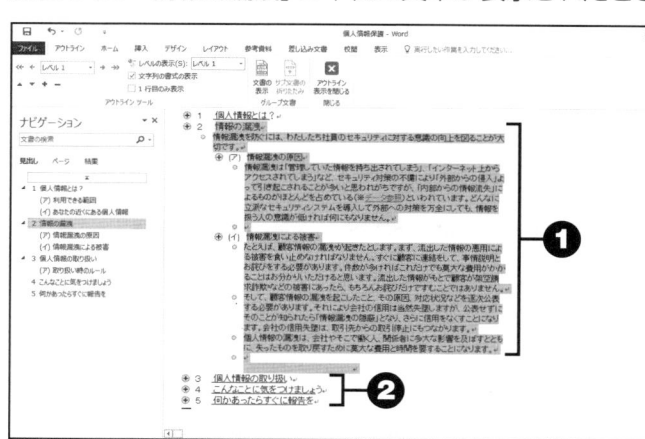

❶ 見出し「2 情報の漏洩」の下位の文章のみが表示されていることを確認します。

❷ 他の見出しはタイトルのみが表示されていることを確認します。

> 💡 ヒント
> **1行目のみ表示**
> [1行目のみ表示] チェックボックスをオンにすると、本文の各段落で最初の行を除いたすべての行が非表示になり、各段落の最初の行の行末には省略記号 (...) が表示されます。

132 アウトラインの活用

💡 ヒント 内容の表示/非表示を切り替える他の方法

内容の表示/非表示を切り替えるには、次のような方法もあります。

- 本文の表示/非表示を切り替える
  アウトライン表示で見出しの段落にカーソルを移動して [アウトラインツール] グループの ＋ [展開] ボタンまたは － [折りたたみ] ボタンをクリックすると、その本文の表示/非表示が切り替わります。

- 見出しの表示/非表示を切り替える
  下位の見出しを持つ見出しの段落にカーソルを移動して [アウトラインツール] グループの ＋ [展開] ボタンをクリックすると、その見出しに属する下位の見出しが上から1レベルずつ表示されます。 － [折りたたみ] ボタンをクリックすると、下から1レベルずつ非表示になります。

操作 👉 見出しレベルを変更する

レベル2の見出しまで表示し、「4　こんなことに気をつけましょう」のレベルを [見出し2] に変更しましょう。

Step 1 見出し [レベル2] までを表示し、「4　こんなことに気をつけましょう」のレベルを [見出し2] に変更します。

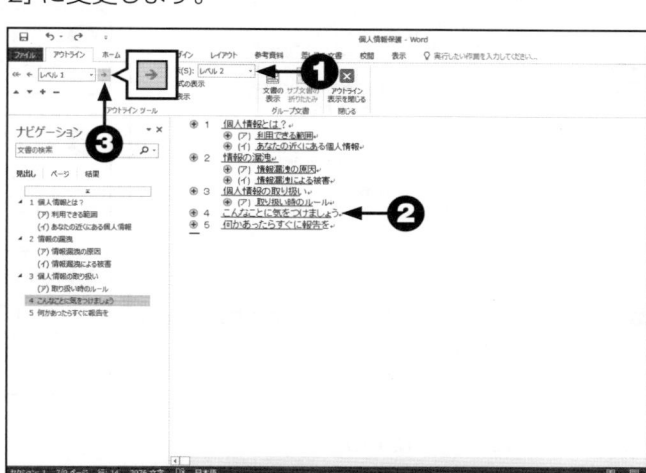

❶ [アウトライン] タブの [レベルの表示] から [レベル2] をクリックします。

❷ 「4　こんなことに気をつけましょう」の段落内にカーソルを移動します。

❸ [レベル下げ] ボタンをクリックします。

Step 2 「こんなことに気をつけましょう」が [見出し2] に変更されたことを確認します。

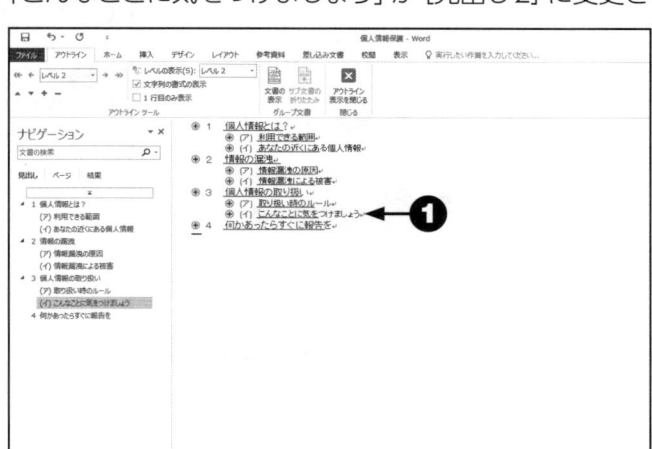

❶ 「(イ)　こんなことに気をつけましょう」に変更されたことを確認します。

💡 ヒント
見出しレベルの変更
見出しレベルを変更すると、その見出しレベルより下位にある見出しレベルも同時に変更されます。

第4章　長文作成機能

ヒント 見出しレベルを変更する他の方法

見出しレベルを変更するには、次のような方法もあります。
- 段落の先頭に表示されるアウトライン記号を左右にドラッグする
- **Shift**キーを押しながら**Tab**キーを押すか、**Tab**キーだけを押す
- **Alt**キーと**Shift**キーを押しながら←キーまたは→キーを押す
- [アウトラインレベル] ボックスで [レベル1] ～ [レベル9] または [本文] に設定する

操作 見出しや本文の順序を入れ替える

すべてのレベルを表示して、「1　個人情報とは？」の下位レベルの「(ア) 利用できる範囲」と「(イ) あなたの近くにある個人情報」の順序を入れ替えましょう。

Step 1 [すべてのレベル] を表示し、「(ア) 利用できる範囲」と「(イ) あなたの近くにある個人情報」の順序を入れ替えます。

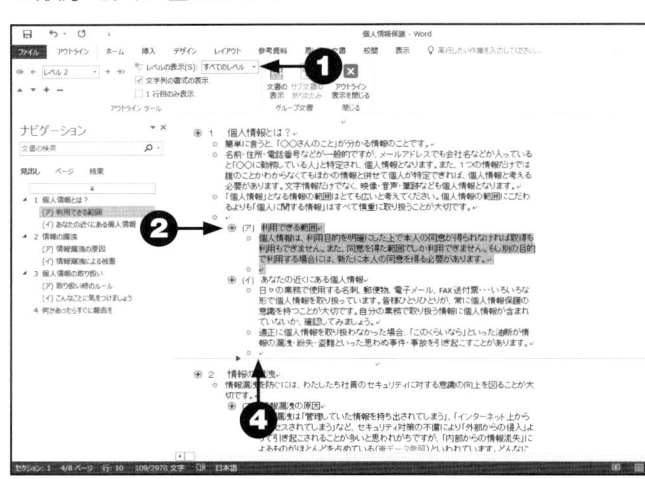

❶ [アウトライン] タブの [レベルの表示] で [すべてのレベル] を選択します。

❷ 「(ア) 利用できる範囲」のアウトライン記号をポイントします。

❸ マウスポインターの形状が ✥ に変わったら、移動先まで下方向にドラッグします。

❹ 移動先を示す横線が22行目の空白行の下の位置に表示されたときにマウスのボタンを離します。

Step 2 順序が入れ替えられたことを確認します。

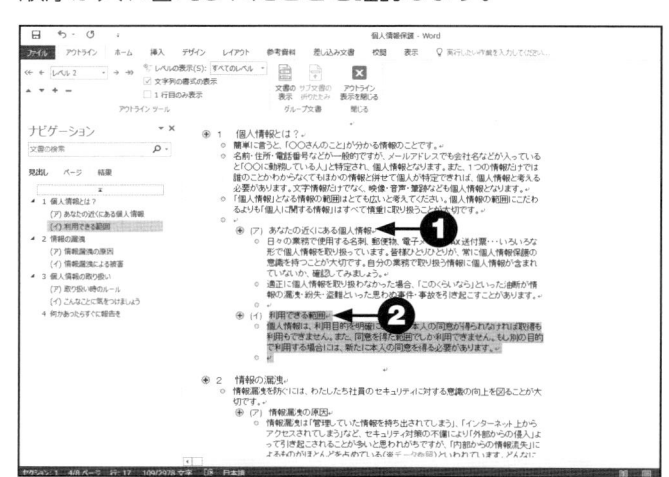

❶ 「(ア) あなたの近くにある個人情報」に変更されていることを確認します。

❷ 「(イ) 利用できる範囲」に変更されていることを確認します。

Step 3 ナビゲーションウィンドウを閉じ、文書を標準の表示に戻します。

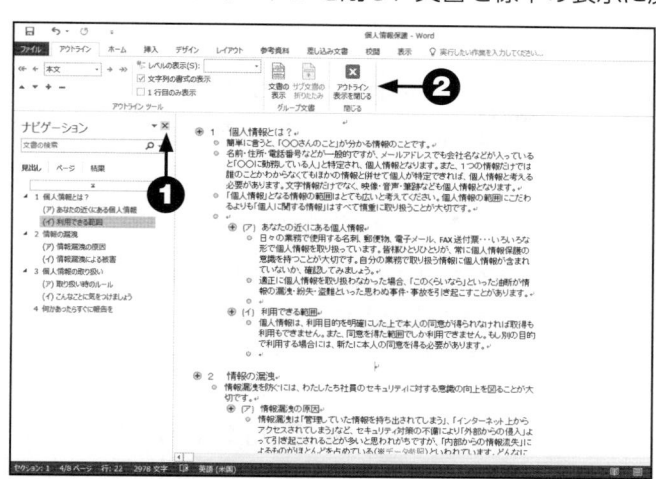

❶ナビゲーションウィンドウの[閉じる]ボタンをクリックします。

❷[アウトライン]タブの[アウトライン表示を閉じる]ボタンをクリックします。

Step 4 アウトライン表示での編集内容が反映されていることを確認します。

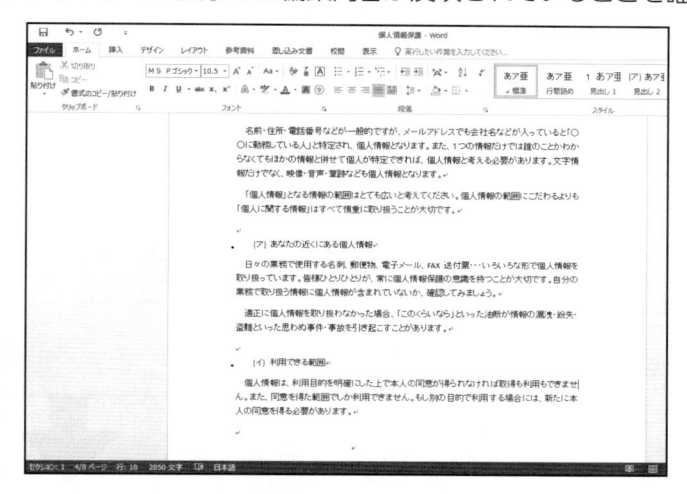

> 💡 **ヒント**
> **標準の表示モードに戻す**
> ステータスバーの [印刷レイアウト]ボタンをクリックしても標準の表示に戻ります。

💡 **ヒント**

見出しや本文の順序を入れ替えるには

見出しや本文の順序を入れ替えるには、[アウトラインツール]グループの ⇒ [1つ上のレベルへ移動]ボタンまたは ▲ [1つ下のレベルへ移動]ボタンをクリックする方法もあります。たとえば、ここで行った操作「見出しや本文の順序を入れ替える」の場合は、次のような手順になります。

1. 「(ア) 利用できる範囲」のアウトライン記号をクリックし、その見出しと下位にある内容をすべて選択します。
2. [1つ下のレベルへ移動]ボタンを4回クリックします。
3. 「利用できる範囲」と「あなたの近くにある個人情報」の順序が入れ替わります。

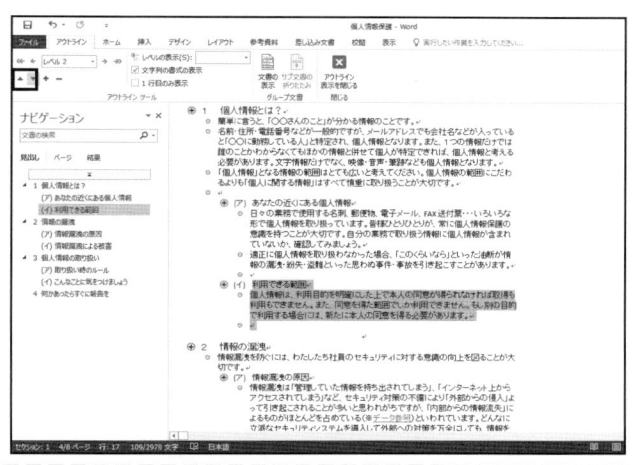

第4章 長文作成機能　**135**

目次の作成

見出しやアウトラインレベルを設定しておくと、それらの段落をピックアップして自動的に目次を作成することができます。ここでは、目次の作成方法と目次からページへ移動する方法について学習します。

Wordにはあらかじめ組み込みの目次スタイルが用意されています。また、[目次]ダイアログボックスで文書に挿入される目次のイメージを確認しながらスタイルを変更し、挿入することもできます。

■ 目次スタイル　　　　■ [目次]ダイアログボックス

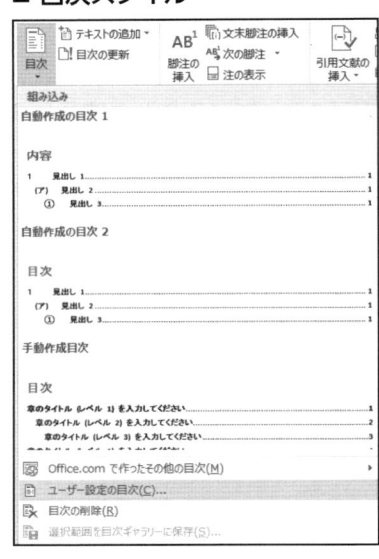

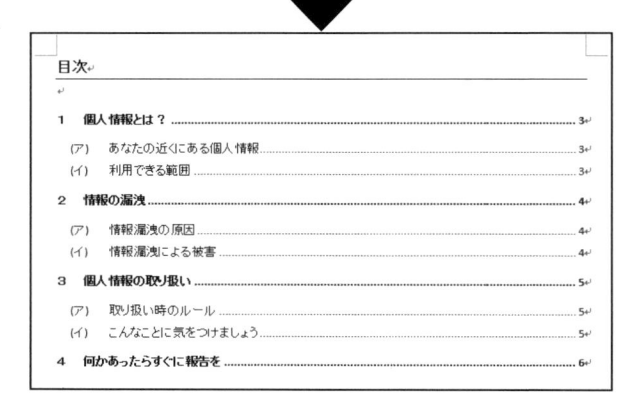

文書に挿入された目次は「フィールド」として挿入されるため、文書に新たに見出しが追加されたり既存の見出しの文字列やページ番号が変更されたりした場合でも、簡単な操作で変更を反映することができます。
なお、索引項目を登録している場合はフィールドコードの影響でページ番号がずれてしまうため、編集記号を非表示にしてから目次を挿入または更新するようにします。

操作 ☞ 目次を作成する

スタイル［見出し1］、［見出し2］が設定されている見出しを利用して、3ページ3行目の位置に目次を作成しましょう。

Step 1 目次を挿入する位置にカーソルを移動して、［目次］ダイアログボックスを開きます。

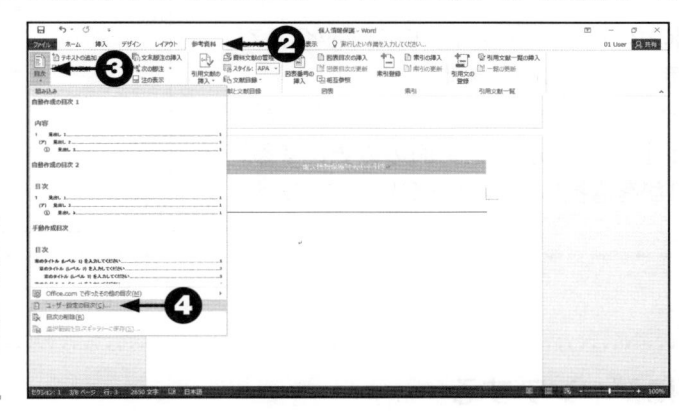

❶ 3ページ3行目にカーソルを移動します。

❷［参考資料］タブをクリックします。

❸［目次］ボタンをクリックします。

❹［ユーザー設定の目次］をクリックします。

💡 ヒント
組み込みの目次
［目次］ボタンをクリックすると組み込みの目次スタイルが表示され、クリックするとすべての見出しレベルを利用した目次が挿入されます。

Step 2 目次を挿入します。

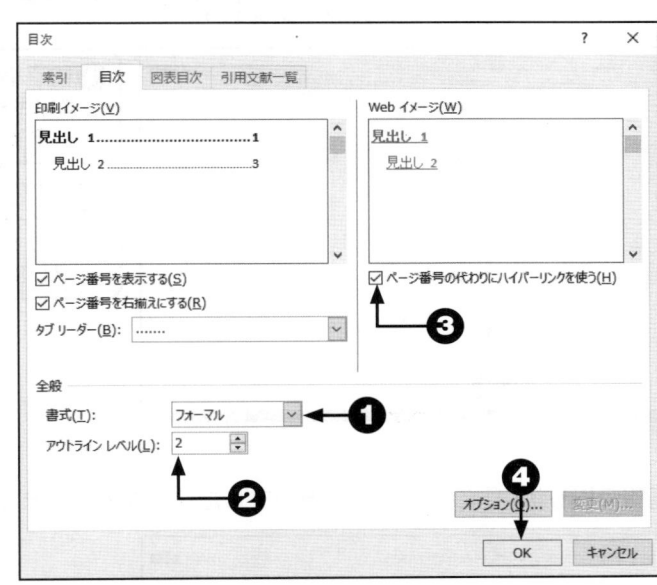

❶［書式］ボックスの一覧から［フォーマル］を選択します。

❷［アウトラインレベル］ボックスを「2」に設定します。

❸［ページ番号の代わりにハイパーリンクを使う］チェックボックスがオンになっていることを確認します。

❹［OK］をクリックします。

💡 ヒント
アウトラインレベル
［アウトラインレベル］ボックスでは、文書内で設定されている見出しスタイルのうち、どのレベルまでを目次に利用するかを指定します。

Step 3 目次が挿入されたことを確認します。

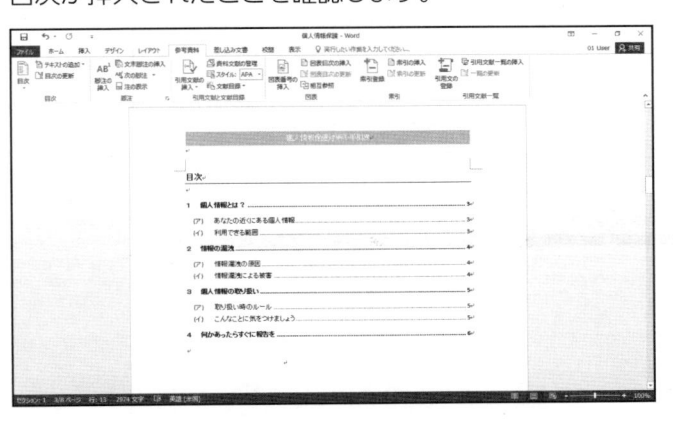

💡 ヒント
目次のハイパーリンク
［ページ番号の代わりにハイパーリンクを使う］チェックボックスがオンの状態で作成した目次にはハイパーリンクが設定され、**Ctrl**キーを押しながら目次をクリックすることによりそのページにジャンプすることができます。

第4章 長文作成機能

ヒント　目次の網かけ表示について

目次は「フィールド」として挿入されるため、目次の領域内を選択すると網かけ表示されます。この網かけは印刷されませんが、表示を変更したい場合には次の手順で行います。

1. [ファイル] タブの [オプション] をクリックします。
2. [Wordのオプション] ダイアログボックスで [詳細設定] をクリックします。
3. [フィールドの網かけ表示] の一覧から [表示しない]、[表示する]、[選択時のみ表示する] のいずれかを選択し、[OK] をクリックします。

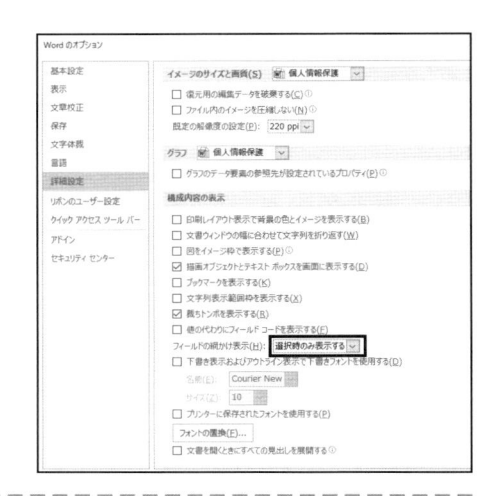

操作　目次からページにジャンプする

Step 1 「3　個人情報の取り扱い」のページにジャンプします。

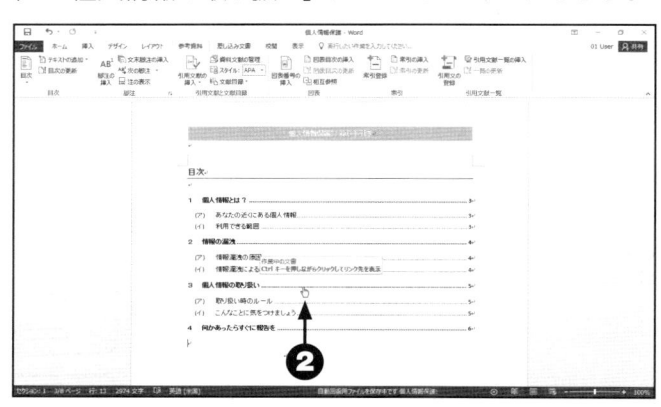

❶「3　個人情報の取り扱い」を**Ctrl**キーを押しながらポイントします。

❷マウスポインターの形状が 🖑 に変わったことを確認し、クリックします。

Step 2 「3　個人情報の取り扱い」のページにジャンプしたことを確認します。

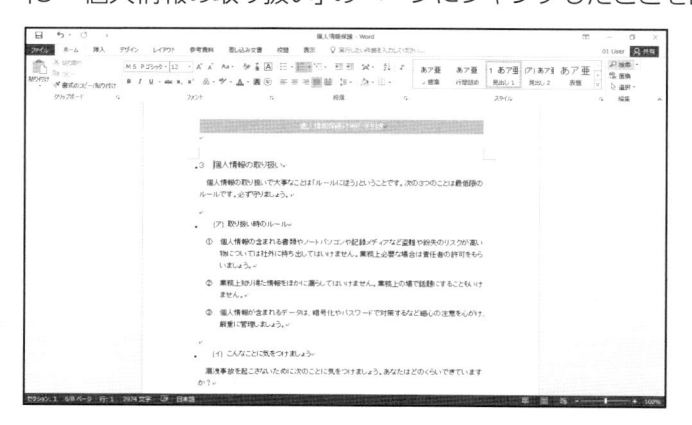

138　アウトラインの活用

ヒント　目次を更新するには

目次を作成した後に見出しやページを追加または削除したり、見出しの文字を編集したりした場合には、目次を更新して目次の内容やページ番号を修正する必要があります。目次を更新する手順は次のとおりです。

1. ［参考資料］タブの［目次の更新］ボタンをクリックします。
2. ［目次の更新］ダイアログボックスで［ページ番号だけを更新する］と［目次をすべて更新する］のいずれかを選択します。
3. ［OK］をクリックします。

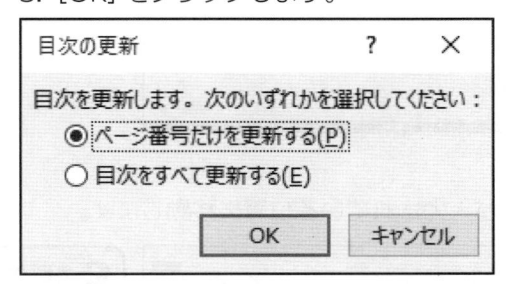

目次の項目を直接編集しても、目次を更新すると変更内容が失われてしまいます。そのため、目次の更新は文書に対して行う最後の操作として実行するようにします。

文字列の検索

文書内の特定の文字列を検索する方法を学習しましょう。

操作 ☞ 文字列を検索する

文書内の「情報漏洩」という文字列を検索しましょう。

Step 1 検索処理を実行します。

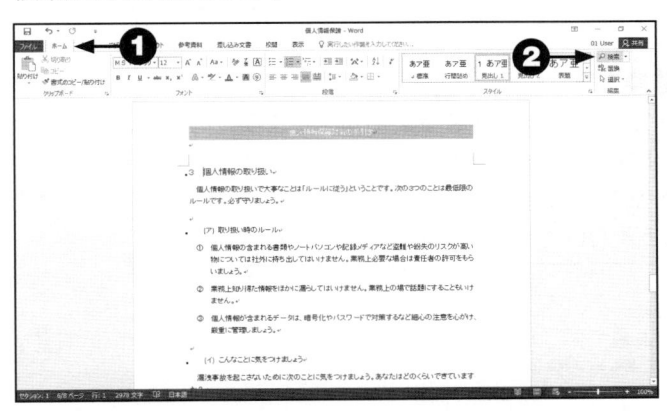

❶［ホーム］タブをクリックします。

❷［検索］ボタンをクリックします。

第4章　長文作成機能　**139**

Step 2 検索する文字列として「情報漏洩」を指定します。

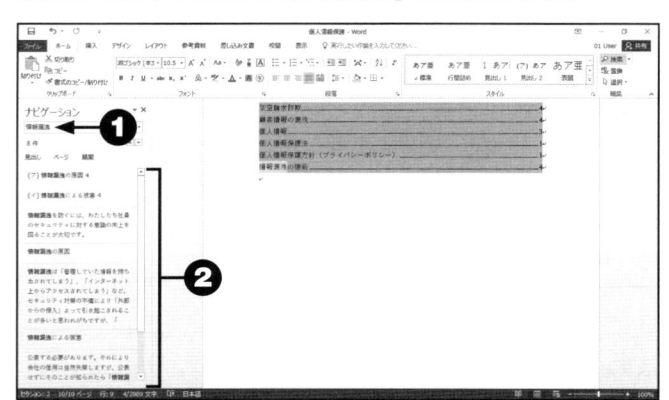

❶ナビゲーションウィンドウの検索ボックスに「情報漏洩」と入力します。

❷検索結果が表示されます。

Step 3 「情報漏洩」という文字列が入力されている位置に移動します。

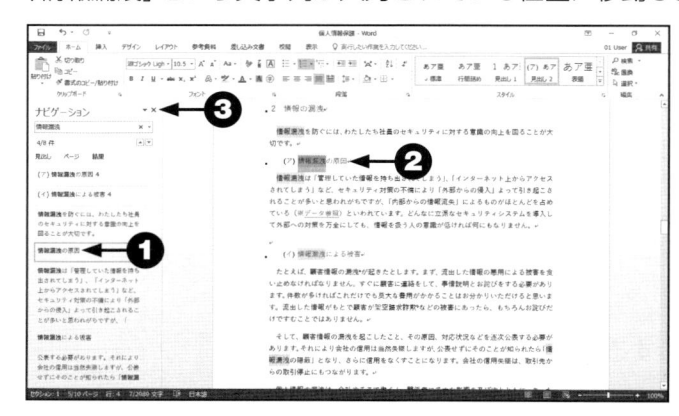

❶ナビゲーションウィンドウの一覧から任意の検索結果をクリックします。

❷クリックした検索結果に移動したことを確認します。

❸ナビゲーションウィンドウの[閉じる]ボタンをクリックしてナビゲーションウィンドウを閉じます。

Step 4 [Word2016応用]フォルダーの中の[保存用]フォルダーに、「個人情報保護」というファイル名で保存します。

Step 5 ファイル「個人情報保護」を閉じます。
※次の操作のために、編集記号を表示しておきましょう。

💡 ヒント　**文字列を置換する**

文書内の特定の文字列を異なる文字列に置き換えるには、次のように操作します。
1. [ホーム]タブの[編集]グループにある[置換]ボタンをクリックします。
2. [検索する文字列]ボックスに置換対象の文字列を入力し、[置換後の文字列]に置換後の文字列を入力して[すべて置換]をクリックします。

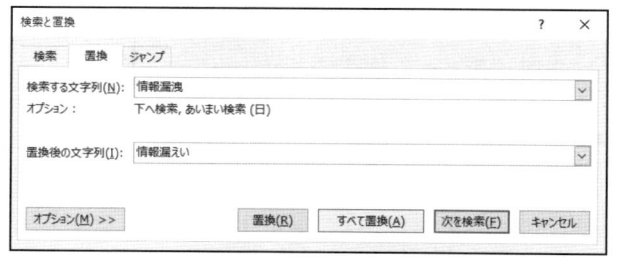

また、[オプション]をクリックすると検索条件の指定や書式の置換が行えます。

この章の確認

- ☐ テーマを設定できますか？
- ☐ 表紙を挿入できますか？
- ☐ ヘッダーやフッターを設定できますか？
- ☐ ハイパーリンクを設定できますか？
- ☐ 脚注を設定できますか？
- ☐ 索引を作成できますか？
- ☐ アウトラインのリストスタイルを設定できますか？
- ☐ 見出しレベルを変更できますか？
- ☐ 目次を作成できますか？
- ☐ 文字列を検索できますか？

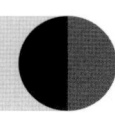

復習問題 問題 4-1

文書のテーマを変更し、表紙を挿入してヘッダーとフッターを設定しましょう。

1. [Word2016応用] フォルダーの中の [復習問題] フォルダーから、ファイル「復習4-1　育児介護規定」を開きましょう。

2. 文書にテーマ「オーガニック」を設定しましょう。

3. 表紙「セマフォ」を挿入し、コンテンツコントロールを次のように編集しましょう。

日付	（コンテンツコントロールを削除）
文書のタイトル	育児・介護規定
文書のサブタイトル	平成28年4月1日
作成者	（変更なし）
会社名	NBPサービス株式会社
会社の住所	（コンテンツコントロールを削除）

4. 先頭ページを除くすべてのページに次の組み込みヘッダー/フッターを挿入し、編集しましょう。

ヘッダー	「空白」を挿入して「20160401」と入力し、右寄せに配置
フッター	「セマフォ」を挿入

5. [Word2016応用] フォルダーの中の [保存用] フォルダーに、「復習4-1　育児介護規定」という名前でファイルを保存しましょう。

6. ファイル「復習4-1　育児介護規定」を閉じましょう。

完成例（1～2ページ目）

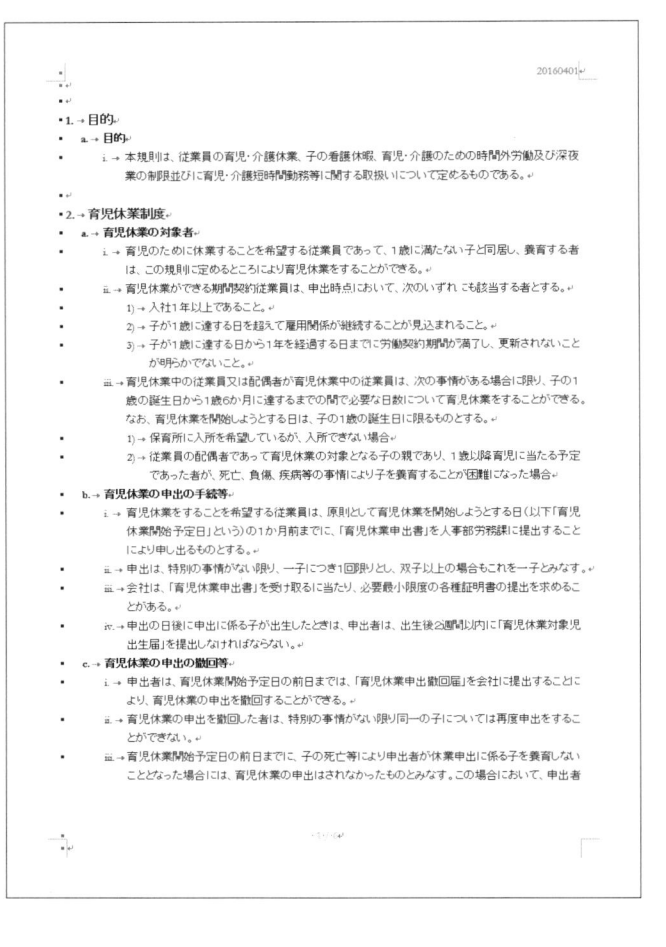

復習問題　問題 4-2

文書内から文字列を検索して索引として登録し、索引を挿入しましょう。また、ハイパーリンクや脚注を設定しましょう。

1. ［Word2016応用］フォルダーの中の［復習問題］フォルダーから、ファイル「復習4-2　育児介護規定」を開きましょう。

2. 文字列「育児休業申出書」、「育児休業対象児出生届」、「育児休業申出撤回届」を検索し、それぞれ索引として登録しましょう。複数見つかった場合は最初の1つを登録しましょう。

3. 編集記号を非表示にして8ページ3行目に索引を挿入しましょう。索引は1段でページ番号を右揃えに設定しましょう。

4. 3ページ2行目の「育児・介護休業法」に脚注を設定し、脚注内容として「育児休業・介護休業等の福祉に関する法律」と入力しましょう。

5. 7ページの脚注内容の「厚生労働省ホームページ」にハイパーリンクを設定し、Webページ「http://www.mhlw.go.jp/」へリンクを設定しましょう。

6. ［Word2016応用］フォルダーの中の［保存用］フォルダーに、「復習4-2　育児介護規定」という名前でファイルを保存しましょう。

7. ファイル「復習4-2　育児介護規定」を閉じましょう。

完成例（2～3、7～8ページ目）※編集記号を表示しています。

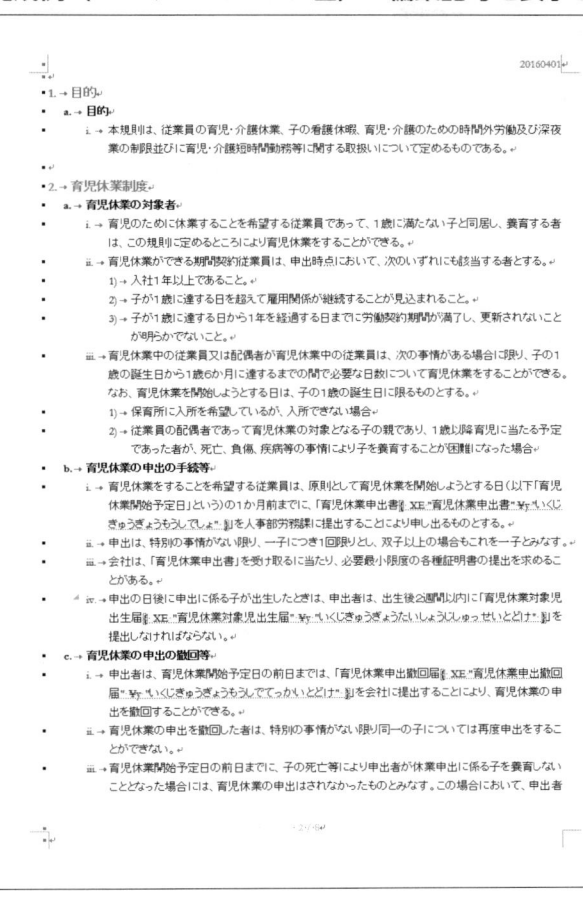

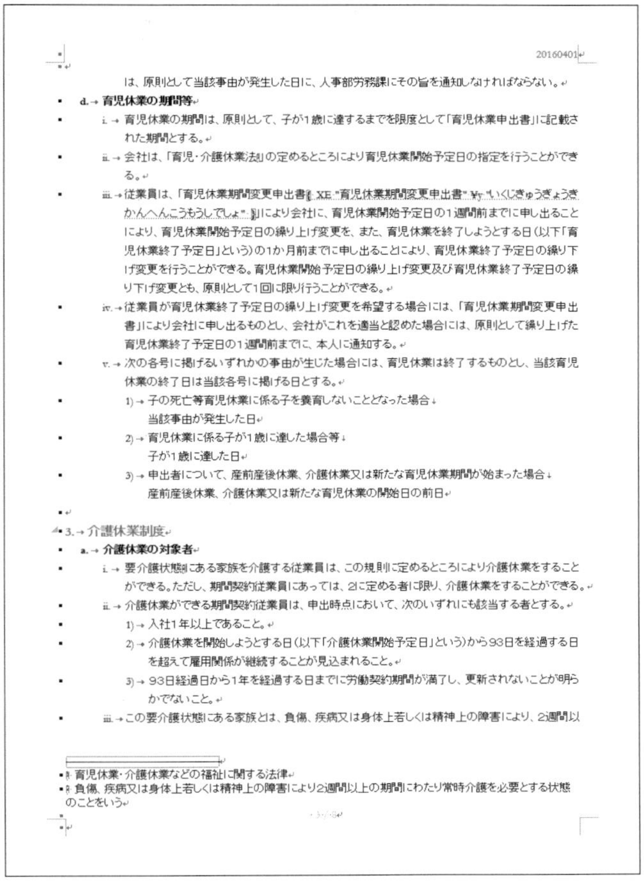

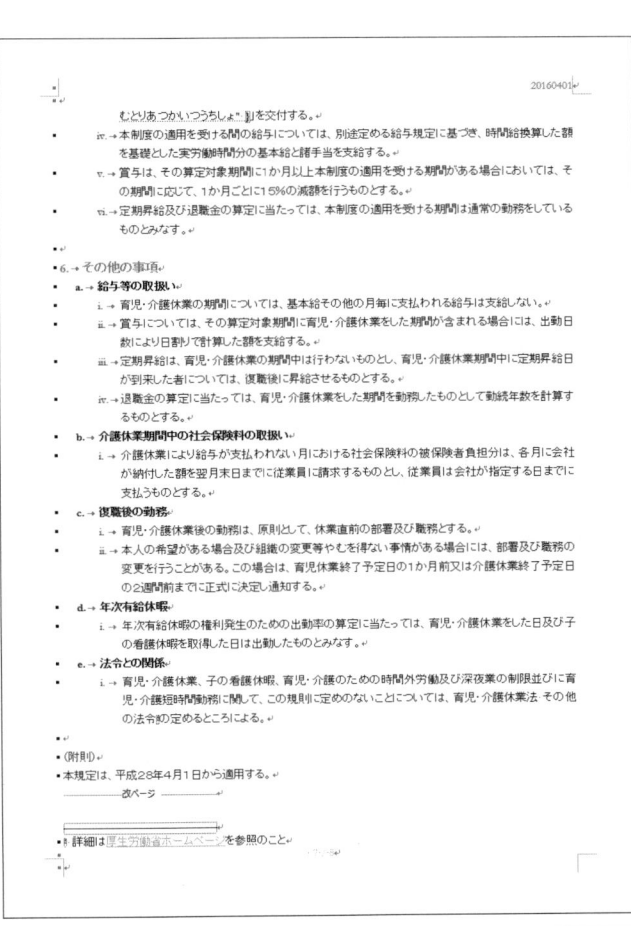

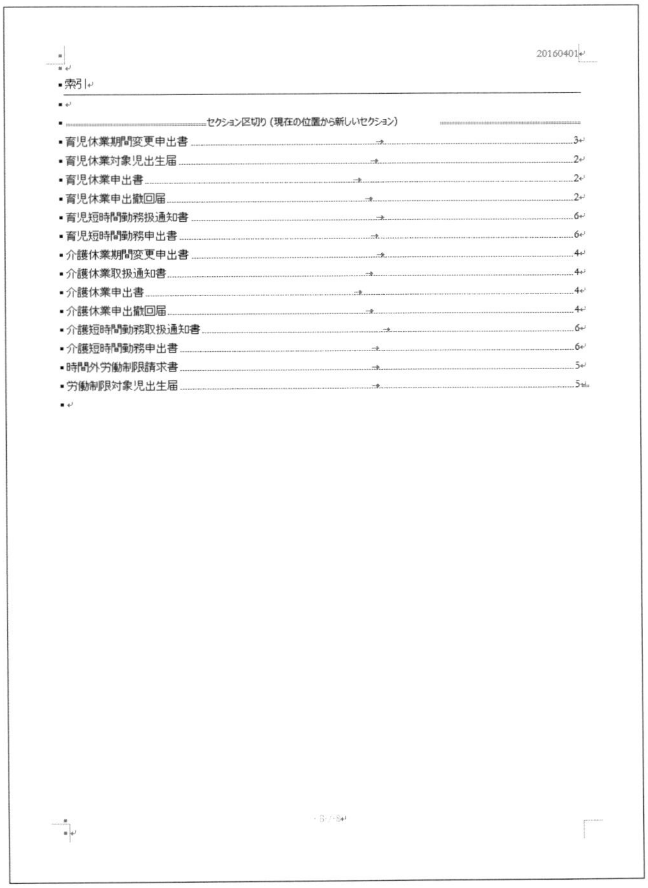

復習問題 問題 4-3

アウトラインのリストスタイルを設定しましょう。また、見出しレベルを利用して目次を挿入しましょう。

1. [Word2016応用]フォルダーの[復習問題]フォルダーから、ファイル「復習4-3　育児介護規定」を開きましょう。

2. アウトラインのリストスタイル[1（ア）①]を設定しましょう。

3. 3ページの「育児休業の申出の手続等」の段落に[見出し2]のスタイルを設定し、その後の4段落に[見出し3]のスタイルを設定しましょう。

4. [見出し1]と[見出し2]のスタイルが設定された段落を利用して、2ページ3行目に目次を挿入しましょう。書式は「フォーマル」を選択しましょう。

5. [Word2016応用]フォルダーの中の[保存用]フォルダーに、「復習4-3　育児介護規定」という名前でファイルを保存しましょう。

6. ファイル「復習4-3　育児介護規定」を閉じましょう。

完成例（2～3ページ目）※編集記号を表示しています。

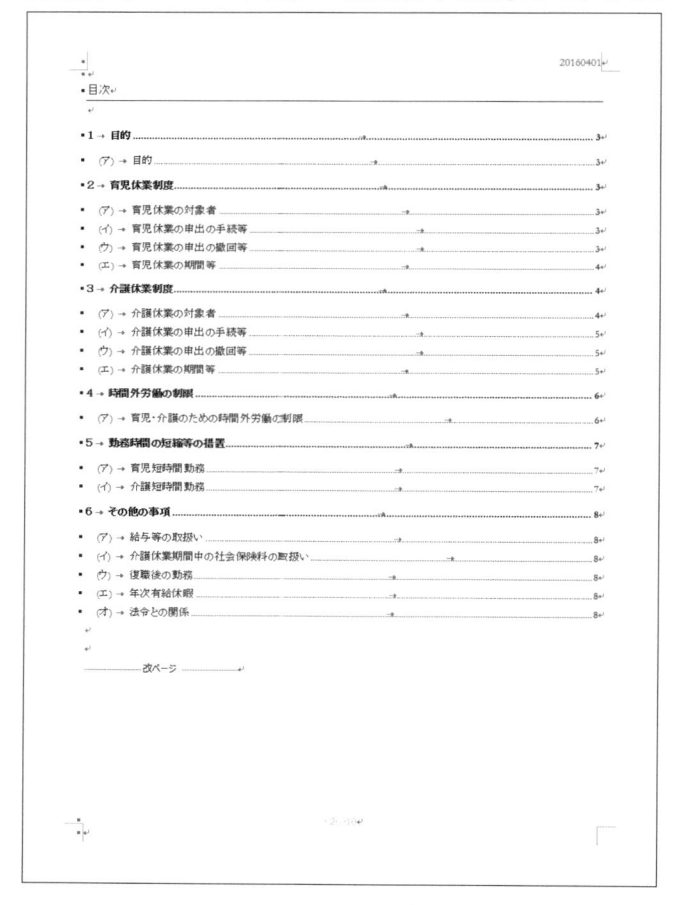

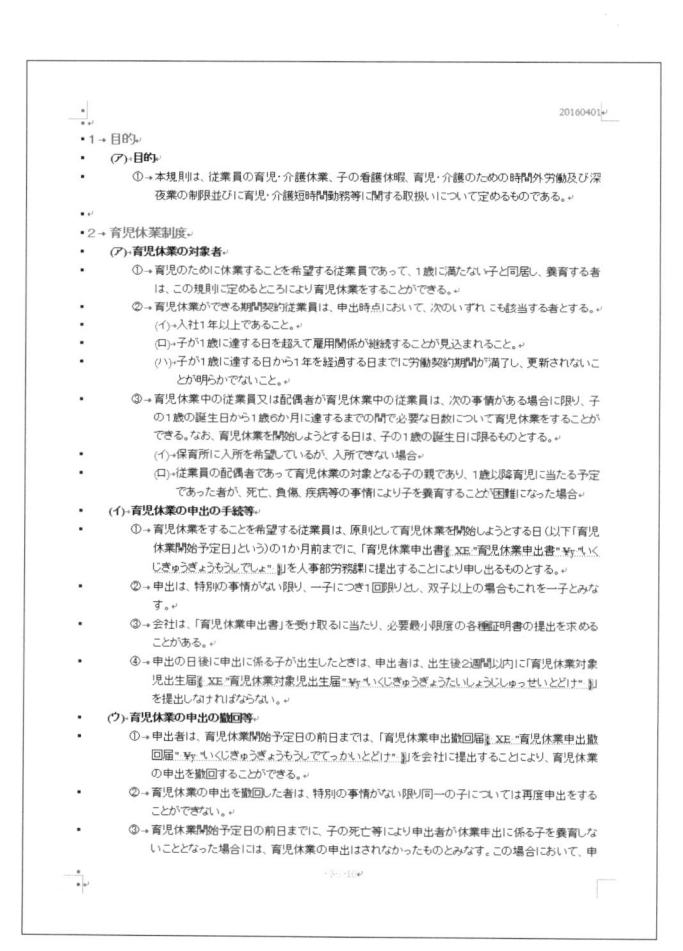

第5章

グループ作業で役立つ機能

- コメントの活用
- 変更履歴の活用
- 文書の比較

コメントの活用

書類に付箋を貼り付けてメモを残すように、コメント機能を利用すると、文書内の任意の位置に特記事項を書き残すことができます。ここでは、文書にコメントを挿入する方法について学習します。

1つの文書を複数の人が校閲する場合などに、コメントを利用して質問を投げかけたり、連絡事項を伝達したり、意見を交換したりすることができます。

[校閲] タブの [コメント] グループ

文書に追加されたコメント

[校閲] タブの [コメント] グループの各ボタンでコメントの挿入や削除、現在のカーソル位置から前後のコメントへの移動などの操作を行えます。

ヒント　[校閲]タブ

パソコンがタッチ操作に対応している場合、[校閲] タブに [インクコメント] や [インクの開始] などのボタンが表示される場合があります。また、OneNoteの利用状態によって [リンクノート] ボタンが表示される場合があります。

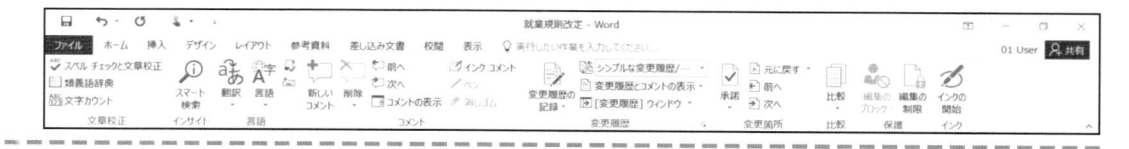

コメントの表示と挿入

コメントを表示しましょう。また、文書にコメントを挿入しましょう。

操作　コメントを表示する

[Word2016応用] フォルダーの中にあるファイル「就業規則改定」を開き、コメントを表示しましょう。

Step 1 コメントを表示します。既に表示されている場合、この操作は不要です。

ヒント
保護ビュー
「保護ビュー」で文書が開かれると [コメントの表示] ボタンがオフになります。その他の場合は前回のWord終了時に設定されていたオン/オフの状態になります。

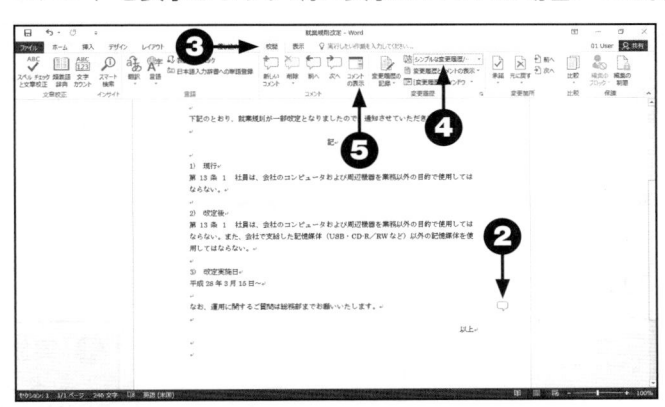

❶ファイル「就業規則改定」を開きます。

❷23行目の右の余白に 💬 が表示されていることを確認します。

❸[校閲] タブをクリックします。

❹[変更内容の表示] ボックスが [シンプルな変更履歴/コメント] になっていることを確認します。

❺[コメントの表示] ボタンをクリックします。

Step 2 コメントが表示されたことを確認します。

ヒント
コメントの表示形式
初期設定では [変更内容の表示] ボックスで [シンプルな変更履歴/コメント] が選択されています。[すべての変更履歴/コメント] を選択すると、コメントの挿入位置がハイライトされて右にコメントの内容が表示され、[コメントの表示] ボタンは選択できない状態になります。

❶コメントが右に表示されたことを確認します。

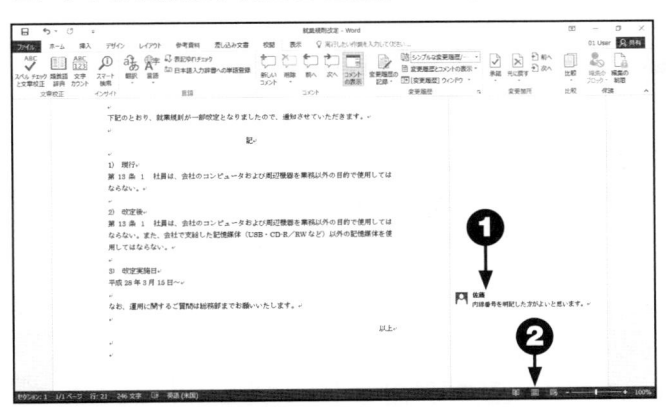

❷コメント全体が表示されるように右にスクロールします。

ヒント
コメントの表示
[変更内容の表示] で [シンプルな変更履歴/コメント] を選択している場合、[コメントの表示] ボタンをオフにするとコメントが挿入された段落の右の余白に 💬 が表示されます。💬 をクリックすると挿入されているコメントの内容を表示できます。

第5章　グループ作業で役立つ機能

操作 コメントを挿入する

20行目の「改定実施日」に「実施日は15日でよろしいでしょうか？」というコメントを挿入しましょう。

Step 1 コメントを挿入する文字列を選択し、コメントを挿入します。

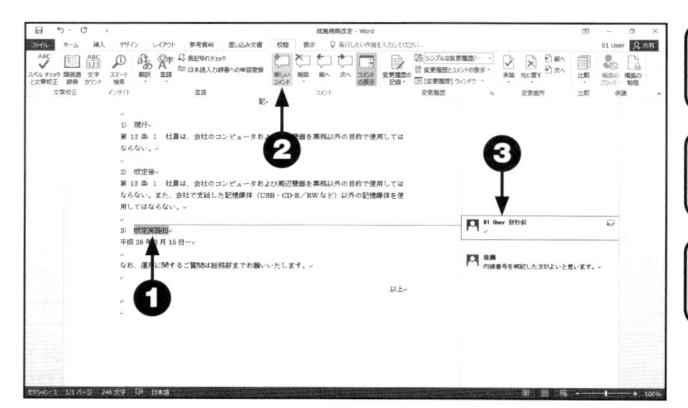

❶ 20行目の「改定実施日」を選択します。

❷ [校閲] タブの [新しいコメント] ボタンをクリックします。

❸ コメント枠が挿入されたことを確認します。

ヒント
コメントの挿入
コメントを挿入する文字列を選択して右クリックし、[コメントの挿入] をクリックして挿入することもできます。

Step 2 コメント枠内にコメント文を入力して確認します。

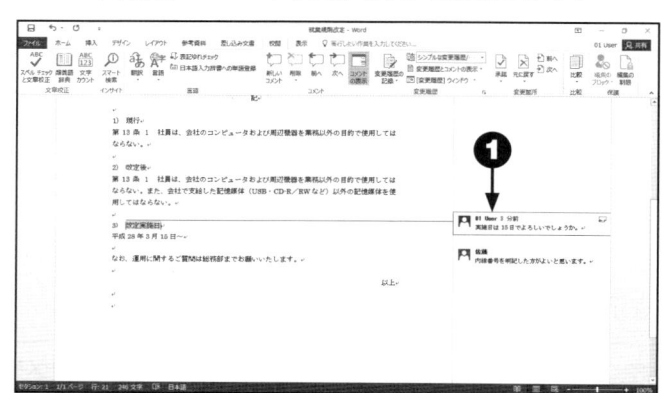

❶ 「実施日は15日でよろしいでしょうか。」と入力します。

❷ コメント枠以外の場所をクリックし、挿入されたコメントを確認します。

ヒント
コメントの表示
コメントを選択したときに表示されるコメント枠（吹き出し）は、校閲者ごとに異なる色で表示されます。

ヒント
コメント枠に表示される校閲者名
コメント枠に表示される校閲者名はOfficeにサインインしているユーザー名です。サインインしている状態にかかわらずOfficeユーザー名を変更する場合は、[ファイル] タブの [オプション] をクリックして [Wordのオプション] ダイアログボックスを開き、[基本設定] の [ユーザー名] ボックスに入力し、[Officeへのサインイン状態にかかわらず、常にこれらの設定を使用する] チェックボックスをオンにします。

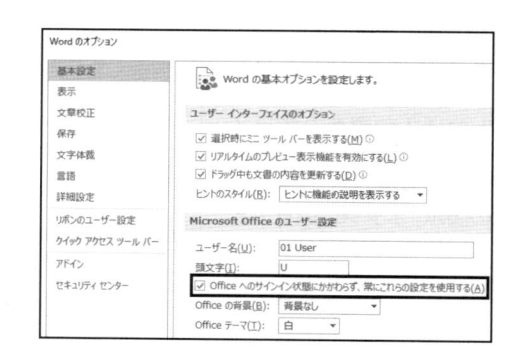

操作 校閲者を指定してコメントを表示する

佐藤さんのコメントのみを表示して確認後、すべての校閲者のコメントを表示しましょう。

Step 1 校閲者が「佐藤」のコメントのみを表示します。

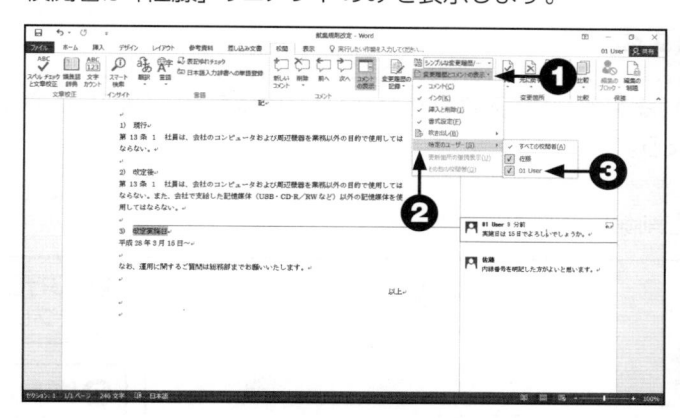

❶ [校閲] タブの [変更履歴とコメントの表示] ボタンをクリックします。

❷ [特定のユーザー] をポイントし [すべての校閲者] の左にチェックマークが表示されていることを確認します。

❸ 「佐藤」以外の校閲者名をクリックしてオフにします。

Step 2 校閲者名が「佐藤」のコメントのみが表示されていることを確認します。

Step 3 すべての校閲者のコメントを表示します。

❶ [校閲] タブの [変更履歴とコメントの表示] ボタンをクリックします。

❷ [特定のユーザー] をポイントし、[すべての校閲者] をクリックします。

Step 4 すべての校閲者のコメントが表示されたことを確認します。

第 5 章 グループ作業で役立つ機能　149

コメントの削除

不要なコメントを削除しましょう。

操作 コメントを削除する

23行目の「総務部」に挿入されたコメント「内線番号を明記した方がよいと思います。」を削除しましょう。

Step 1 コメントを削除します。

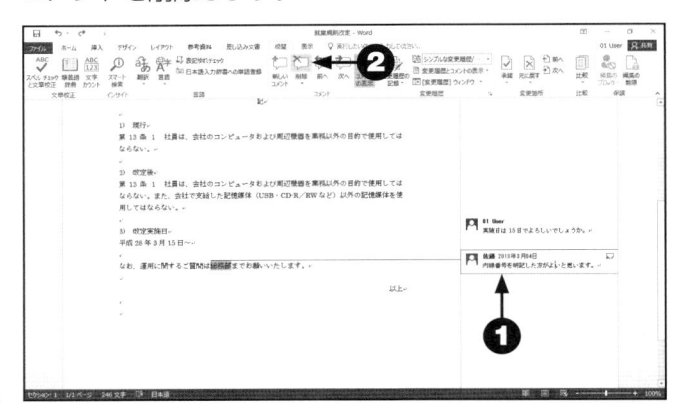

❶ 23行目に挿入されたコメントをクリックします。

❷ [校閲] タブの [削除] ボタンの上部をクリックします。

> **ヒント**
> **コメントの削除**
> コメントを右クリックし、[コメントの削除] をクリックして削除することもできます。

Step 2 コメントが削除されたことを確認します。

> **ヒント**
> **すべてのコメントを削除するには**
> [校閲] タブの [削除] ボタンの▼をクリックするとオプションが表示され、現在表示している校閲者のコメントまたは文書内のすべてのコメントを削除することができます。

> **ヒント　コメントへの返答と完了**
> コメントに返答を追加することができます。コメント枠の右端の🗨をクリックするとコメント枠の中に自分の校閲者アイコンとカーソルが表示されるので、コメントへの返答を入力します。また、コメント枠を右クリックして [コメントを完了としてマーク] をクリックすると、そのコメント枠内が淡色表示され、対応が完了したコメントを区別することができます。

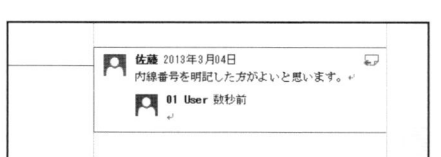

変更履歴の活用

複数の人の意見を取り入れて1つの文書を作成していくような場合、変更履歴機能を利用すると、執筆者と校閲者のお互いの意見を確認しながら効率よく作業を進めることができます。ここでは、変更履歴の記録や反映方法について学習しましょう。

変更履歴とは、文書を編集した箇所やその内容を記録したものです。記録した情報は、反映したり元に戻したりすることができます。

■ 変更履歴の記録手順

変更履歴の操作は [校閲] タブの [変更履歴] グループと [変更箇所] グループの各ボタンを使用します。

①変更履歴の記録開始
　[変更履歴] グループの [変更履歴の記録] ボタンをクリックします。[変更履歴の記録] ボタンの背景色が水色に変わり、変更履歴の記録モードになります。

②文書の編集
　文字列の挿入や削除、書式設定など、通常どおり文書を編集します。変更履歴情報が色や記号、吹き出しなどで文書内に表示されます。どこに、だれが、いつ、どのような編集を行ったかが記録されます。

③変更履歴の記録終了
　[変更履歴] グループの [変更履歴の記録] ボタンをクリックします。[変更履歴の記録] ボタンの背景色が白に変わり、変更履歴の記録モードが解除されます。

④変更履歴の反映
　[変更箇所] グループの [承諾] / [元に戻す] ボタンを使用して、記録された変更履歴情報を承諾したり元に戻したりします。[次へ] / [前へ] ボタンを使用して変更履歴情報が記録されている箇所へジャンプしながら操作すると便利です。

その他、[変更履歴] グループの [変更内容の表示] から、初版(変更前の文書)や履歴情報を反映した後の文書に表示を切り替えることができます。また、[変更履歴とコメントの表示] ボタンを使用すると、履歴情報を本文中に表示するか吹き出しとして表示するかを設定できます。

変更履歴の記録

文書の変更履歴を記録しましょう。

操作 ☞ 変更履歴を記録する

変更履歴の記録モードをオンにして、次のように文書を変更しましょう。

変更箇所	変更内容	履歴の種類
17行目	「USB」の後に「メモリ」を追加する	挿入
21行目	「15」を「20」に変更する	削除・挿入
23行目	「運用」を「改定」に変更する	削除・挿入
23行目	「総務部」の後に「(内線1234)」を追加する	挿入
17～18行目	「また、会社で～使用してはならない。」を太字に設定する	書式変更

Step 1
変更履歴の記録モードをオンに設定します。

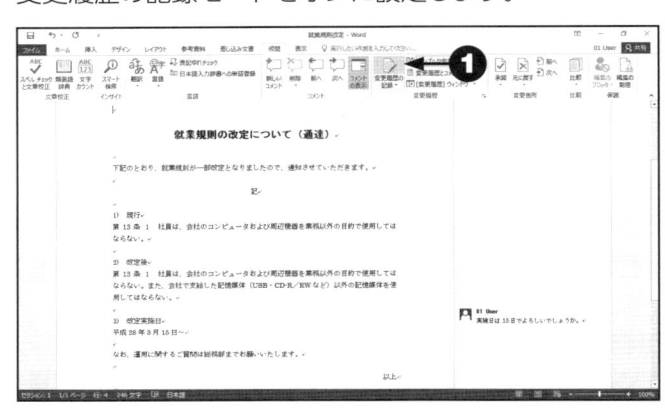

❶ [校閲] タブの [変更履歴の記録] ボタンの上部をクリックします。

❷ [変更履歴の記録] ボタンの背景色が水色に変わったことを確認します。

ヒント 変更記録のロック
[変更履歴の記録] ボタンの▼をクリックし、[変更履歴のロック] をクリックすると、他の作成者が変更履歴をオフにできないようにパスワードを設定できます。

Step 2
17行目の「USB」の後に「メモリ」を追加します。

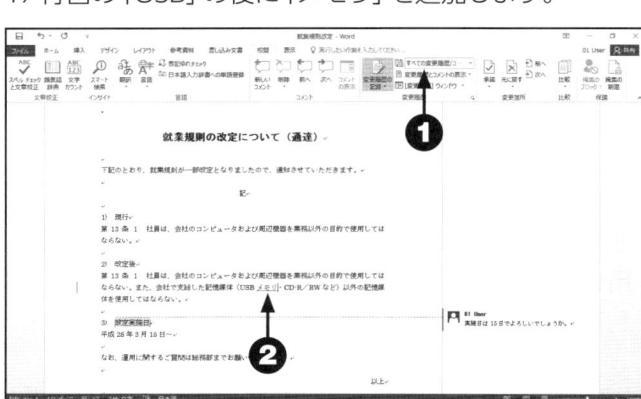

❶ [変更内容の表示] の▼をクリックして [すべての変更履歴/コメント] をクリックします。

❷ 17行目の「USB」の後に「メモリ」と入力します。

❸ 追加した文字列「メモリ」に色と下線が設定されたことを確認します。

ヒント 変更履歴の表示
[すべての変更履歴/コメント] を選択すると、初期設定では次のように表示されます。
書式設定:吹き出しに変更内容が表示される
挿入:挿入した文字が下線付きで表示される
削除:削除した文字に取り消し線が表示される
[シンプルな変更履歴/コメント] の場合は変更した行の左に縦線のみが表示され、縦線をクリックすると [すべての変更履歴/コメント] と相互に切り替わります。

Step 3 21行目の「15」を「20」に変更します。

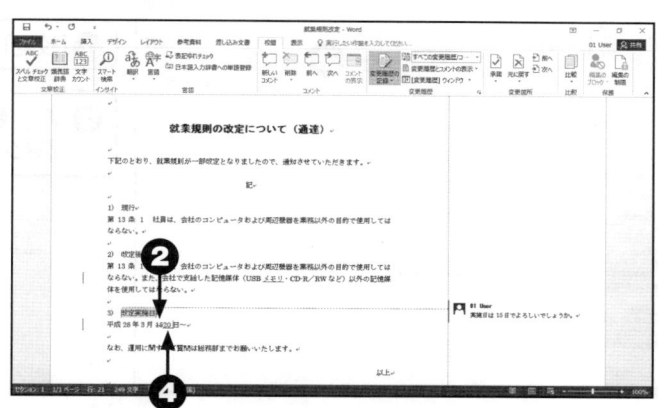

❶21行目の「15」を削除します。

❷削除した「15」に取り消し線が表示されたことを確認します。

❸「20」と入力します。

❹入力した「20」に色と下線が設定されたことを確認します。

Step 4 同様に23行目を編集します。

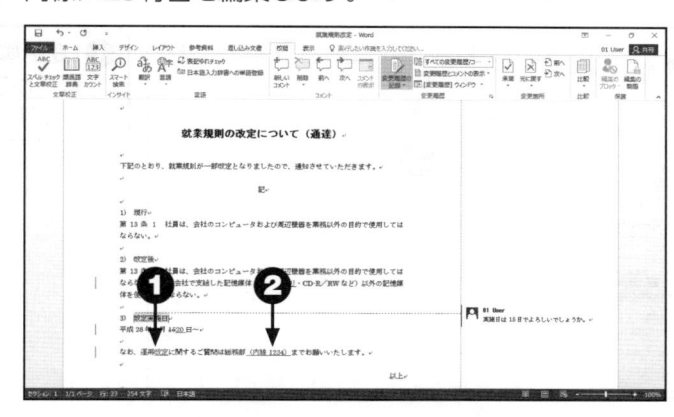

❶「運用」を「改定」に変更します。

❷「総務部」の後に「(内線1234)」を追加します。

Step 5 17～18行目の「また、会社で～使用してはならない。」を太字に設定します。

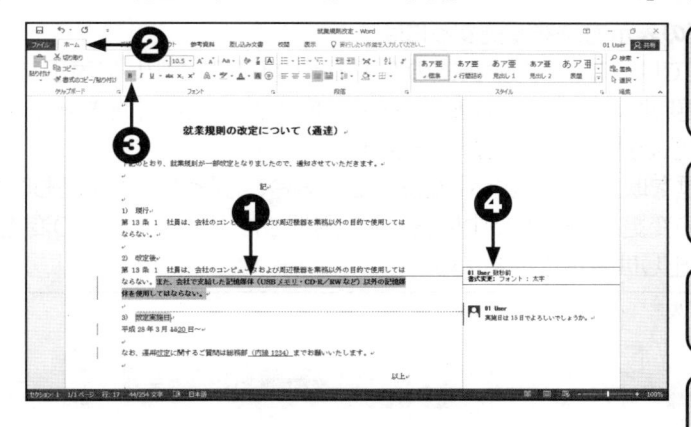

❶17～18行目の「また、会社で～使用してはならない。」を選択します。

❷[ホーム]タブをクリックします。

❸[太字]ボタンをクリックします。

❹「書式変更：フォント：太字」と吹き出しが表示されたことを確認します。

第 5 章　グループ作業で役立つ機能　*153*

Step 6 変更履歴の記録モードをオフにします。

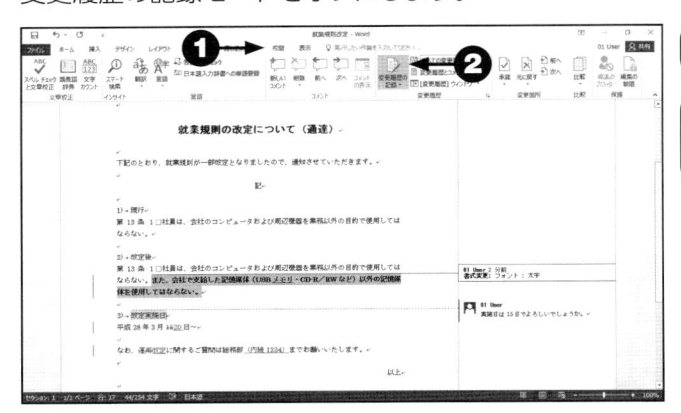

❶ [校閲] タブをクリックします。

❷ [変更履歴の記録] ボタンの上部をクリックします。

Step 7 変更履歴の記録モードがオフになったことを確認します。

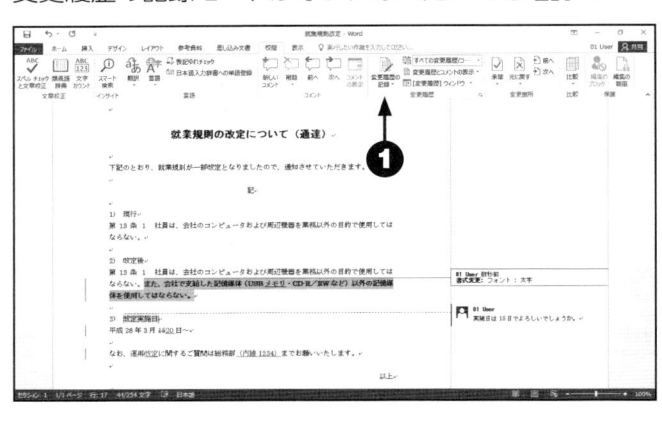

❶ [変更履歴の記録] ボタンの背景色が白に変わったことを確認します。

> 💡 **ヒント**
> **変更履歴に表示される校閲者名**
> 変更履歴が記録された箇所をポイントすると表示される校閲者名はOfficeのユーザー名です。
> Officeのユーザー名を確認または変更する方法については、この章のヒント「コメント枠に表示される校閲者名」を参照してください。

> 💡 **ヒント**
> **変更履歴の表示方法を変更するには**
> 初期設定では、コメントや書式の変更履歴のみを吹き出しに表示するように設定されています。[変更履歴とコメントの表示] ボタンをクリックして [吹き出し] をポイントし、変更履歴の表示方法を選択することができます。
> [変更履歴を吹き出しに表示] を選択した場合、削除の変更履歴も吹き出しに表示されます。[すべての変更履歴を本文中に表示] を選択した場合、すべての変更履歴が本文中に表示され、吹き出しは表示されません。

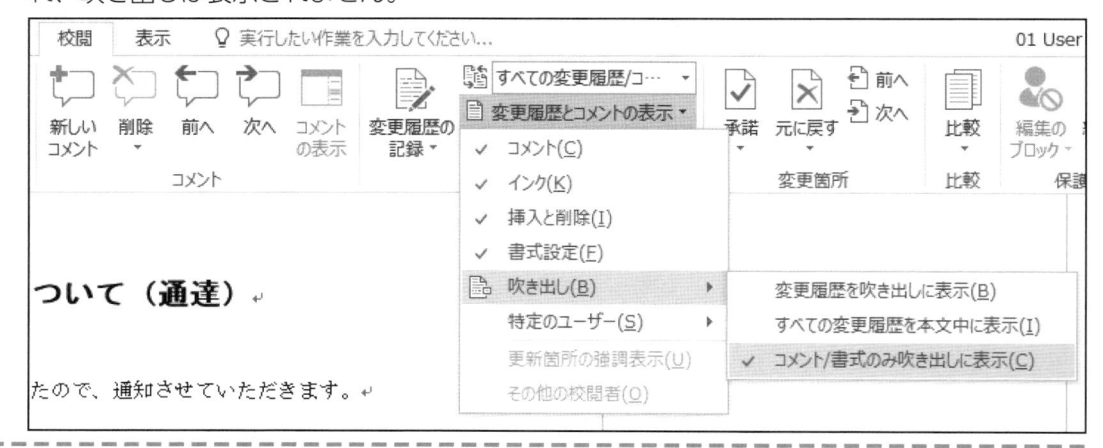

ヒント　変更履歴の表示内容を変更するには

表示する変更履歴の種類は、[変更履歴とコメントの表示] ボタンをクリックしてチェックのオン／オフを切り替えることで選択できます。

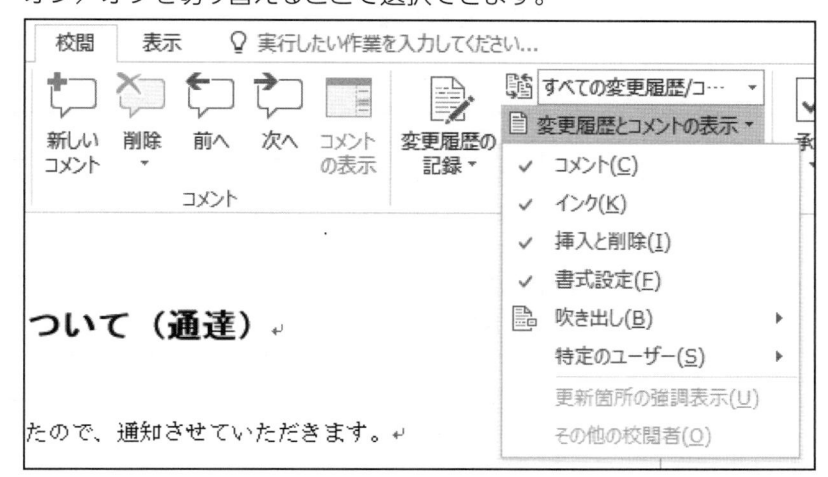

ヒント　変更履歴を一覧表示するには

[[変更履歴] ウィンドウ] ボタンの▼をクリックして [縦長の [変更履歴] ウィンドウを表示] を選択すると、ウィンドウの左側に [変更履歴] ウィンドウが表示されます。[横長の [変更履歴] ウィンドウを表示] を選択した場合は、ウィンドウの下部に表示されます。[変更履歴] ウィンドウには文書に記録されたすべての変更履歴やコメントが一覧で表示されます。

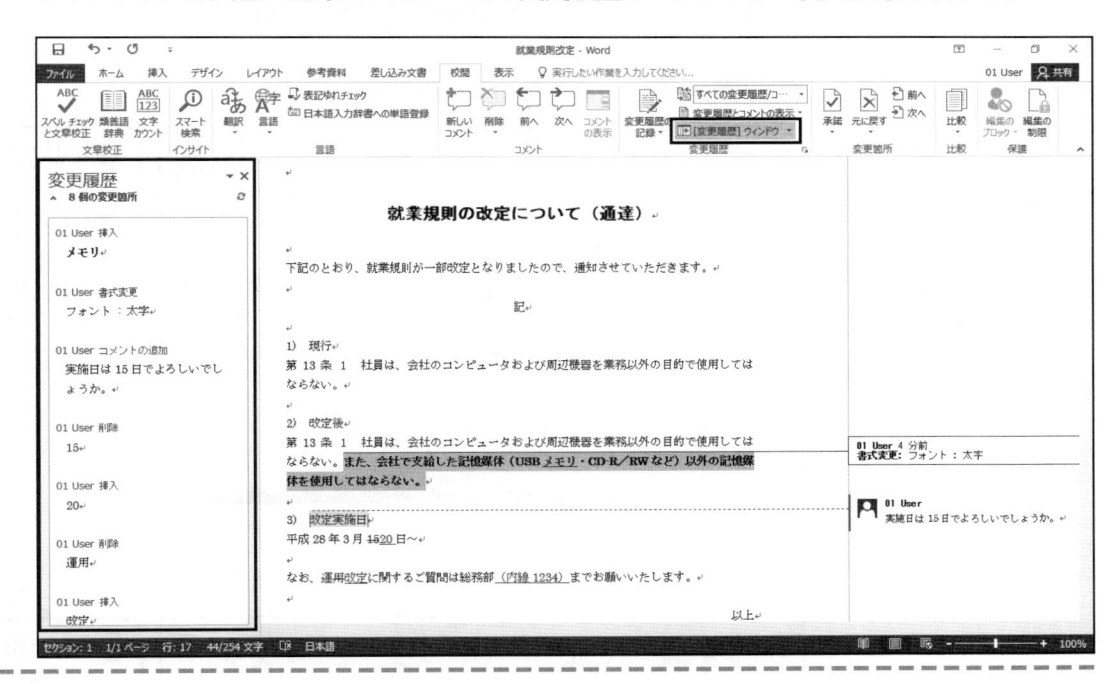

第 5 章　グループ作業で役立つ機能

変更履歴の確認と反映

記録された変更履歴の内容を確認し、文書に反映しましょう。

記録された変更履歴情報は、承諾して変更を文書に反映させることも、変更を取り消して元に戻すこともできます。[校閲] タブの [変更箇所] グループの各ボタンを使用して、現在のカーソル位置から前後の変更箇所やコメントに移動し、選択している変更履歴の内容を承諾または元に戻すことや、文書内のすべての変更を一度に承諾または元に戻すことができます。

操作☞ 変更履歴を承諾または元に戻す

文書に記録されている変更履歴を承諾または元に戻しましょう。

Step 1 変更履歴が記録された箇所に移動します。

❶ 文書の先頭にカーソルを移動します。

❷ [校閲] タブの [変更箇所] グループにある [次へ] ボタンをクリックします。

Step 2 17～18行目「また、会社で～」の変更履歴を承諾します。

❶ 17～18行目「また、会社で～」が選択されたことを確認します。

❷ [校閲] タブの [承諾] ボタンの上部をクリックします。

💡 ヒント
すべての変更を反映
[承諾] ボタンの▼をクリックするとオプションが表示され、すべての変更を一度に反映することができます。

Step 3 17～18行目の書式変更内容が承諾され、次の変更箇所にカーソルが移動します。

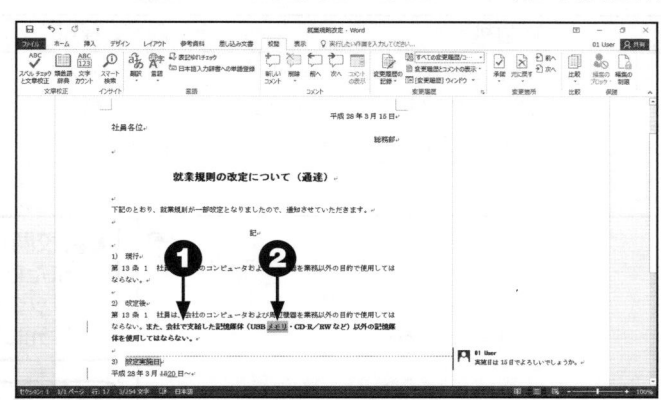

❶ 17～18行目「また、会社で～」の書式が太字に設定され、吹き出しが非表示になったことを確認します。

❷ 17行目「メモリ」が選択されたことを確認します。

Step 4 17行目「メモリ」の変更履歴を承諾します。

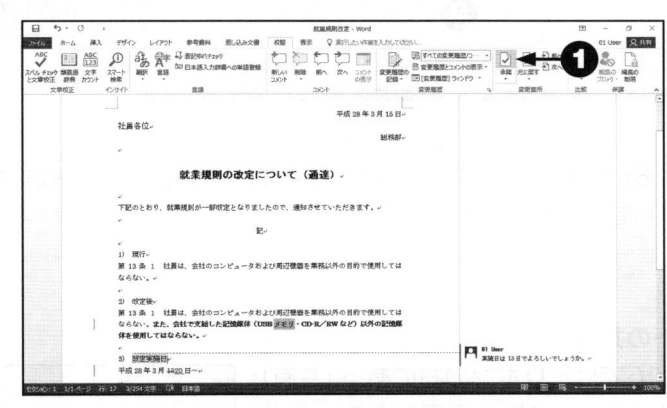

❶ [校閲] タブの [承諾] ボタンの上部をクリックします。

Step 5 20行目に挿入されたコメントを削除します。

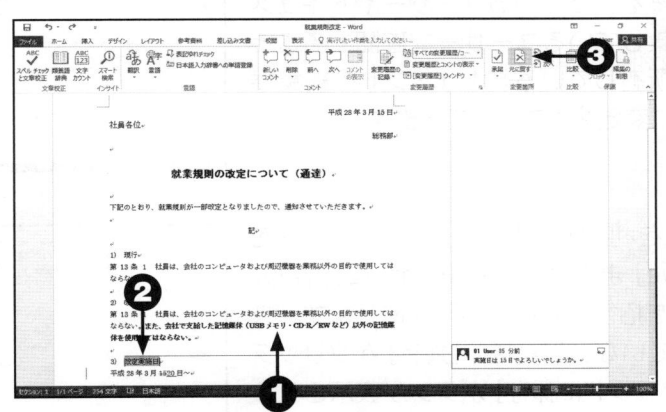

❶「メモリ」の下線が解除されたことを確認します。

❷ 20行目のコメントにジャンプしたことを確認します。

❸ [校閲] タブの [元に戻す] ボタンの上部をクリックします。

第 5 章　グループ作業で役立つ機能

Step 6 同様に、次のように変更履歴を承諾または元に戻します。

変更箇所	変更内容	履歴の種類	最終判断
21行目	「15」を削除、「20」を追加	削除・挿入	承諾
23行目	「運用」を削除、「改定」を追加	削除・挿入	元に戻す
23行目	「(内線1234)」を追加	挿入	承諾

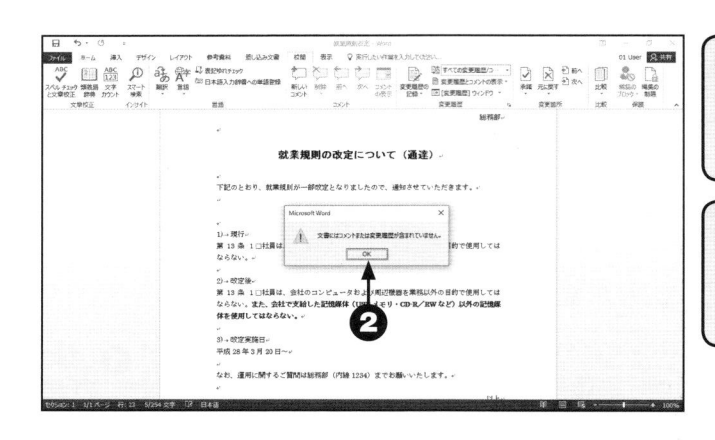

❶ [校閲] タブの [承諾] ボタンまたは [元に戻す] ボタンをクリックして変更履歴を承諾または元に戻します。

❷ 「文書にはコメントまたは変更履歴が含まれていません。」というメッセージが表示されたら [OK] をクリックします。

Step 7 [Word2016応用] フォルダーの中の [保存用] フォルダーに「就業規則改定」というファイル名で保存して文書を閉じます。

ヒント ドキュメントの共有

Office 2016では、リボンの右にある [共有] をクリックすると、Office画面から簡単にドキュメントを共有できます。ドキュメントのアクセス権を持っているユーザーやドキュメントを編集しているユーザーを確認することができ、所有しているドキュメントの編集権限を個々に変更することができます。

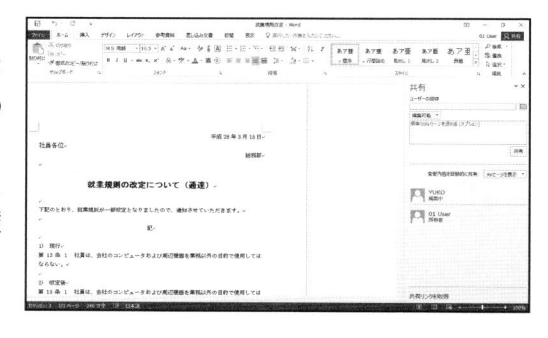

共有機能を利用するには、ドキュメントを「OneDrive」または「SharePoint」に保存し、ユーザーを招待しておく必要があります。まだ保存していない場合は、[共有] をクリックすると [クラウドに保存] ボタンが表示されるので、クリックしてクラウド上の保存場所を指定します。

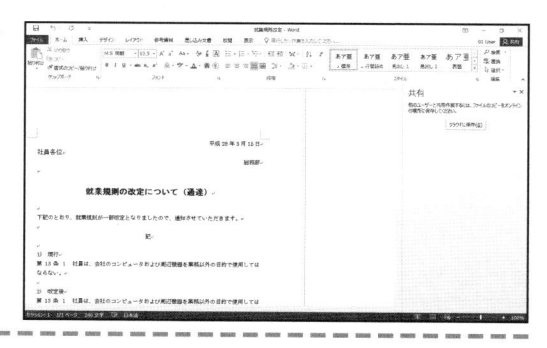

ヒント リアルタイム入力

1つのドキュメントを他のユーザーと共同で編集しているときに、他のユーザーの作業場所と編集内容をリアルタイムで確認できます。なお、リアルタイム入力を利用するにはドキュメントを「OneDrive for Business」に保存し、他のユーザーを招待しておく必要があります。

文書の比較

比較機能を利用すると、2つの文書間で文章や書式の相違点を確認することができます。ここでは、文書を比較する方法について学習します。

■ 比較機能とは
1つの文書内で編集前後の相違点を確認できるのが[変更履歴]機能であるのに対し、変更履歴が記録されているかどうかに関係なく2つの文書を比較し、文章や書式の相違点を確認できるのが[比較]機能です。

■ 比較方法
比較結果を確認する方法には、[比較]と[組み込み]があります。

比較	比較対象の文書に変更履歴が含まれる場合、変更履歴をすべて承諾した最終版の文書として比較する
組み込み	それぞれの文書に記録された複数の校閲者の変更履歴情報を1つの文書にまとめたいような場合に、変更履歴情報を残したまま比較する

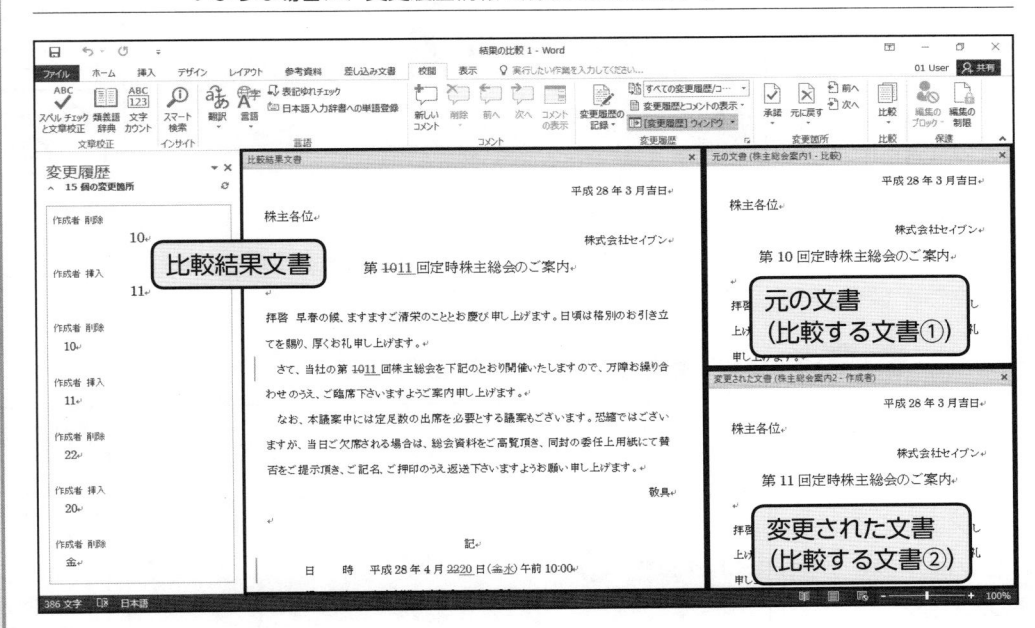

■ 比較結果の反映
比較した結果の相違点は、変更履歴情報として[比較結果文書]に挿入されます。通常の変更履歴を承諾したり元に戻したりするのと同様に、[校閲]タブの[変更箇所]グループの各ボタンを使用して操作できます。

第5章 グループ作業で役立つ機能

操作 2つの文書の比較結果を表示する

[Word2016応用] フォルダーの中にある2つの文書「株主総会案内1」と「株主総会案内2」を比較し、比較結果を確認しましょう。

Step 1
[文書の比較] ダイアログボックスを開きます。

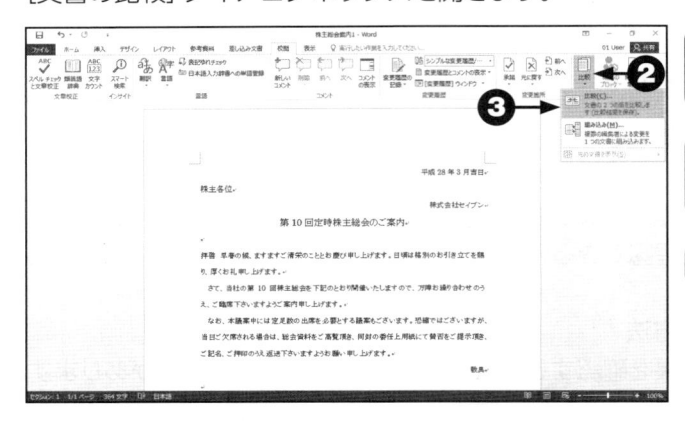

❶ ファイル「株主総会案内1」を開きます。

❷ [校閲] タブの [比較] ボタンをクリックします。

❸ [比較] をクリックします。

Step 2
比較する元の文書を指定します。

💡 **ヒント**
比較する文書の指定
比較対象となる文書が既に開かれている場合や最近使用した文書の場合には、[元の文書] ボックスや [変更された文書] ボックスの▼をクリックして一覧から選択することができます。

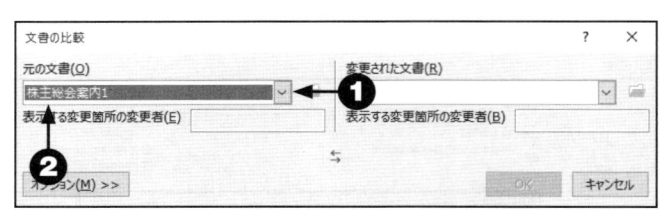

❶ [元の文書] ボックスの▼をクリックします。

❷ 一覧から「株主総会案内1」を選択します。

Step 3
比較する変更された文書を指定します。

💡 **ヒント**
文書の入れ替え
[文書の比較] ダイアログボックスで [文書の入れ替え] ボタンをクリックすると、[元の文書] ボックスと [変更された文書] ボックスの文書を入れ替えることができます。

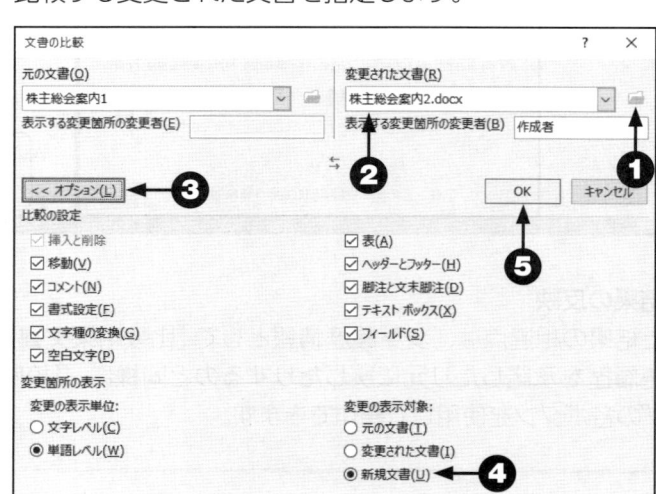

❶ [変更された文書] ボックス右の ボタンをクリックします。

❷ [ファイルを開く] ダイアログボックスでファイル「株主総会案内2」を開きます。

❸ [オプション] をクリックします。

❹ [変更の表示対象] で [新規文書] が選択されていることを確認します。

❺ [OK] をクリックします。

Step 4 比較結果を確認します。

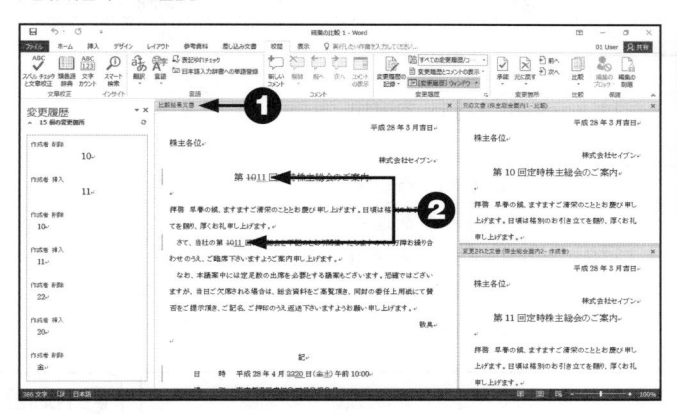

❶ [比較結果文書] が表示されます。

❷ 相違点が変更履歴として挿入されていることを確認します。

Step 5 比較結果文書を [Word2016応用] フォルダーの中の [保存用] フォルダーに「株主総会案内最終版」というファイル名で保存します。

操作 👉 比較結果を承諾または元に戻す

Step 1 変更履歴が記録された箇所に移動します。

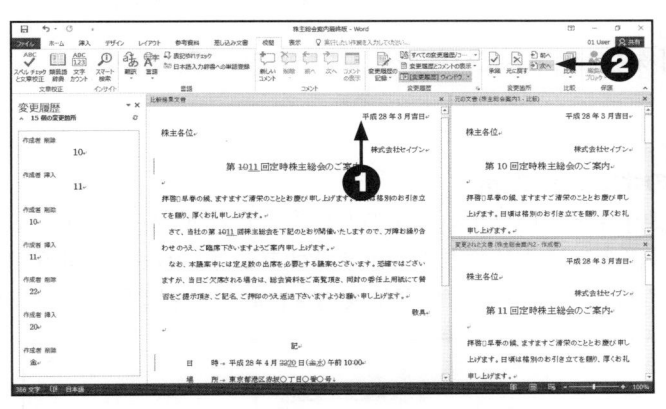

❶ 比較結果文書の先頭にカーソルを移動します。

❷ [校閲] タブの [変更箇所] グループにある [次へ] ボタンをクリックします。

Step 2 4行目「10」を削除した変更履歴を承諾します。

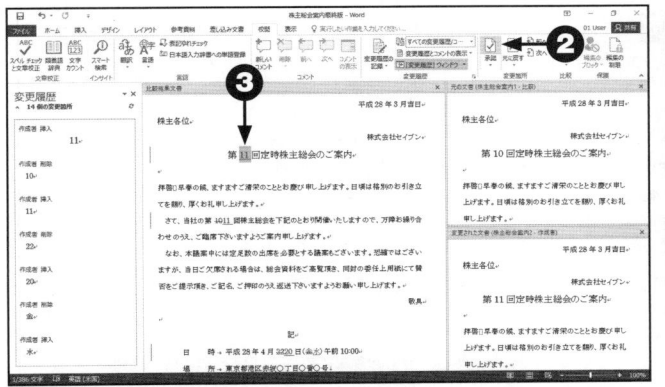

❶ 4行目「10」が選択されたことを確認します。

❷ [校閲] タブの [承諾] ボタンの上部をクリックします。

❸ 「10」が削除され、「11」が選択されたことを確認します。

第 5 章　グループ作業で役立つ機能

Step 3 同様に、次のように変更履歴を承認または元に戻します。

位置	履歴内容	操作
4行目	「11」を追加	承諾
8行目	「10」を削除、「11」を追加	承諾
16行目	「22」を削除、「20」を追加	承諾
16行目	「金」を削除、「水」を追加	承諾
18行目	「4F」を削除、「7F」を追加	元に戻す
19行目	「10」を削除、「11」を追加	承諾
21行目	「2」を削除、「3」を追加	元に戻す
22行目	「第3議案　取締役および～」の追加	承諾

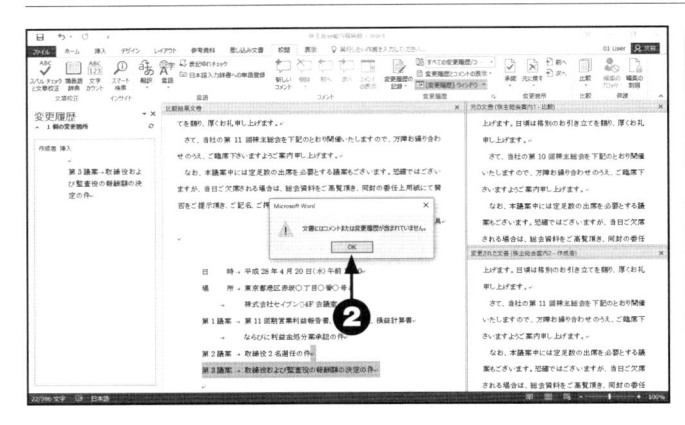

❶ [校閲] タブの [承諾] ボタンまたは [元に戻す] ボタンをクリックして承諾または元に戻します。

❷ 「文書にはコメントまたは変更履歴が含まれていません。」というメッセージが表示されたら [OK] をクリックします。

Step 4 ファイル「株主総会案内最終版」を上書き保存して閉じます。

ヒント　比較対象のオプション設定

[文書の比較] ダイアログボックスの [オプション] ボタンをクリックすると、比較する情報の種類や比較後の表示方法などを設定するオプションの一覧が表示され、変更することができます。設定を変更した場合、以降に文書を比較する際の既定のオプションになります。

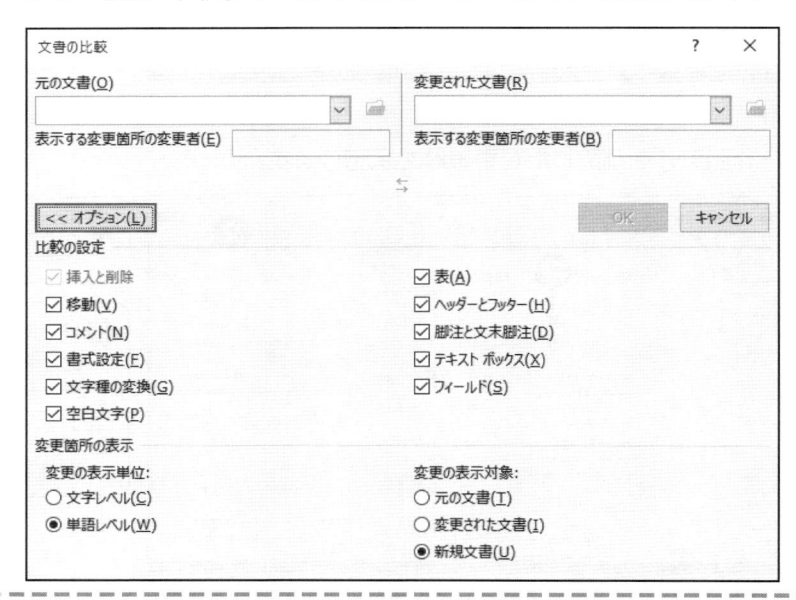

> **ヒント　比較結果の表示**
>
> [校閲] タブの [比較] ボタンをクリックして [元の文書を表示] をクリックすると、比較結果文書の他に表示する文書を [比較元の文書を表示しない]、[元の文書の表示]、[変更された文書の表示]、[両方の文書を表示] から選択することができます。初期設定は [両方の文書を表示] です。

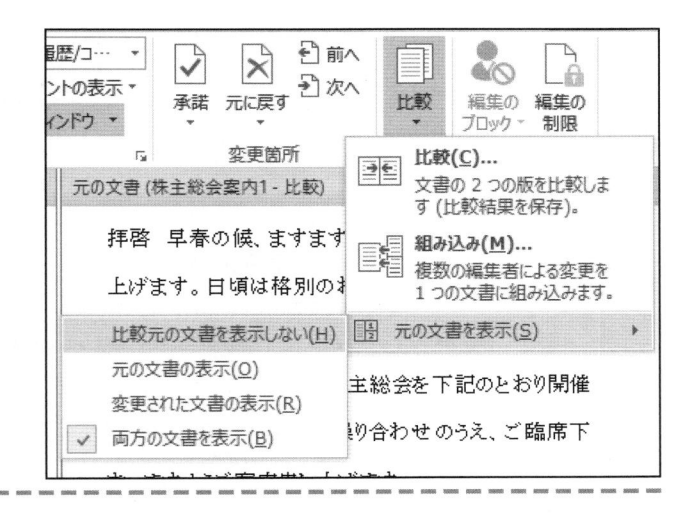

この章の確認

- ☐ コメントを挿入/削除できますか？
- ☐ 変更履歴を記録できますか？
- ☐ 変更履歴を承諾または元に戻せますか？
- ☐ 2つの文書を比較し、比較結果を確認できますか？
- ☐ 比較結果を文書に反映できますか？

復習問題　問題 5-1

コメントを挿入/削除しましょう。変更履歴の記録をオンにして文書を編集しましょう。

1. [Word2016応用] フォルダーの中の [復習問題] フォルダーから、ファイル「復習5-1　移転案内」を開きましょう。

2. [すべての変更履歴/コメント] の表示形式でコメントを表示し、11行目の「28日（月）」に「22日（火）に変更しますか？」というコメントを挿入しましょう。

3. 19行目に挿入されているコメントを削除しましょう。

4. 変更履歴の記録をオンにした状態で、次のように文書を編集しましょう。編集後、変更履歴の記録をオフにしましょう。

6行目	「移転のお知らせ」の前に「本社」を追加する
16行目	「新本社概要」を太字に設定する
23行目	「18：00」を「18：30」に変更する

5. [Word2016応用] フォルダーの中の [保存用] フォルダーに、「復習5-1　移転案内」という名前でファイルを保存しましょう。

6. 「復習5-1　移転案内」を閉じましょう。

完成例

```
                                        平成28年3月1日
お客様各位
                              NBPサービス株式会社
                              代表取締役□中島□将司

              本社移転のお知らせ

拝啓□時下ますますご清祥のこととお慶び申し上げます。平素は格別のご高配を賜
り、厚く御礼申し上げます。

　さて、このたび、当社では業務拡張ならびに人員の増大に伴いまして、本社機構を
移転し、3月28日（月）より新オフィスでの営業を開始することとなりました。

　これを機に、社員一同、ますます社業に精励する所存でございますので、どうか倍
旧のご支援ご鞭撻のほどをよろしくお願いいたします。

　まずは略儀ながら書中にてお知らせかたがたご挨拶申し上げます。

                                              敬具

新本社概要

   ■→郵 便 番 号：〒100-××××
   ■→所　在　地：千代田区内幸町×-××□千代田ビル3F
   ■→電 話 番 号：03-××××-××××
   ■→ＦＡＸ番号：03-××××-××××
   ■→移　転　日：平成28年3月28日（月）
   ■→営 業 時 間：9：00～18：0030
```

作成者: 22日（火）に変更しますか？

作成者
書式変更：フォント：太字

復習問題 問題 5-2

記録された変更履歴を文書に反映しましょう。また、文書を比較し、比較結果を確認しましょう。

1. ［Word2016応用］フォルダーの中の［復習問題］フォルダーから、ファイル「復習5-2　移転案内」を開きましょう。

2. 記録された変更履歴を次のように承諾または元に戻しましょう。

変更箇所	変更内容	最終判断
4行目	「中島」を削除、「中嶋」を追加	承諾
6行目	「本社」を追加	承諾
11行目	コメント	元に戻す
16行目	「新本社概要」のフォントを太字に設定	承諾
19行目	「3」を削除、「4」を追加	元に戻す
23行目	「00」を削除、「30」を追加	承諾

3. ［Word2016応用］フォルダーの中の［保存用］フォルダーに、「復習5-2　移転案内」という名前でファイルを保存しましょう。

4. 保存した文書「復習5-2　移転案内」と［復習問題］フォルダーにあるファイル「復習5-2　移転案内　比較文書」を比較し、比較結果を確認しましょう。

5. 比較結果の文書を［保存用］フォルダーに「復習5-2　移転案内　比較結果」という名前で保存しましょう。

6. ファイル「復習5-2　移転案内」と「復習5-2　移転案内　比較結果」を閉じましょう。

完成例（「復習5-2　移転案内」）

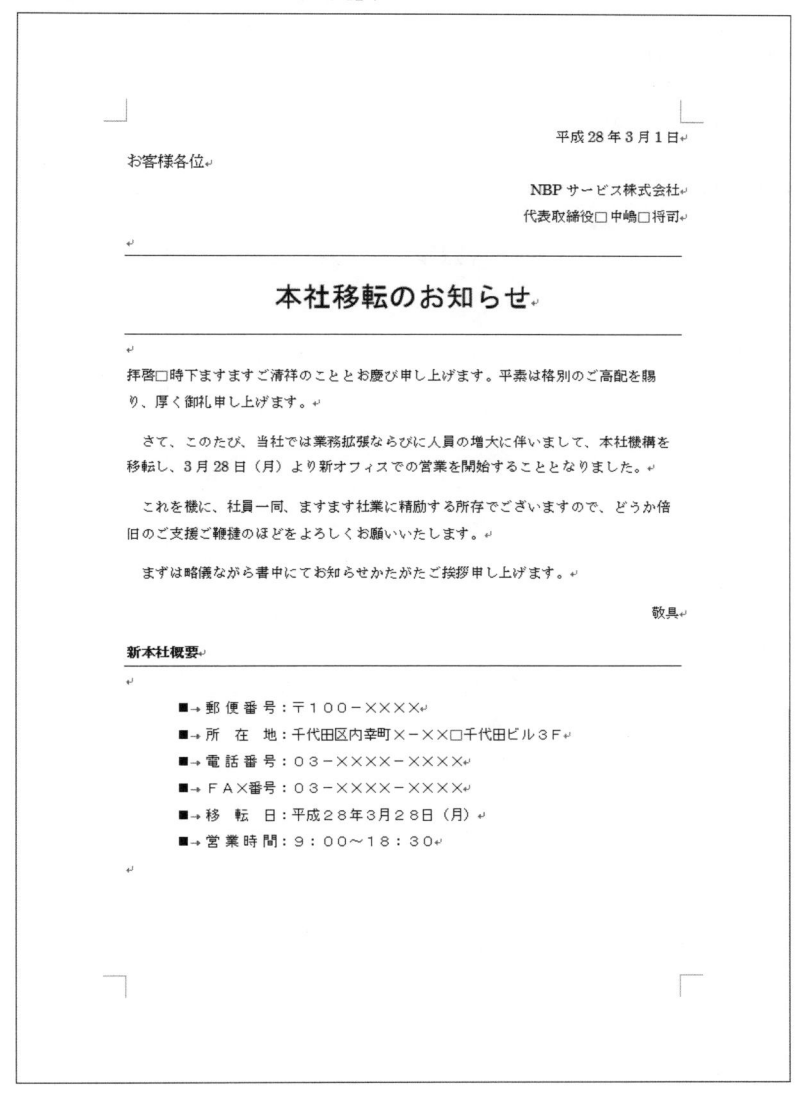

平成28年3月1日

お客様各位

NBPサービス株式会社
代表取締役□中嶋□将司

本社移転のお知らせ

　拝啓□時下ますますご清祥のこととお慶び申し上げます。平素は格別のご高配を賜り、厚く御礼申し上げます。

　さて、このたび、当社では業務拡張ならびに人員の増大に伴いまして、本社機構を移転し、3月28日（月）より新オフィスでの営業を開始することとなりました。

　これを機に、社員一同、ますます社業に精励する所存でございますので、どうか倍旧のご支援ご鞭撻のほどをよろしくお願いいたします。

　まずは略儀ながら書中にてお知らせかたがたご挨拶申し上げます。

敬具

新本社概要

- ■→郵 便 番 号：〒100-××××
- ■→所　在　地：千代田区内幸町×-××□千代田ビル3F
- ■→電 話 番 号：03-××××-××××
- ■→FAX番 号：03-××××-××××
- ■→移　転　日：平成28年3月28日（月）
- ■→営 業 時 間：9:00～18:30

完成例（「復習5-2　移転案内　比較結果」）

平成28年3月1日

お客様各位

NBPサービス株式会社

代表取締役□中嶋中島□将司

本社移転のお知らせ

拝啓□時下ますますご清祥のこととお慶び申し上げます。平素は格別のご高配を賜り、厚く御礼申し上げます。

　さて、この⊇び、当社では業務拡張ならびに人員の増大に伴いまして、本社機構を移転し、3月⊇8日（月）より新オフィスでの営業を開始することとなりました。

　これを機に、社員一同、ますます社業に精励する所存でございますので、どうか倍旧のご支援ご鞭撻のほどをよろしくお願いいたします。

　まずは略儀ながら書中にてお知らせかたがたご挨拶申し上げます。

敬具

新本社概要

- ■→郵　便　番　号：〒100－××××
- ■→所　在　地：千代田区内幸町×－××□千代田ビル3F
- ■→電　話　番　号：03－××××－××××
- ■→ＦＡＸ番号：03－××××－××××
- ■→移　転　日：平成28年3月28日（月）
- ■→営　業　時　間：9：00～~~18：30~~18：00

作成者
書式変更：フォント：太字（なし）

第6章

文書の配布

■ 文書を配布する準備
■ セキュリティとデータの保護
■ 電子データとして配布

文書を配布する準備

文書を他の人に配布したり複数の人と共有したりする場合、相手がどのような環境でどのような用途で文書を利用するかを考慮したうえで、事前にさまざまな準備をすることが必要です。ここでは、文書の配布前に必要となる操作や設定について学習します。

印刷物やファックスなど紙の情報として文書を配布する場合と、電子データとして文書を配布する場合とでは、事前に考慮すべき点が異なります。

■ 電子データとして文書を配布する場合の考慮点

互換性の確認	文書を使用するアプリケーションのバージョンとの互換性をチェックする
編集制限の必要性を検討	文書を編集する場面や編集者の作業レベルを考慮し、最終版の作成、文書の保護の指定、パスワードの設定、PDF/XPS文書の作成などを行う
個人情報やプロパティの確認	第三者に公開できない個人情報や隠しプロパティなどを検出して削除するためにドキュメント検査を行う

■ [ファイル] タブの [情報]

[ファイル] タブの [情報] では、文書のプロパティ情報やアクセス許可の設定状況を確認できます。また、[文書の保護] や [問題のチェック] から、文書を配布する前に必要となる互換性のチェックや文書の保護設定などを行うことができます。

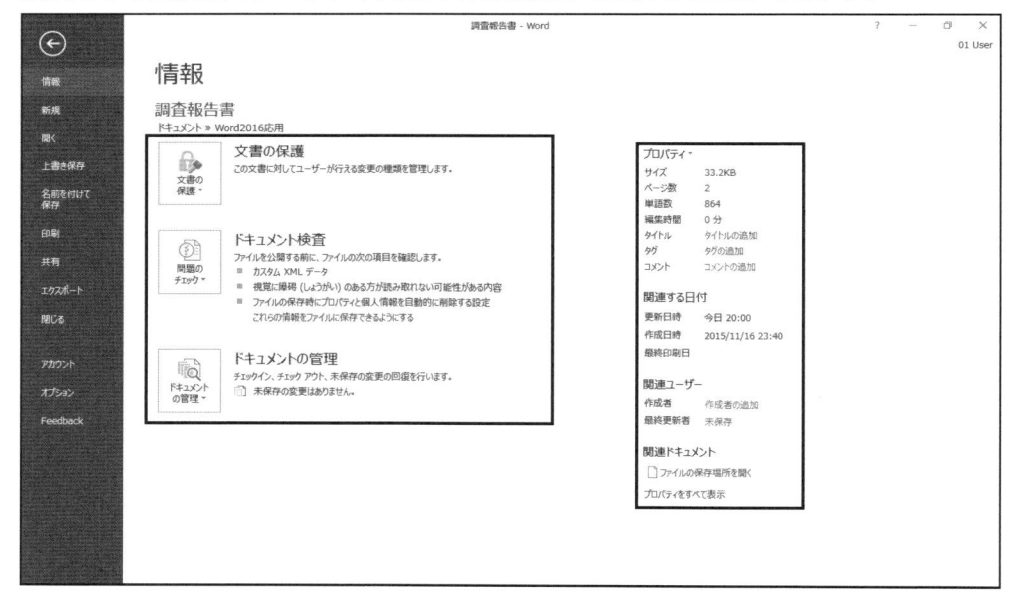

異なるバージョン間の互換性

文書内で以前のバージョンのWordではサポートされない機能を見つけるために「互換性チェック」を行いましょう。

操作 互換性チェック

[Word2016応用]フォルダーの中にあるファイル「調査報告書」を開き、以前のバージョンとの互換性をチェックしましょう。

Step 1　互換性チェックを実行します。

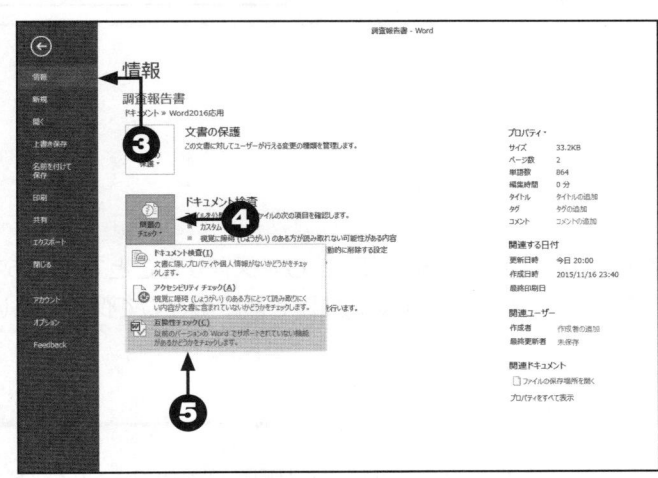

❶ファイル「調査報告書」を開きます。

❷[ファイル]タブをクリックします。

❸[情報]が選択されていることを確認します。

❹[問題のチェック]をクリックします。

❺[互換性チェック]をクリックします。

Step 2　互換性チェックの結果を確認します。

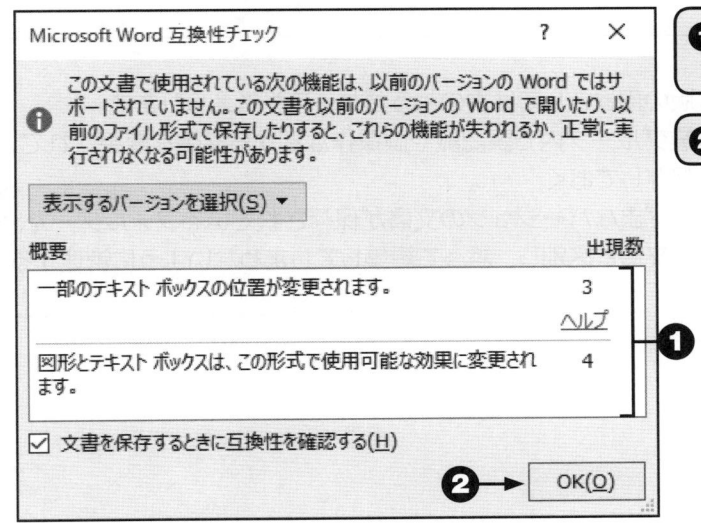

❶[概要]ボックス内に表示された結果を確認します。

❷[OK]をクリックします。

第6章　文書の配布　169

ヒント　互換性チェックの対象とするバージョン

互換性チェックでは、通常は [Word 97-2003]、[Word 2007]、[Word 2010] との互換性をチェックします。いずれかのバージョンについてのみ互換性チェックの結果を表示したい場合には、[Microsoft Word互換性チェック] ダイアログボックスの [表示するバージョンを選択] をクリックし、結果を表示する必要がないバージョンをオフにします。これにより、文書を共有する相手のバージョンに合わせた互換性チェックが行えます。

最終版にする

さまざまな校正作業を経て完成された文書は、[最終版] として保存することで、誤って変更してしまうことがないように読み取り専用の文書にすることができます。文書を最終版として保存しましょう。

最終版として保存された文書は読み取り専用で開かれ、ウィンドウ上部に文書が最終版であることを示すメッセージが表示されます。

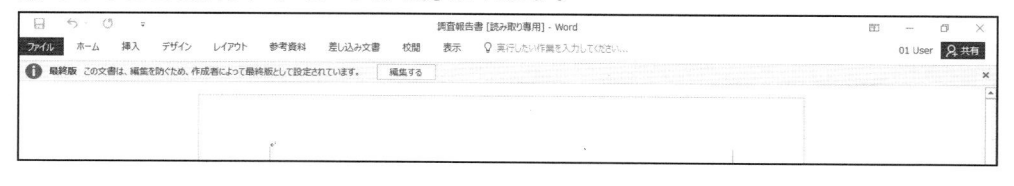

最終版の用途としては次のようなケースが考えられます。
- 作業グループ内で誤認識や誤操作などから文書を変更されてしまうことがないように保存しておく
- さまざまなバージョンの文書が保存されているフォルダーで、完成版の文書として他の文書と区別し、誤って編集してしまわないように管理する

操作 ☞ 文書を最終版にする

ファイル「調査報告書」を最終版として保存しましょう。

Step 1 文書を最終版にします。

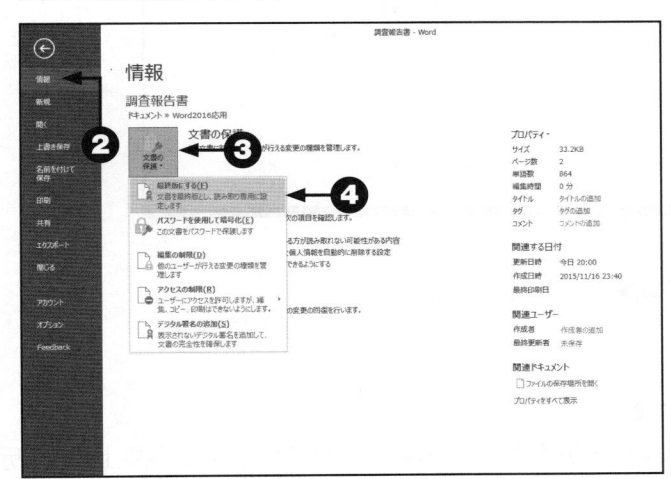

❶ [ファイル] タブをクリックします。

❷ [情報] が選択されていることを確認します。

❸ [文書の保護] をクリックします。

❹ [最終版にする] をクリックします。

Step 2 最終版として保存します。

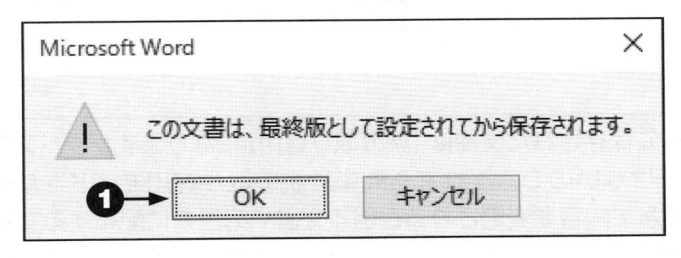

❶ [OK] をクリックします。

Step 3 最終版として設定されたことを知らせるメッセージを確認します。

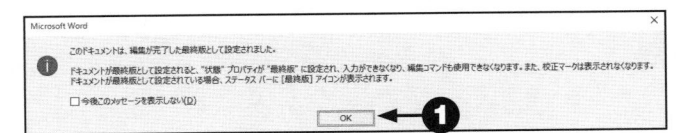

❶ [OK] をクリックします。

Step 4 [アクセス許可] のメッセージが変更されたことを確認します。

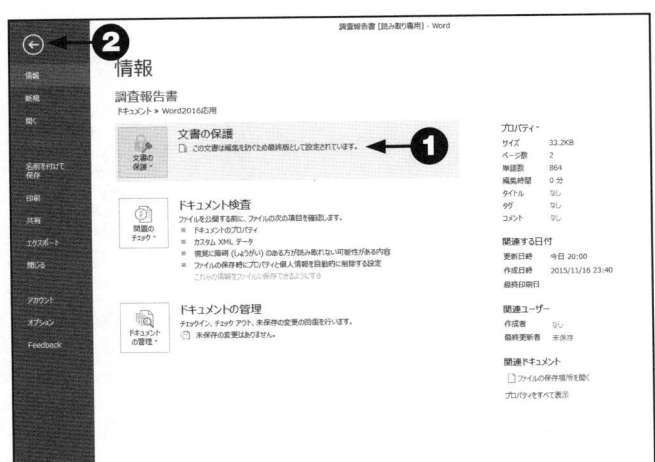

❶ [文書の保護] に「この文書は編集を防ぐため最終版として設定されています。」と表示されていることを確認します。

❷ ⬅ をクリックします。

第6章 文書の配布　171

Step 5 ウィンドウ上部にメッセージが表示されていることを確認します。

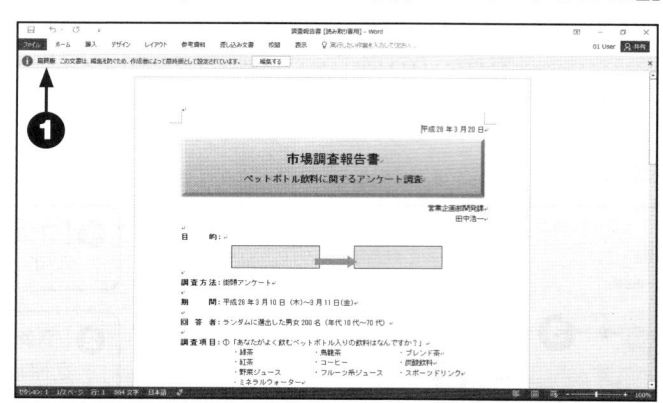

❶ウィンドウ上部に文書が最終版であることを示すメッセージが表示されていることを確認します。

Step 6 ファイル「調査報告書」を閉じます。

💡 ヒント　**最終版の解除**

最終版（読み取り専用モード）を解除するには、ウィンドウ上部に表示される文書が最終版であることを示すメッセージの右の［編集する］ボタンをクリックします。

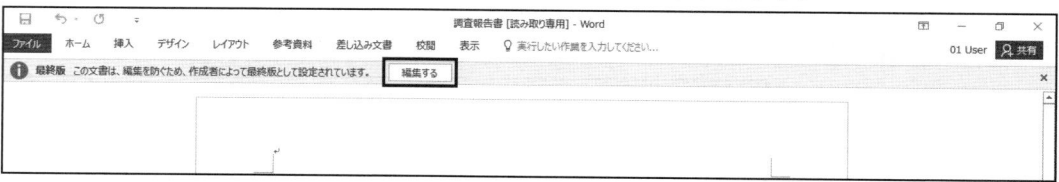

最終版として保存された文書は［読み取り専用］になりますが、パスワードによる制限などを行うわけではないので、だれでも簡単に読み取り専用モードを解除することができます。よって、故意に内容を変更されると困る文書や第三者に配布する文書について、保護の目的で最終版の機能を利用するのは適切ではありません。その場合は、文書にパスワードを設定して保護するとよいでしょう。

文書の保護

［文書の保護］とは、文書内の特定の箇所のみ編集を許可したり、ユーザーが行える作業を制限したりして、内容が変更されないようにすることです。文書に書式や編集の制限を加えて保護する方法について学習しましょう。

文書に書式や編集の制限を加えることで、レイアウトや書式の統一感を保ち、内容を誤って変更されないように管理することができます。次のような制限を設定することができます。

■ 書式の制限

【制限できる機能】
・利用可能なスタイルを制限する
・テーマやクイックスタイルセットの切り替えを禁止する

【書式の制限の利用例】
・使用するテーマを統一するために、テーマの変更を制限する
・グループ作業で分担して文書を作成するときなど、使用できるスタイルを制限して、あらかじめ定義したスタイル以外を使用できないようにする

■ 編集の制限

【ユーザーに許可する編集の種類】
・変更履歴
・コメント
・フォームへの入力
・変更不可（読み取り専用）

※［コメント］と［変更不可（読み取り専用）］のみ、範囲選択した箇所に例外を設定（編集や入力を許可）できる

【編集の制限の利用例】
・パスワードを知っている人のみ編集できるようにする
・契約書などで、本文以外の特定の箇所（社名や契約者名など）のみ入力できるようにする
・仕様書の編集時など、担当箇所のみ入力できるように設定し、誤って他の箇所を編集しないようにする
・アンケートの回答欄や申込書の入力欄のみ入力を有効にし、他の部分が削除されたり編集されたりしないようにする

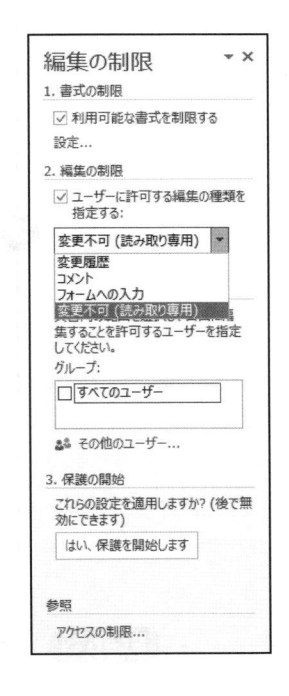

操作 ☞ 特定の箇所のみ書式なしで編集できるように文書を保護する

[Word2016応用] フォルダーの中にあるファイル「企画書」を開き、文書の表内の「×」で示されている箇所のみ [書式なし] で編集できるように、パスワード「123」を設定して文書を保護しましょう。

内容	活動期間：××××××～××××××
効果	売上：××％アップの見込み
費用	合計：××××万円

Step 1　[書式の制限] ダイアログボックスを開きます。

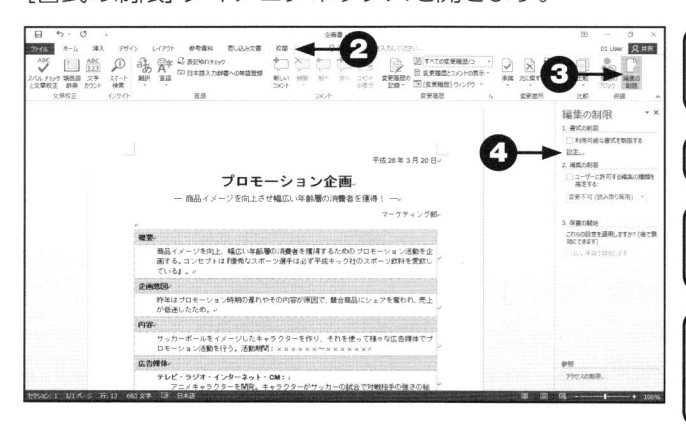

❶ ファイル「企画書」を開きます。

❷ [校閲] タブをクリックします。

❸ [編集の制限] ボタンをクリックします。

❹ [編集の制限] 作業ウィンドウの [1.書式の制限] にある [設定...] をクリックします。

Step 2　スタイルおよび書式の変更を無効にします。

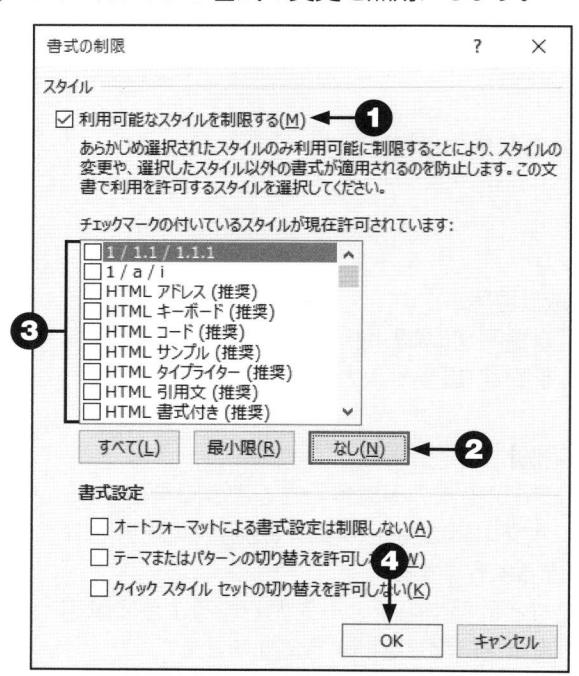

❶ [利用可能なスタイルを制限する] チェックボックスをオンにします。

❷ [なし] をクリックします。

❸ チェックボックスがすべてオフになったことを確認します。

❹ [OK] をクリックします。

Step 3　他の箇所に設定されているスタイルおよび書式は有効のままにします。

❶ [いいえ] をクリックします。

Step 4 表内の「×」で示されている箇所のみ編集が許可されるように設定します。

ヒント
ヒント見出し
離れた位置にある複数の文字列を同時に選択するときは、2ヶ所め以降の文字列を選択する際にCtrlキーを押しながらドラッグします。

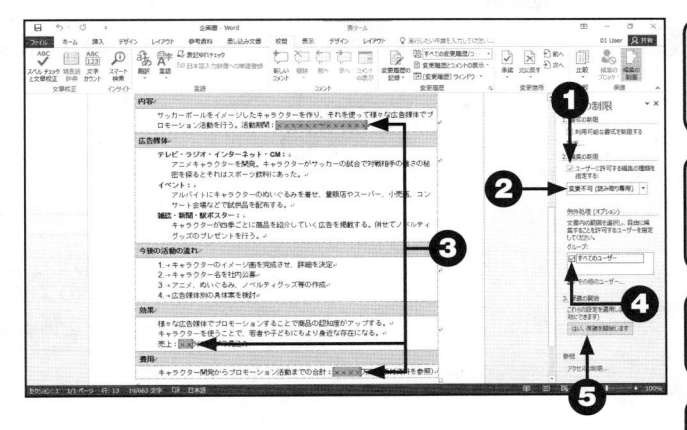

❶ [ユーザーに許可する編集の種類を指定する] チェックボックスをオンにします。

❷ [変更不可（読み取り専用）] が選択されていることを確認します。

❸ 表内の「×」で示されている3箇所を範囲選択します。

❹ [すべてのユーザー] のチェックボックスをオンにします。

❺ [はい、保護を開始します] をクリックします。

Step 5 パスワードに「123」を設定し、文書を保護します。

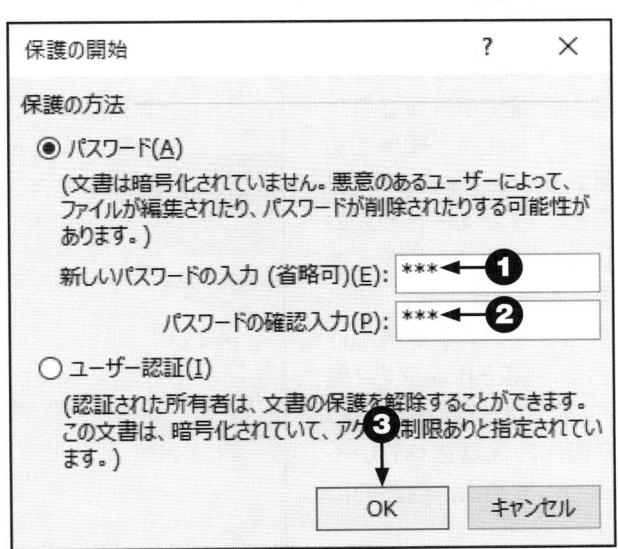

❶ [新しいパスワードの入力] ボックスに「123」と入力します。

❷ [パスワードの確認入力] ボックスに「123」と入力します。

❸ [OK] をクリックします。

Step 6 文書が保護されたことを確認します。

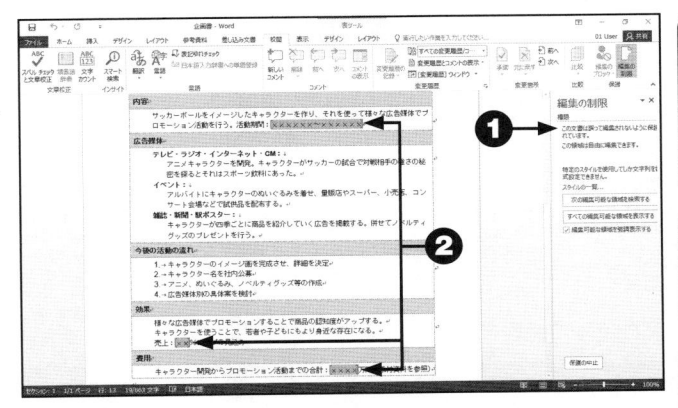

❶ [編集の制限] 作業ウィンドウに「この文書は誤って編集されないように保護されています。」と表示されたことを確認します。

❷ 編集を許可した文字列が [ ] で囲まれ、背景に色が付いたことを確認します。

❸ 編集を許可した以外の文字列を編集できないことを確認します。

第6章 文書の配布

Step 7 スタイルと書式の変更が制限されていることを確認します。

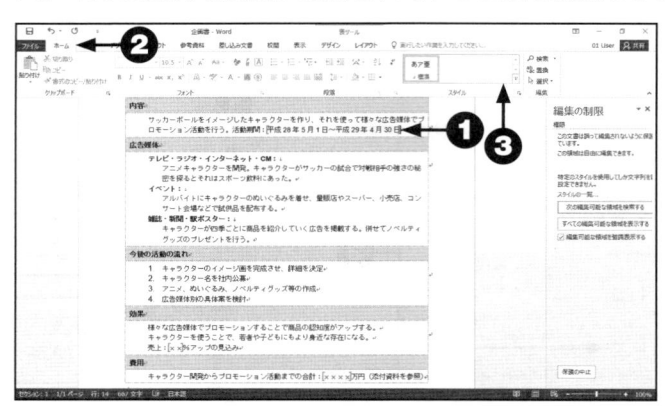

❶ [編集が許可されている箇所に任意の文字列を入力します。

❷ [ホーム] タブをクリックします。

❸ 入力した文字列を選択し、他のスタイルに変更できないことを確認します。

Step 8 [Word2016応用] フォルダーの中の [保存用] フォルダーに「企画書」というファイル名で保存して閉じます。

ヒント 保護された文書の編集と解除

[編集の制限] 作業ウィンドウの [次の編集可能な領域を検索する] をクリックすると、文書内の編集が許可された箇所が順にハイライトされ、編集することができます。また、[保護の中止] をクリックすると、パスワードの入力を求められ、正しいパスワードを入力することで保護を解除できます。
[編集の制限] 作業ウィンドウが表示されていない場合は、[校閲] タブの [編集の制限] ボタンをクリックして表示します。また、文書内の保護されている箇所を編集しようとすると、自動的に表示されます。

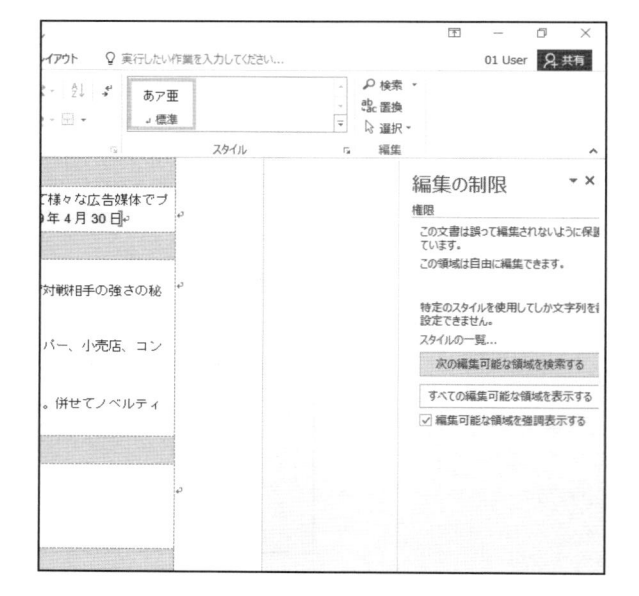

セキュリティとデータの保護

情報交換の媒体が紙から電子データになったことから、不正アクセスや情報漏洩などの危険性が高まっています。セキュリティを強化するために、文書内の情報を保護する機能は重要です。

ここでは、文書を暗号化して保護する機能や外部に公開するには不適切な情報を見つけ出すドキュメント検査機能について学習します。

■ 文書の暗号化

「パスワードを使用して暗号化」の機能を利用すると、文書を開くときにパスワードが必要になるだけでなく、文書全体が暗号化されます。特殊な方法を用いてファイルの内容を調べても、文書の内容を知られることはありません。

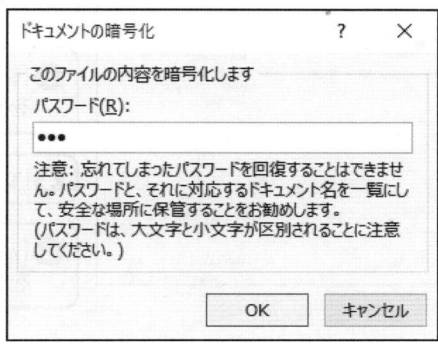

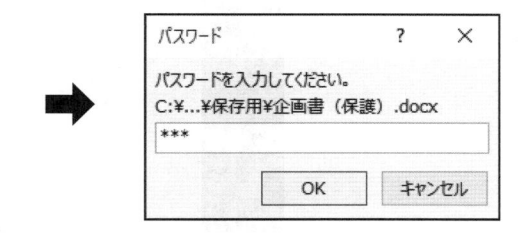

■ ドキュメント検査

「ドキュメント検査」機能を利用すると、文書内に含まれる第三者に公開したくない個人情報や文書に加えた変更履歴情報などを検査し、必要に応じて削除することができます。

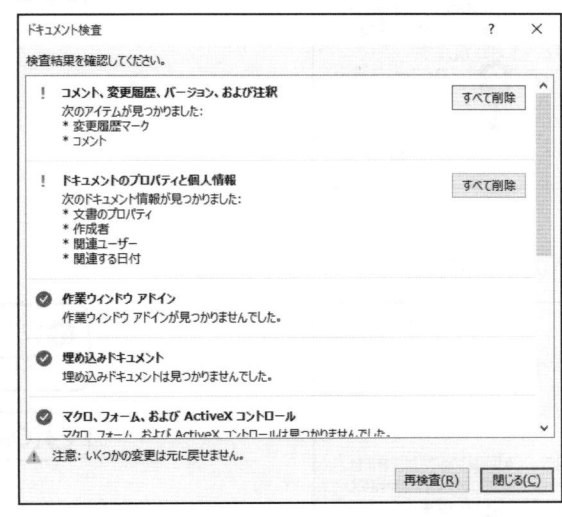

第6章 文書の配布

文書の暗号化

読み取りパスワードを指定し、文書を暗号化して保存しましょう。

操作 パスワードを使用して暗号化する

[Word2016応用] フォルダーの中にあるファイル「企画書（保護）」を開き、読み取りパスワード「456」を設定して文書を保護しましょう。

Step 1 [ドキュメントの暗号化] ダイアログボックスを開きます。

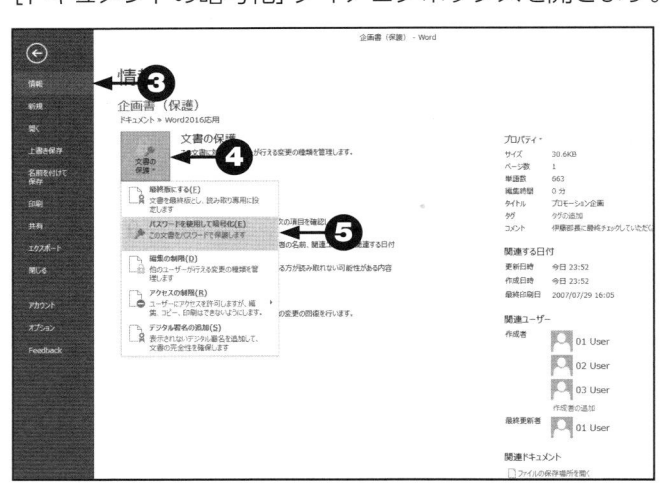

❶ファイル「企画書（保護）」を開きます。

❷[ファイル] タブをクリックします。

❸[情報] が選択されていることを確認します。

❹[文書の保護] をクリックします。

❺[パスワードを使用して暗号化] をクリックします。

Step 2 パスワードを入力します。

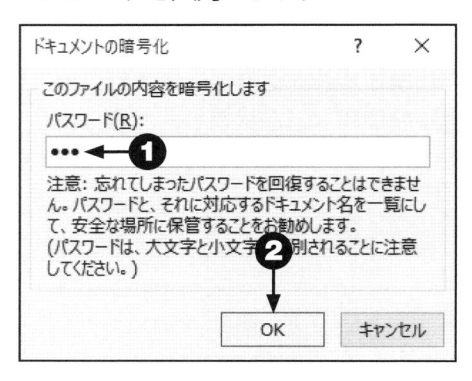

❶[パスワード] ボックスに「456」と入力します。

❷[OK] をクリックします。

Step 3 パスワードを再入力します。

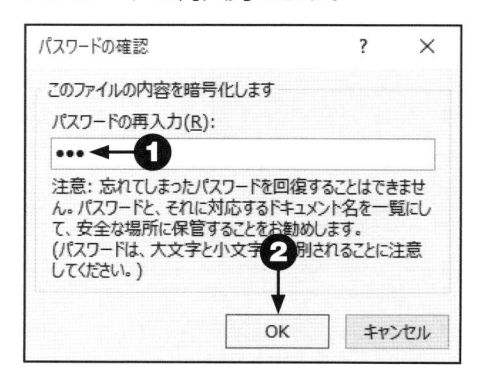

❶[パスワードの再入力] ボックスに「456」と入力します。

❷[OK] をクリックします。

Step 4 文書にパスワードが設定されたことを確認します。

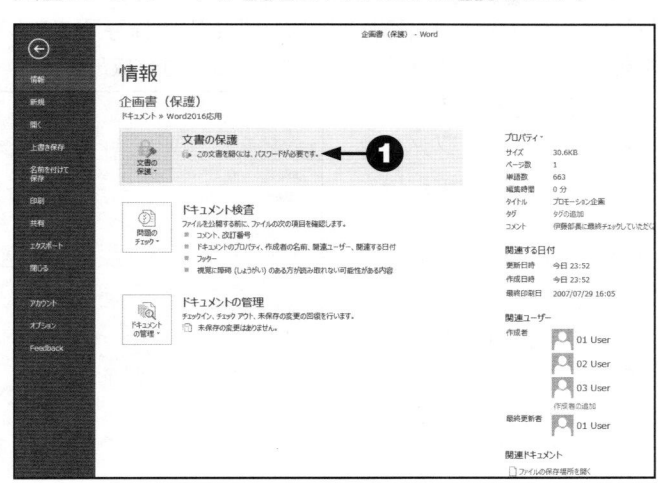

❶ [文書の保護] に「この文書を開くには、パスワードが必要です。」と表示されたことを確認します。

Step 5 [Word2016応用] フォルダーの中の [保存用] フォルダーに「企画書(保護)」というファイル名で保存して文書を閉じます。

操作☛ パスワードを使用して暗号化した文書を開く

Step 1 [保存用] フォルダーに保存したファイル「企画書(保護)」を開きます。

Step 2 パスワードを入力します。

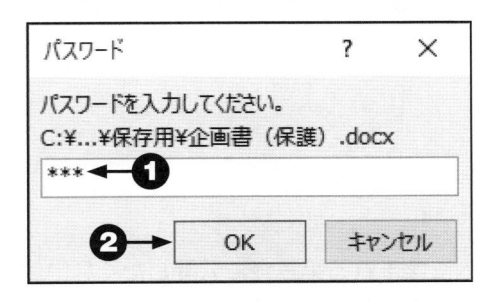

❶ 正しいパスワードである「456」を入力します。

❷ [OK] をクリックします。

❸ ファイル「企画書(保護)」が開いたことを確認します。

💡 ヒント　読み取りパスワードが設定されたファイル
「パスワードを使用して暗号化」の機能で設定されるパスワードは、文書を開くときに必要となる「読み取りパスワード」です。読み取りパスワードが設定された文書は暗号化されるため、不正アクセスからデータを保護することができます。読み取りパスワードが設定された文書は、正しいパスワードを入力しなければ開くことができません。

💡 ヒント　パスワードの解除
文書に設定した読み取りパスワードを解除するには、[ファイル] タブの [情報] の [文書の保護] をクリックして [パスワードを使用して暗号化] をクリックし、[ドキュメントの暗号化] ダイアログボックスの [パスワード] ボックスを空にして [OK] をクリックします。

第6章　文書の配布

> **ヒント　書き込みパスワード**
>
> [読み取りパスワード] の他に、文書を編集して上書き保存できないようにする [書き込みパスワード] を設定することができます。手順は次のとおりです。
>
> 1. [ファイル] タブの [名前を付けて保存] をクリックし、ファイルを保存するフォルダを選択します。
> 2. [名前を付けて保存] ダイアログボックスの [ツール] をクリックし、[全般オプション] をクリックします。
> 3. [全般オプション] ダイアログボックスの [書き込みパスワード] ボックスにパスワードを入力し、[OK] をクリックします。
>
> 書き込みパスワードを設定しても文書は暗号化されません。書き込みパスワードが設定された文書を開くとパスワードの入力を求めるダイアログボックスが表示され、正しいパスワードを入力して [OK] をクリックすると文書を上書き保存できる状態で開くことができます。[読み取り専用] をクリックした場合は読み取り専用で文書が開きます（パスワードは不要です）。

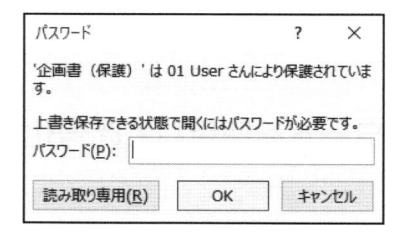

ドキュメント検査

[ドキュメント検査] 機能を利用すると、文書内に含まれる第三者に公開したくない個人情報や文書に加えた変更履歴情報などを検査し、必要に応じて削除することができます。ここでは、[ドキュメント検査] の利用方法について学習します。

> たとえば、メールに文書を添付して送信する場合、文書に含まれるさまざまな情報も一緒に送信されることになります。変更履歴や個人情報などを不注意やいたずらで第三者へ送ってしまうことのないよう、文書を共有する際には文書の校正や見直しを事前に行い、すべての内容が正しいことや他の人と共有したくない情報が文書内に含まれていないことを確認するようにします。

■ ドキュメント検査

[ドキュメント検査] を実行すると、外部に公開することが不適切と思われる情報が文書内に含まれているかどうかを検査し、該当する情報が見つかった場合は必要に応じてその情報を削除することができます。

■ 配布時に考慮すべき文書内の情報
・文書のプロパティ情報（作成者名や作成日、コメントなど）

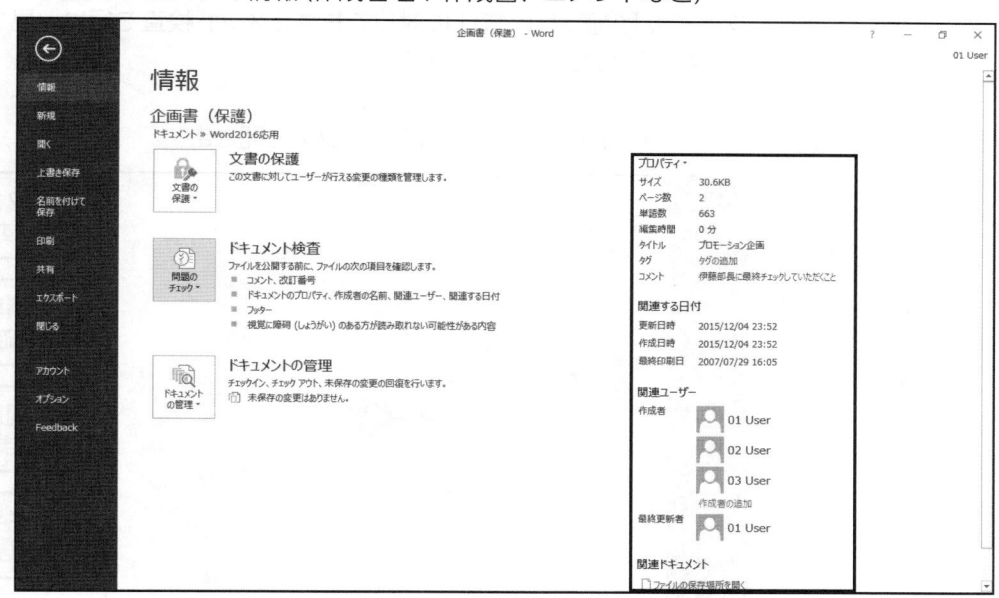

・文書の編集内容（変更履歴やコメント、透かしなど）

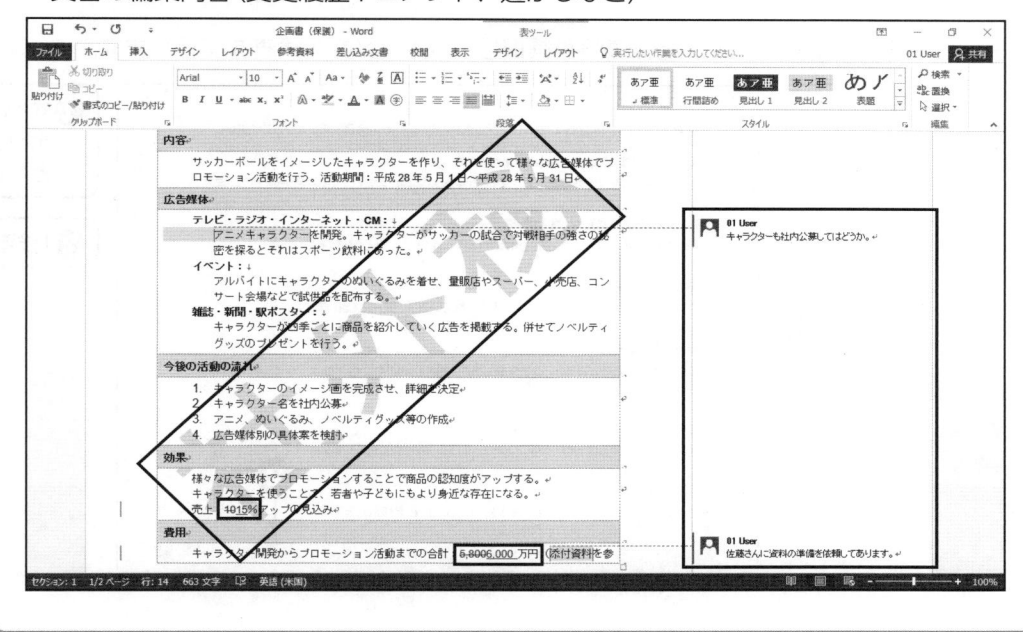

操作 ドキュメント検査を行う

ファイル「企画書（保護）」に対してドキュメント検査を行い、見つかった変更履歴やコメント、個人情報を削除しましょう。

Step 1
[ドキュメント検査] ダイアログボックスを開きます。

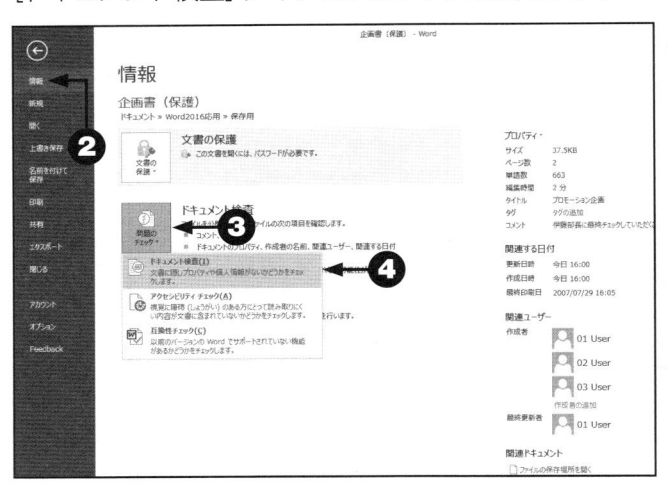

❶ [ファイル] タブをクリックします。

❷ [情報] が選択されていることを確認します。

❸ [問題のチェック] をクリックします。

❹ [ドキュメント検査] をクリックします。

Step 2
検査したい情報を選択し、ドキュメント検査を実行します。

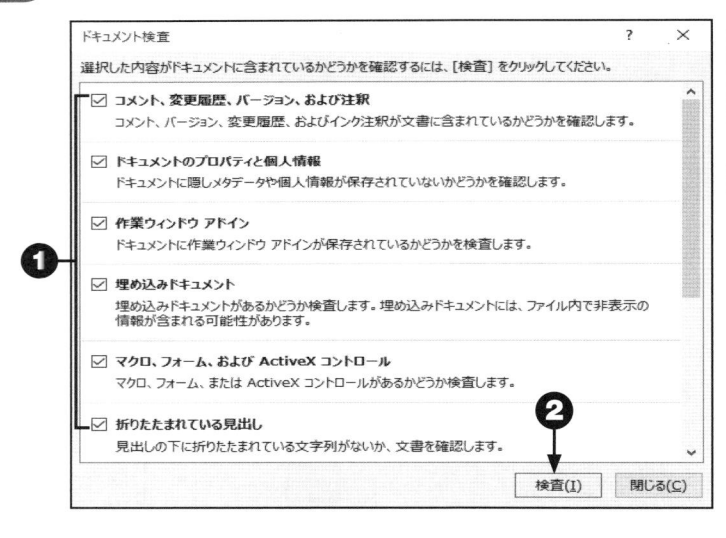

❶ すべての検査項目のチェックボックスがオンになっていることを確認します。

❷ [検査] をクリックします。

---

182 セキュリティとデータの保護

Step 3 検査結果を確認し、変更履歴とコメント情報を削除します。

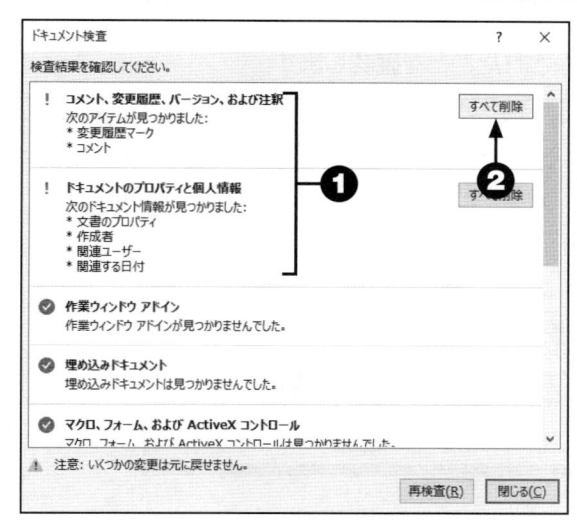

> ❶ 文書内で見つかったコメントや変更履歴、個人情報などを確認します。
>
> ❷ [コメント、変更履歴、バージョン、および注釈]の右の[すべて削除]をクリックします。

Step 4 ドキュメントのプロパティと個人情報、ヘッダー、フッター、透かしを削除します。

> ❶ [コメント、変更履歴、バージョン、および注釈]に「すべてのアイテムが削除されました。」と表示されたことを確認します。
>
> ❷ [ドキュメントのプロパティと個人情報]の右の[すべて削除]をクリックします。
>
> ❸ 下にスクロールして[ヘッダー、フッター、透かし]の右の[すべて削除]をクリックします。

Step 5 各情報が削除されたことを確認します。

> 💡 **ヒント**
> **残しておきたい情報がある場合**
> ここでは見つかったすべての情報を削除しましたが、あえて一部の情報を残しておきたい場合もあります。その場合は、残しておきたい情報の右の[すべて削除]はクリックせずに[閉じる]をクリックします。

> ❶ [ドキュメントのプロパティと個人情報]に「ドキュメントのプロパティと個人情報が削除されました。」と表示されたことを確認します。
>
> ❷ [ヘッダー、フッター、透かし]に「文書からヘッダー、フッター、透かしが削除されました。」と表示されたことを確認します。
>
> ❸ [閉じる]をクリックします。

第6章 文書の配布 **183**

Step 6 ファイル「企画書(保護)」を上書き保存して閉じ、もう一度開きます。

Step 7 文書の各情報が削除されたことを確認します。

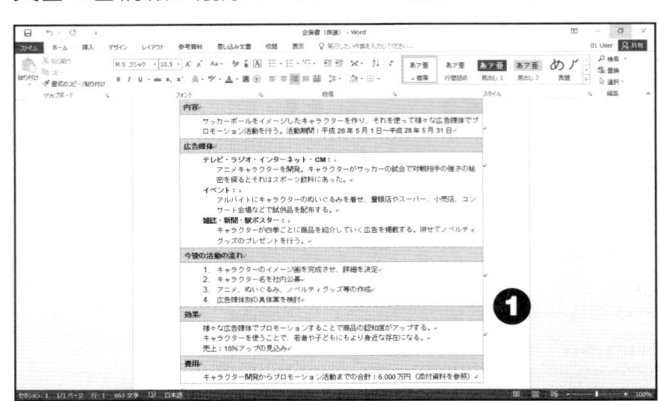

❶コメント、変更履歴、透かしが削除されていることを確認します。

Step 8 文書のプロパティ情報が削除されたことを確認します。

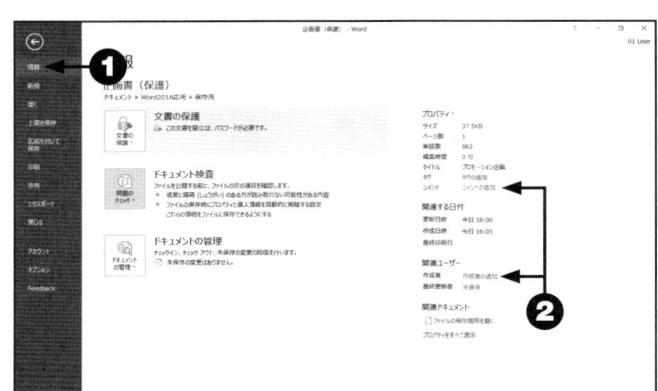

❶[ファイル]タブの[情報]をクリックします。

❷作成者名や文書のコメントが削除されていることを確認します。

💡 ヒント　ドキュメント検査のチェック項目

ドキュメント検査機能でチェックできる情報には次のような種類があります。

種類	内容
コメント、変更履歴、バージョン、注釈	複数の人と共同で作成した文書には、変更履歴、コメント、注釈、バージョンなどが含まれている場合があり、これらの情報により文書の作成にかかわった人の名前や校閲者のコメント、文書に加えられた変更などを確認できる
ドキュメントのプロパティと個人情報	ドキュメントのプロパティには、作成者、表題、タイトルなどの情報が含まれており、また、文書の作成日や最終保存者など、Wordによって自動的に記録される情報もある
作業ウィンドウアプリ	文書に作業ウィンドウアプリが保存されている場合がある
折りたたまれている見出し	見出しが折りたたまれ表示されていないオブジェクトや文章が含まれている場合がある
カスタムXMLデータ	表示されないカスタムXMLデータが含まれている場合がある
ヘッダー、フッター、透かし	ヘッダー/フッター（会社名や作成者名、作成日、コメントなど）や透かし（「社外秘」、「複製を禁ず」などの文字列）が含まれている場合がある
非表示の内容	非表示に設定され表示されていないオブジェクトが含まれている場合がある
隠し文字	書式が「隠し文字」に設定された文字列が含まれている場合がある

電子データとして配布

作成した文書は電子メールに添付して送信したり、さまざまな形式に変換して配布したりすることができます。

[ファイル] タブの [共有] では、さまざまな方法で文書を配布することができます。ここでは、電子メールの添付ファイルとして送信する方法について学習します。

次の方法で文書を共有できます。
・Web上(OneDrive)に保存して他のユーザーを招待する
・電子メールに添付して送付する
・オンラインプレゼンテーションにする
・ブログに投稿する

操作 ☞ 添付ファイルとして送信

ファイル「企画書（保護）」をメールの添付ファイルとして送信しましょう。なお、ここでの操作はOutlook 2016がパソコンにインストールされ、アカウントが設定されていることを前提としています。

第6章 文書の配布

Step 1 文書を添付ファイルとして送信します。

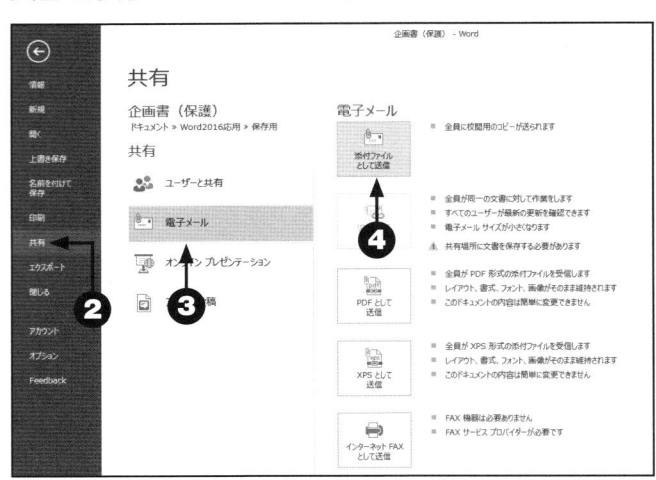

❶ [ファイル] タブをクリックします。

❷ [共有] をクリックします。

❸ [電子メール] をクリックします。

❹ [添付ファイルとして送信] をクリックします。

> 💡 **ヒント**
> **PDFとして送信**
> [PDFとして送信] をクリックすると、文書をPDFに変換してメールに添付し、送信することができます。

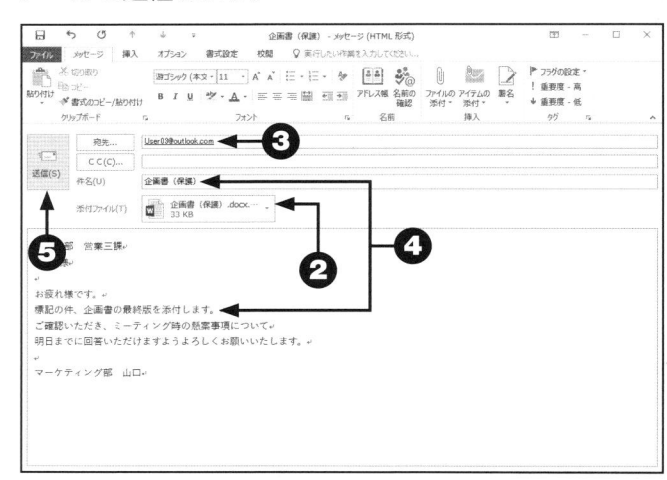

Step 2 メールを送信します。

❶ Outlookが起動します。

❷ [添付ファイル] ボックスに「企画書（保護）.docx」が指定されていることを確認します。

❸ [宛先] ボックスにメールの宛先を指定します。

❹ [件名] ボックスにメールの件名を入力し、本文を入力します。

❺ [送信] ボタンをクリックします。

Step 3 ファイル「企画書（保護）」を閉じてWordを終了します。

📶 この章の確認

- ☐ Word 2010との互換性をチェックできますか？
- ☐ 文書を最終版として保存できますか？
- ☐ 書式の変更や文章の編集ができないように文書を保護できますか？
- ☐ 文書にパスワードを設定して暗号化できますか？
- ☐ 第三者に公開したくない個人情報やプロパティなどを検出し、削除できますか？
- ☐ 文書をメールに添付して送信できますか？

復習問題 問題 6-1

Word 2010との互換性をチェックしましょう。また、文書を最終版として保存しましょう。

1. [Word2016応用] フォルダーの中の [復習問題] フォルダーから、ファイル「復習6-1　議事録」を開きましょう。

2. Word 2010との互換性をチェックしましょう。

3. [Word2016応用] フォルダーの [保存用] フォルダーに、「復習6-1　議事録」という名前でファイルを保存しましょう。

4. 文書を最終版として保存しましょう。

5. ファイル「復習6-1　議事録」を閉じましょう。

完成例

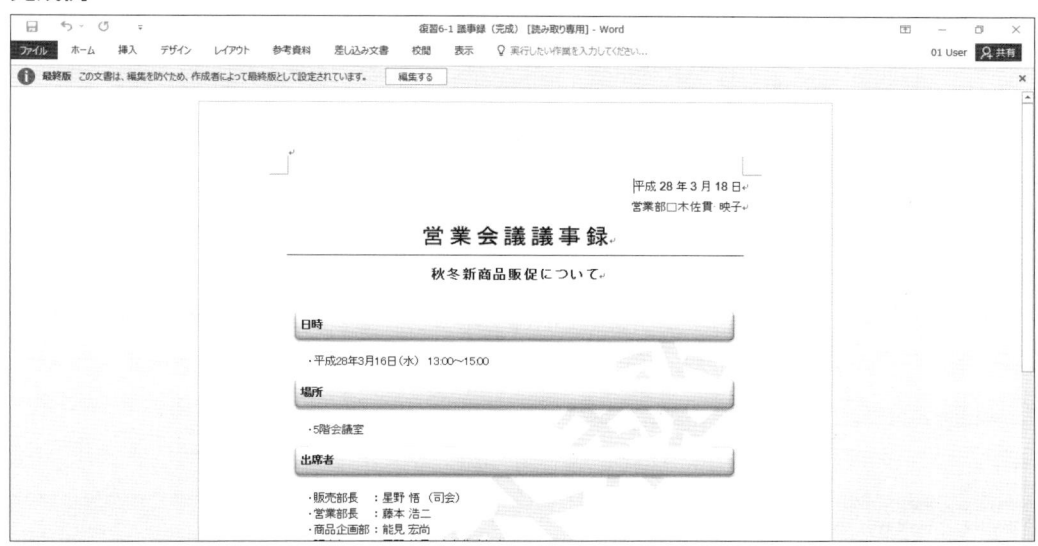

復習問題 問題 6-2

文書を第三者に配布するために、次の操作を行いましょう。
・ドキュメント検査を実行し、変更履歴情報を削除する
・書式の変更や文章の編集ができないように保護する
・文書にパスワードを設定して暗号化する
・文書をメールに添付して送信する

1. [Word2016応用] フォルダーの中の [復習問題] フォルダーから、ファイル「復習6-2　議事録」を開きましょう。

2. ドキュメント検査を実行し、変更履歴情報をすべて削除しましょう。

3. 「追記がございましたらこちらにお願いします」の箇所以外は編集できないように、パスワード「9999」を設定して文書を保護しましょう。書式の変更も無効にしましょう。

4. 文書に読み取りパスワード「0000」を設定し、文書を暗号化して保護しましょう。

5. 次のように電子メールの宛先、件名、本文を指定して、文書を添付ファイルとして送信しましょう（電子メールが送信できる環境が設定されていない場合は、この操作は行わずに次の操作に移ってください）。

宛先	（自分のメールアドレス）
件名	議事録0313
本文	関係者各位 ご確認のほど、よろしくお願いいたします。 営業部　木佐貫

6. ［Word2016応用］フォルダーの中の［保存用］フォルダーに、「復習6-2　議事録」という名前でファイルを保存しましょう。

7. ファイル「復習6-2　議事録」を閉じましょう。

完成例

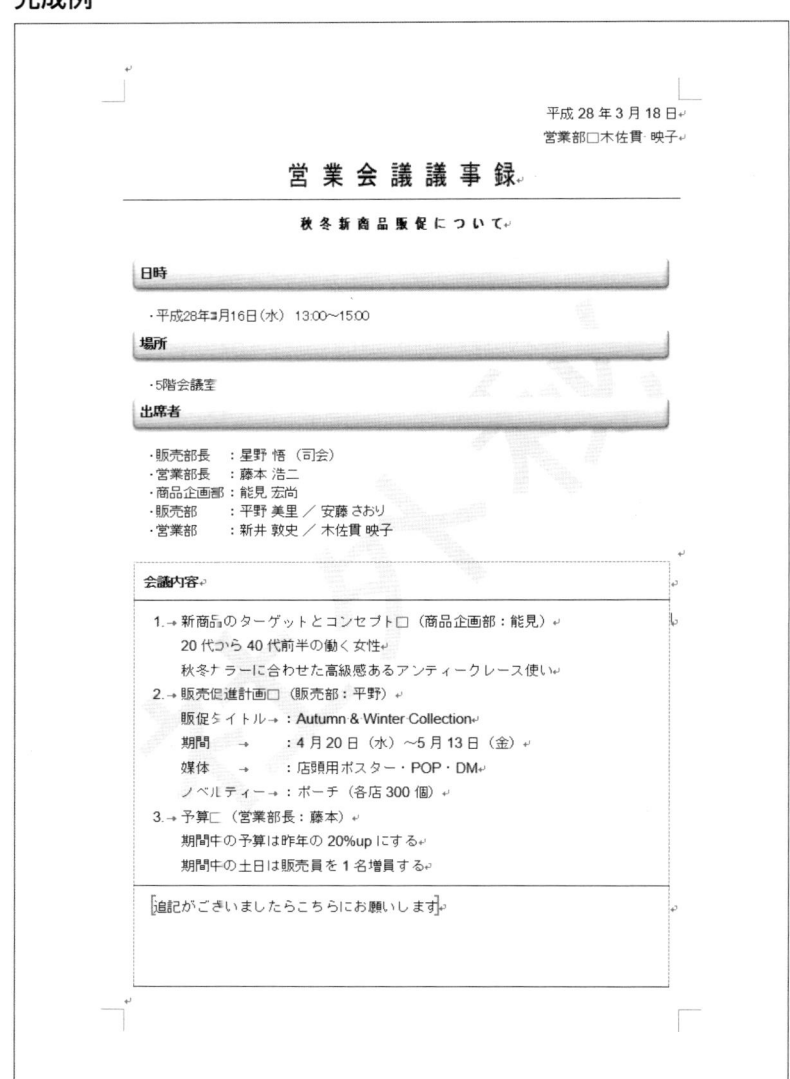

総合問題

本書で学習した内容が身に付いたかどうか、
最後に総合問題で確認しましょう。

総合問題 問題 1

ネットワークについて解説する文書に、書式やスタイル、セクションを設定して完成させましょう。

完成例

【1ページ目】

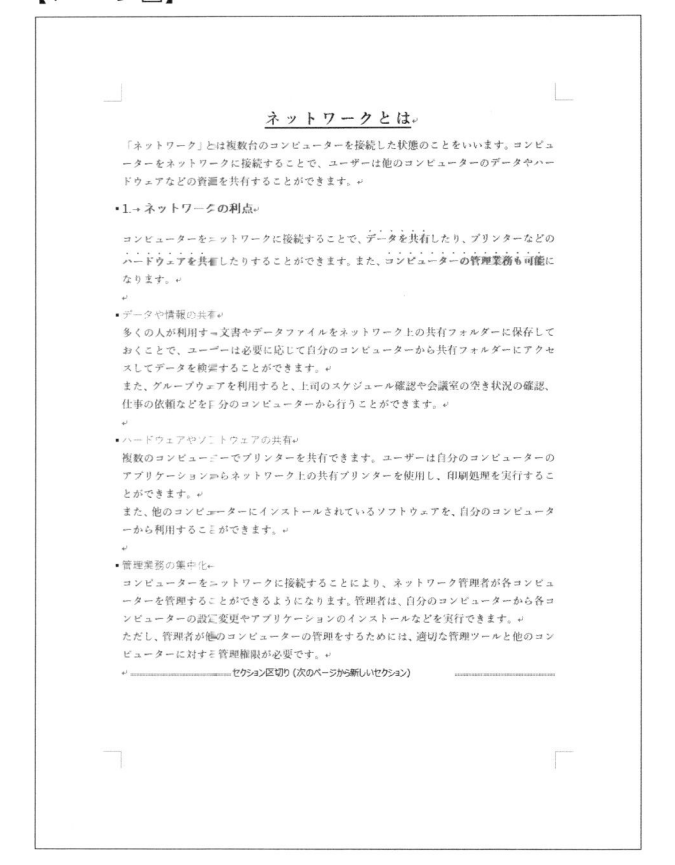

ネットワークとは

「ネットワーク」とは複数台のコンピューターを接続した状態のことをいいます。コンピューターをネットワークに接続することで、ユーザーは他のコンピューターのデータやハードウェアなどの資源を共有することができます。

- 1. ネットワークの利点

コンピューターをネットワークに接続することで、データを共有したり、プリンターなどのハードウェアを共有したりすることができます。また、コンピューターの管理業務も可能になります。

- データや情報の共有

多くの人が利用する文書やデータファイルをネットワーク上の共有フォルダーに保存しておくことで、ユーザーは必要に応じて自分のコンピューターから共有フォルダーにアクセスしてデータを検索することができます。

また、グループウェアを利用すると、上司のスケジュール確認や会議室の空き状況の確認、仕事の依頼などを自分のコンピューターから行うことができます。

- ハードウェアやソフトウェアの共有

複数のコンピューターでプリンターを共有できます。ユーザーは自分のコンピューターのアプリケーションからネットワーク上の共有プリンターを使用し、印刷処理を実行することができます。

また、他のコンピューターにインストールされているソフトウェアを、自分のコンピューターから利用することができます。

- 管理業務の集中化

コンピューターをネットワークに接続することにより、ネットワーク管理者が各コンピューターを管理することができるようになります。管理者は、自分のコンピューターから各コンピューターの設定変更やアプリケーションのインストールなどを実行できます。

ただし、管理者が他のコンピューターの管理をするためには、適切な管理ツールと他のコンピューターに対する管理権限が必要です。

========セクション区切り (次のページから新しいセクション)========

【2ページ目】

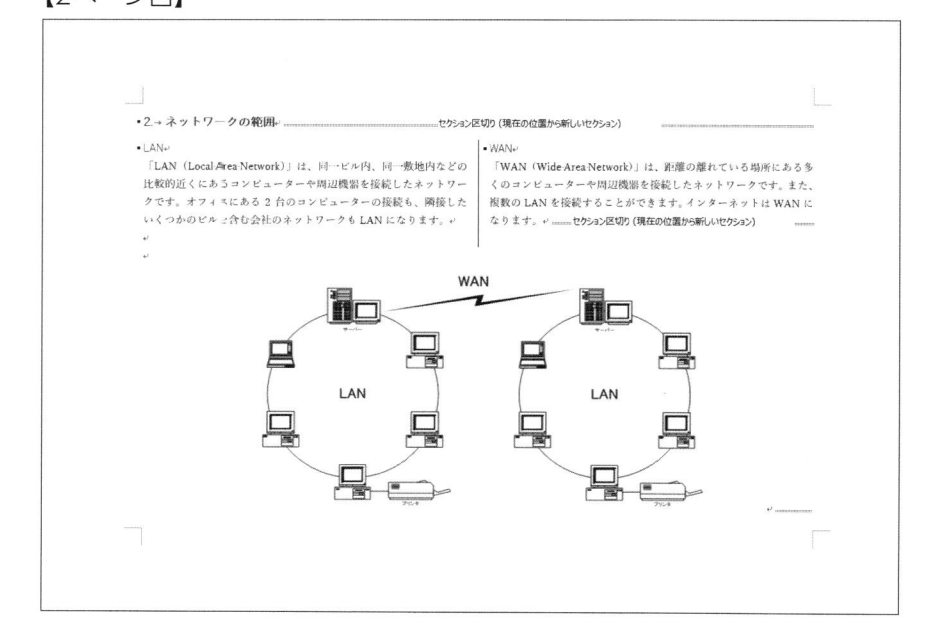

- 2. ネットワークの範囲 ========セクション区切り (現在の位置から新しいセクション)========

- LAN
「LAN (Local Area Network)」は、同一ビル内、同一敷地内などの比較的近くにあるコンピューターや周辺機器を接続したネットワークです。オフィスにある2台のコンピューターの接続も、隣接したいくつかのビルを含む会社のネットワークもLANになります。

- WAN
「WAN (Wide Area Network)」は、距離の離れている場所にある多くのコンピューターや周辺機器を接続したネットワークです。また、複数のLANを接続することができます。インターネットはWANになります。 ========セクション区切り (現在の位置から新しいセクション)========

【3ページ目】

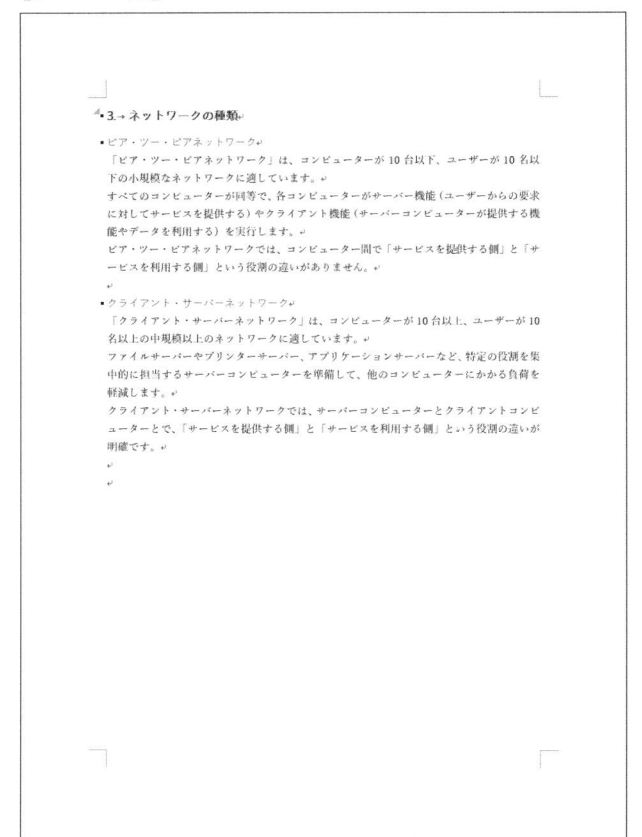

- 3. ネットワークの種類

- ピア・ツー・ピアネットワーク
「ピア・ツー・ピアネットワーク」は、コンピューターが10台以下、ユーザーが10名以下の小規模なネットワークに適しています。

すべてのコンピューターが同等で、各コンピューターがサーバー機能 (ユーザーからの要求に対してサービスを提供する) やクライアント機能 (サーバーコンピューターが提供する機能やデータを利用する) を実行します。

ピア・ツー・ピアネットワークでは、コンピューター間で「サービスを提供する側」と「サービスを利用する側」という役割の違いがありません。

- クライアント・サーバーネットワーク
「クライアント・サーバーネットワーク」は、コンピューターが10台以上、ユーザーが10名以上の中規模以上のネットワークに適しています。

ファイルサーバーやプリンターサーバー、アプリケーションサーバーなど、特定の役割を集中的に担当するサーバーコンピューターを準備して、他のコンピューターにかかる負荷を軽減します。

クライアント・サーバーネットワークでは、サーバーコンピューターとクライアントコンピューターとで、「サービスを提供する側」と「サービスを利用する側」という役割の違いが明確です。

1. ［Word2016応用］フォルダーの中の［総合問題］フォルダーから、ファイル「総合1　ネットワーク」を開きましょう。

2. 1ページ1行目の「ネットワークとは」に次のように文字書式を設定しましょう。

フォントサイズ	16ポイント
フォント	游明朝Demibold
下線	太線の下線

3. 1ページ1行目の「ネットワークとは」に次のように段落書式を設定しましょう。

均等割り付け	9字
配置	中央揃え

4. 1ページ6行目の「データを共有」に設定されている文字書式を「強調傍点」という名前でクイックスタイルとして登録しましょう。

5. 登録したクイックスタイル「強調傍点」を次の文字列に適用しましょう。

1ページ7行目	ハードウェアを共有
1ページ7行目	コンピューターの管理業務も可能

6. スタイルギャラリーを利用して、次の段落に組み込みのスタイル［見出し1］を適用しましょう。

1ページ5行目	ネットワークの利点
1ページ31行目	ネットワークの範囲
2ページ8行目	ネットワークの種類

7. 1ページ5行目の「ネットワークの利点」を利用して、組み込みのスタイル［見出し1］の書式を次のように更新しましょう。

フォントスタイル	太字
フォントの色	濃い青
段落番号	1.2.3.…

8. 1ページ31行目に「次のページから開始」のセクション区切りを挿入しましょう。さらに、2ページ10行目にも「次のページから開始」のセクション区切りを挿入しましょう。

9. セクション2（2ページ）の印刷の向きを［横］に変更しましょう。

10. 2ページ2行目から8行目の文章を、境界線を入れて2段組みに設定しましょう。

11. ［Word2016応用］フォルダーの中の［保存用］フォルダーに、「総合1　ネットワーク」という名前で保存してから文書を閉じましょう。

総合問題 問題2

OSについて解説する文書に、図形やSmartArt、グラフを挿入して編集して完成させましょう。

完成例

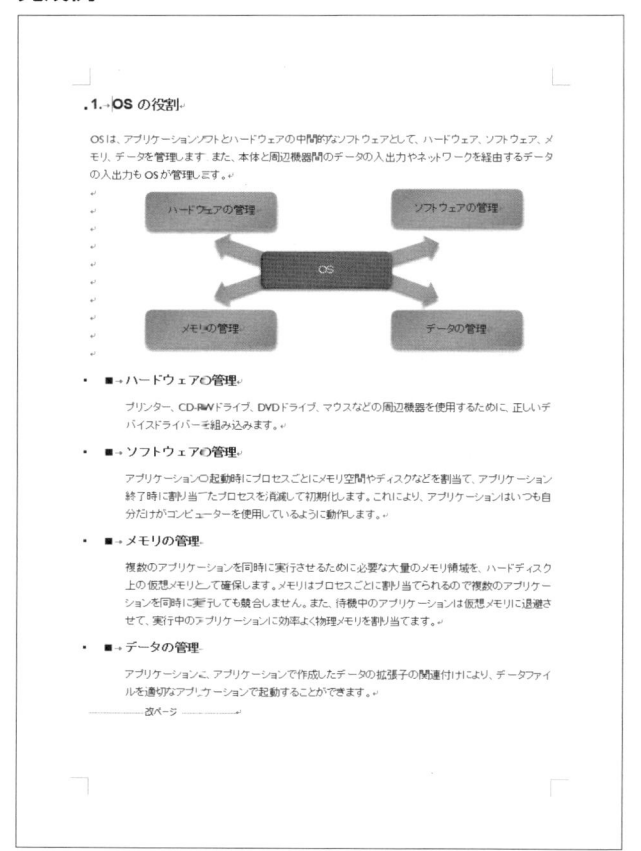

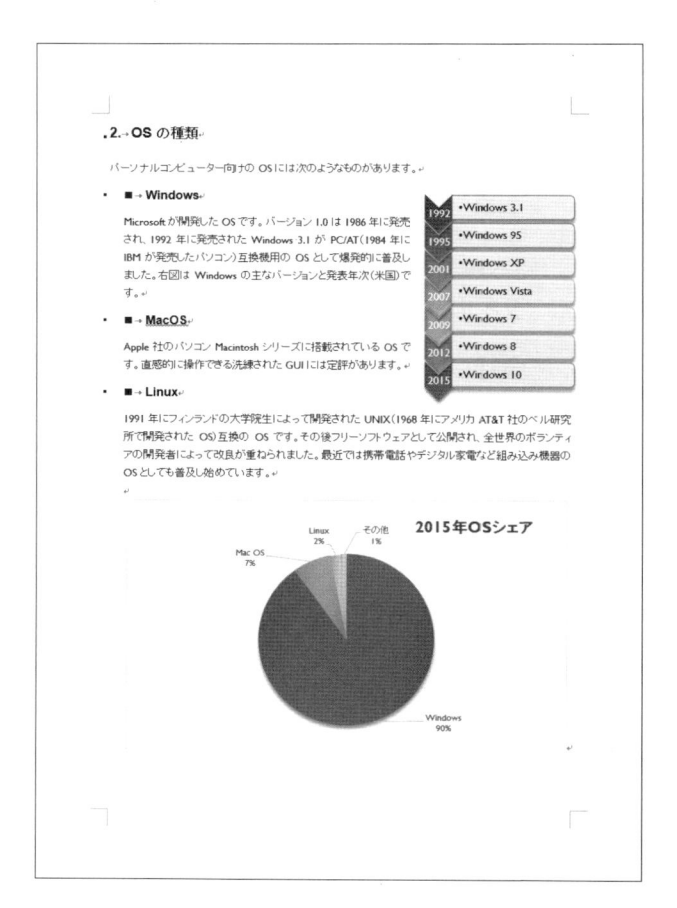

1. [Word2016応用] フォルダーの中の [総合問題] フォルダーから、ファイル「総合2 OS」を開きましょう。

2. 1ページ5〜14行目の位置に図形 [角丸四角形] を5つ、[右矢印] を4つ挿入し、[描画] ツールの [書式] タブにあるボタンを利用してレイアウトを次のように調整しましょう。中央の [角丸四角形] は最前面に移動しましょう。

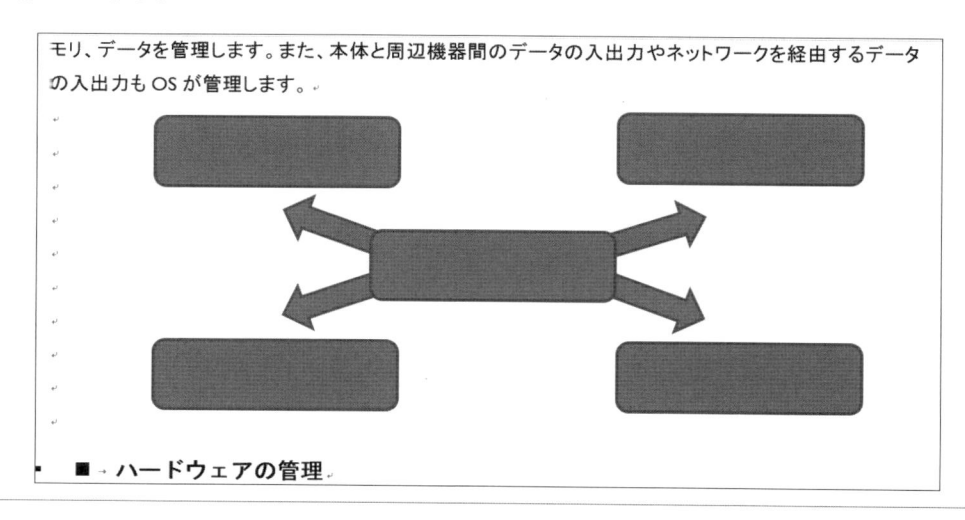

3. 挿入した図形［角丸四角形］に次のテキストを入力しましょう。

左上の図形	ハードウェアの管理
右上の図形	ソフトウェアの管理
左下の図形	メモリの管理
右下の図形	データの管理
中央の図形	OS

4. 各図形の書式を次のように変更しましょう。

図形	スタイル	テキストの色
中央の角丸四角形	光沢 - ブルーグレー、アクセント1	
周囲の角丸四角形	グラデーション - アイスブルー、アクセント2	黒、テキスト1
矢印	グラデーション - アイスブルー、アクセント2	

5. 2ページ16行目にSmartArt［手順］の［縦方向プロセス］を挿入しましょう。

6. テキストウィンドウを利用して、右のようにテキストを入力しましょう。不要な行は削除しましょう。

1992	Windows 3.1
1995	Windows 95
2001	Windows XP
2007	Windows Vista
2009	Windows 7
2012	Windows 8
2015	Windows 10

7. SmartArt内のすべてのテキストのフォントサイズを11ポイントに変更しましょう。

8. SmartArtの色を［グラデーション 循環 - アクセント1］、スタイルを［光沢］に変更しましょう。

9. SmartArtの文字列の折り返しの種類を［四角］に変更し、完成例を参考にサイズと配置を変更しましょう。

10. 2ページ16行目に円グラフを挿入し、次のようにデータを入力しましょう。

	A	B
1		2015年OSシェア
2	Windows	90
3	Mac OS	7
4	Linux	2
5	その他	1

11. グラフのスタイルを［スタイル5］に変更しましょう。

12. グラフタイトルの文字の色を［インディゴ、テキスト2］に変更し、完成例を参考にテキストの配置を調整しましょう。

13. グラフのラベルのレイアウトを次のように編集しましょう。

凡例	非表示
データラベル	「分類名」と「パーセンテージ」と「引き出し線を表示する」をオン ラベルの位置を「外部」に設定して位置を調整

14. ［Word2016応用］フォルダーの中の［保存用］フォルダーに、「総合2 OS」という名前で保存してから文書を閉じましょう。

総合問題 問題3

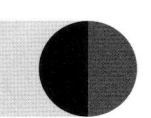

セミナー開催のお知らせに、Excelで作成された日程とセミナー一覧の表を挿入して編集し、顧客リストのデータを差し込んで完成させましょう。また、同じ顧客リストのデータを使用して宛名ラベルを作成しましょう。

完成例

【セミナー案内】

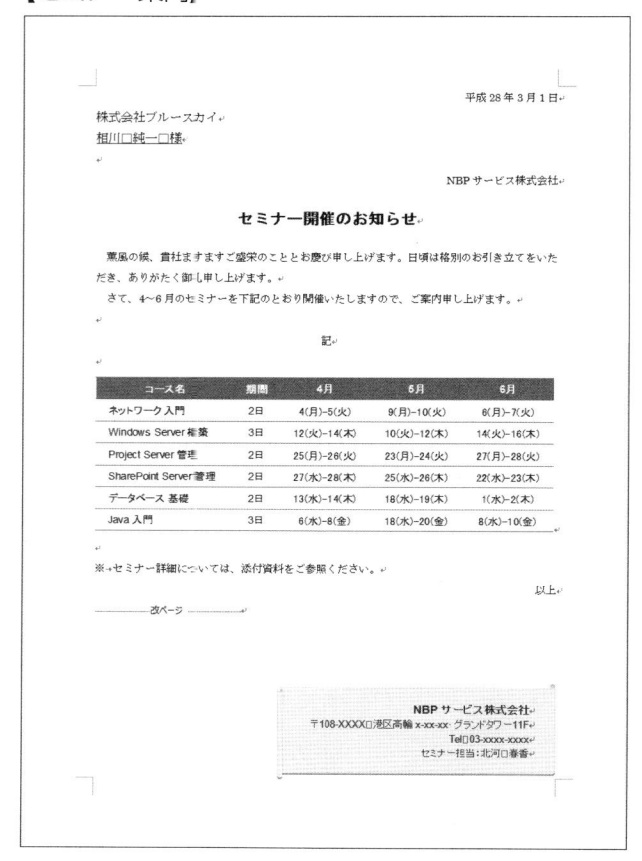

【宛名ラベル】

〒274-XXXX 千葉県船橋市船橋南 0-XX-X スカイタワー1205 株式会社ブルースカイ 相川□純一□様	〒135-XXXX 東京都港区台場 0-XX 海のシティビル 8F 株式会社北山 岡田□由美□様
〒163-XXXX 東京都新宿区南新宿 0-X-X みなと株式会社 京本□一久□様	〒120-XXXX 東京都足立区千住 0-X-X オオサキ 12F 株式会社ピスパ 久保田□尚成□様
〒106-XXXX 東京都港区六本木 0-X 花田ビル 11F 清堂商事株式会社 笹本□康弘□様	〒177-XXXX 東京都練馬区石神井台 0-XX ワード出版株式会社 篠原□真一□様
〒331-XXXX 埼玉県さいたま市西区西 0-X-XXX 佐々木ビル 1F 株式会社イケダ 杉山□大地□様	〒274-XXXX 千葉県船橋市船橋 0-XX 船橋ビル 2F 佐々木宅配サービス株式会社 富樫□裕之□様

1. ［Word2016応用］フォルダーの中の［総合問題］フォルダーから、ファイル「総合3　セミナー案内」を開きましょう。

2. 1ページの下部にある図形を「NBPS」という名前でクイックパーツとして登録しましょう。

3. 登録したクイックパーツ「NBPS」を2ページ3行目に挿入しましょう。

4. 1ページ13行目に［総合問題］フォルダーにあるExcelファイル「セミナー」のワークシート「セミナー日程」の日程表（セルA1～E7）を［図（Windowsメタファイル）］としてリンク貼り付けしましょう。

5. Excelウィンドウに切り替え、表の「ネットワーク入門」の「6月」の日程「6(月)-7(水)」を「6(月)-7(火)」に変更しましょう。データの変更後、Excelファイルを上書き保存しましょう。

6. Wordウィンドウに切り替えてリンク先を更新し、「ネットワーク入門」の「6月」の日程が「6(月)-7(火)」に変更されることを確認しましょう。

7. 2ページ2行目にExcelファイル「セミナー」のワークシート「セミナー一覧」の一覧表（セルA1～E7）を［Microsoft Excelワークシートオブジェクト］として貼り付けましょう。

8. 挿入した表の「ネットワーク入門」の料金を「¥50,000」に変更しましょう。

9. Excelウィンドウに切り替え、データが変更されてないことを確認してExcelを終了しましょう。

10. 種類を「レター」として差し込み印刷を開始し、データファイルとして［総合問題］フォルダーにあるExcelファイル「顧客リスト」を指定しましょう。

11. 1ページ2行目に「会社名」、1ページ3行目の「　様」の左に「氏名」を差し込みフィールドとして挿入し、結果をプレビュー表示しましょう。

12. 差し込み印刷を実行してレコード1～3のデータを印刷しましょう。

13. ［Word2016応用］フォルダーの中の［保存用］フォルダーに、「総合3　セミナー案内」という名前で保存してから文書を閉じましょう。

14. 白紙の文書を作成し、ラベルの差し込み印刷を開始しましょう。使用するラベルの製造元は［A-ONE］、製造番号は［A-ONE 26501］を指定しましょう。

15. 差し込み印刷のデータファイルとして［総合問題］フォルダーのExcelファイル「顧客リスト」を指定しましょう。

16. 次のように差し込みフィールドを挿入しましょう。《郵便番号》フィールドの左に「〒」、《氏名》フィールドの右に「　様」が表示されるように指定しましょう。

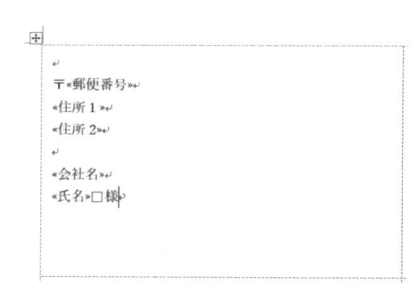

```
〒«郵便番号»
«住所1»
«住所2»

«会社名»
«氏名»　様
```

17. 1枚目のラベルのレイアウトを他のラベルに反映し、結果をプレビュー表示しましょう。

18. 差し込み印刷を実行してラベルを印刷しましょう。

19. ［Word2016応用］フォルダーの中の［保存用］フォルダーに、「総合3　ラベル」という名前で保存してから文書を閉じましょう。

総合問題 問題4

ネットワークについて解説する文書に、テーマ、表紙、索引、脚注、アウトライン、目次を設定または挿入して完成させましょう。

完成例 ※編集記号を表示しています。

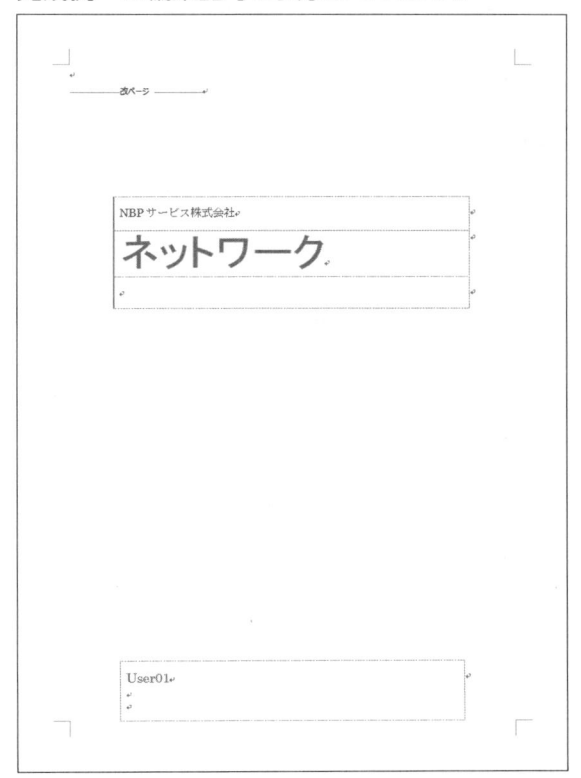

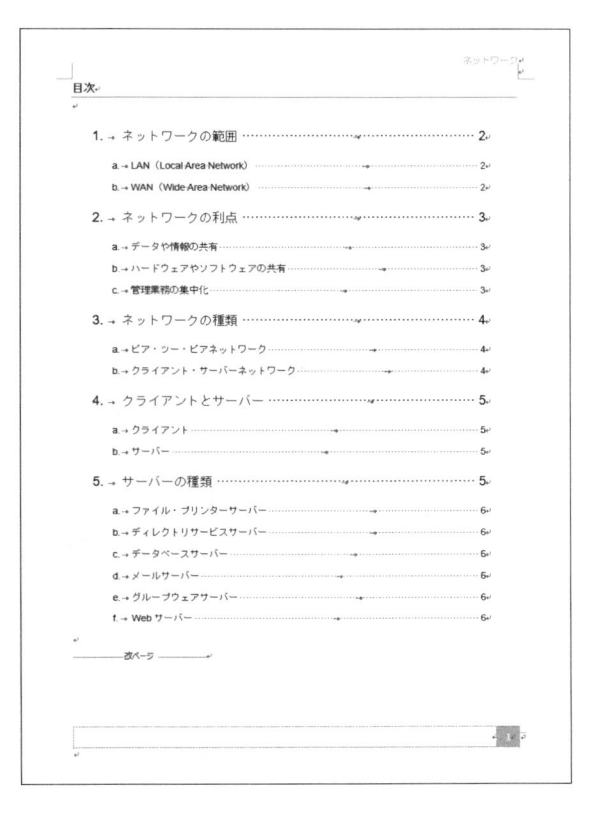

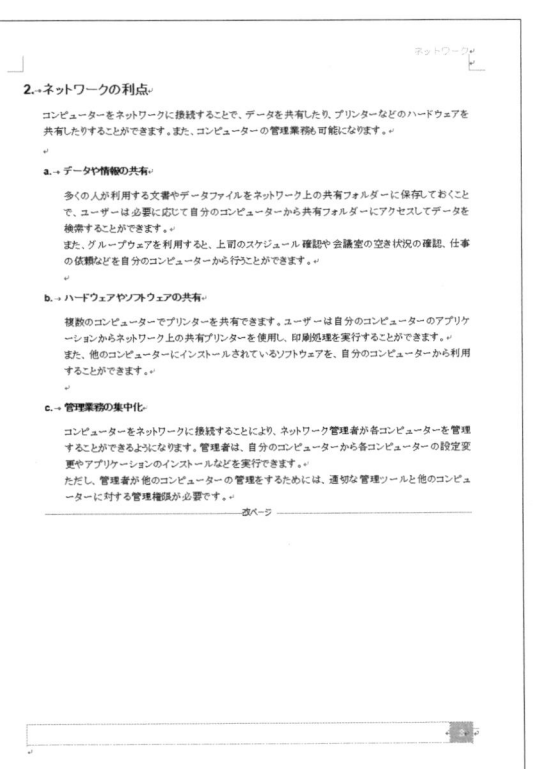

3. ネットワークの種類

ネットワークには、「ピア・ツー・ピアネットワーク XE "ピア・ツー・ピアネットワーク" ¥y "ぴあ・つー・ぴあねっとわーく"」と「クライアント・サーバーネットワーク XE "クライアント・サーバーネットワーク" ¥y "くらいあんと・さーばーねっとわーく"」の2種類があります。

ピア・ツー・ピアネットワーク

クライアント・サーバーネットワーク

a. ピア・ツー・ピアネットワーク

「ピア・ツー・ピアネットワーク」は、コンピューターが10台以下、ユーザーが10名以下の小規模なネットワークに適しています。

すべてのコンピューターが同等で、各コンピューターがサーバー機能(ユーザーからの要求に対してサービスを提供する)やクライアント機能(サーバーコンピューターが提供する機能やデータを利用する)を実行します。

ピア・ツー・ピアネットワークでは、コンピューター間で「サービスを提供する側」と「サービスを利用する側」という役割の違いがありません。

b. クライアント・サーバーネットワーク

「クライアント・サーバーネットワーク」は、コンピューターが10台以上、ユーザーが10名以上の中規模以上のネットワークに適しています。

ファイルサーバーやプリンターサーバー、アプリケーションサーバーなど、特定の役割を集中的に担当するサーバーコンピューターを準備して、他のコンピューターにかかる負荷を軽減します。

クライアント・サーバーネットワークでは、サーバーコンピューターとクライアントコンピューターとで、「サービスを提供する側」と「サービスを利用する側」という役割の違いが明確です。

――改ページ――

4. クライアントとサーバー

「クライアント・サーバーネットワーク」のコンピューターは、「クライアント」か「サーバー」として機能します。

a. クライアント

クライアント・サーバーネットワークでは、「クライアント XE "クライアント" ¥y "くらいあんと"」がサーバーに「要求」を送信し、「サーバー」がそれに「応答」を返す形で処理が行われます。「クライアント」とは、サーバーの提供する機能やデータを利用する側のコンピューターのことをいいます。

b. サーバー

「サーバー XE "サーバー" ¥y "さーばー"」とは、クライアントからの要求に対して何らかのサービスを提供するコンピューターを指します。サーバーコンピューターは、クライアントからのあらゆる要求に応えるために、高性能なコンピューターとサーバーOSが必要です。

5. サーバーの種類

サーバーの役割は、資源の共有やメールの管理など複数あります。クライアントからの要求が少ない場合は、1台のサーバーコンピューターで複数の役割を実行させることもできますが、ネットワークの拡張や要求量が増えた場合は、専用サーバーを増やして役割を分散します。メールサーバーやデータベースサーバーなどは、サーバーOS以外の製品が必要となります。

――改ページ――

a. ファイル・プリンターサーバー

「ファイルサーバー XE "ファイルサーバー" ¥y "ふぁいるさーばー"」を利用すると、多くのユーザーが使用するデータをフォルダー単位で共有します。また、「プリンターサーバー」は、複数のプリンターを共有してすべてのユーザーから利用できるようにします。

b. ディレクトリサービスサーバー

「ディレクトリサービスサーバー XE "ディレクトリサービスサーバー" ¥y "でぃれくとりさーびすさーばー"」は、ネットワーク上に論理グループを作成し、コンピューターやユーザー、共有資源を登録して集中管理します。登録されたコンピューターを利用するには、ユーザー名とパスワードが必要です。また、共有資源にはアクセス権が割り当てられ、適切なアクセス権を持つユーザーだけが共有資源を利用できます。ディレクトリサービスサーバーを利用することで、ネットワーク全体のセキュリティを高めることができます。

c. データベースサーバー

「データベースサーバー XE "データベースサーバー" ¥y "でーたべーすさーばー"」は、顧客情報や製品情報などの大量のデータを管理します。クライアントには、必要なデータのみを必要な形で取り出すためのデータベースアプリケーションが必要です。たとえば、Microsoft SQL Serverのデータを利用するクライアントには、Microsoft Accessなどがあります。

d. メールサーバー

「メールサーバー XE "メールサーバー" ¥y "めーるさーばー"」は、メール情報を管理し、クライアントからの要求に応じて、メールをクライアントにダウンロードします。クライアントには、メールクライアントソフトが必要です。

e. グループウェアサーバー

「グループウェアサーバー XE "グループウェアサーバー" ¥y "ぐるーぷうぇあさーばー"」は、メールおよびスケジュールや仕事を管理します。クライアントには、グループウェアサーバーに対応したクライアントソフトが必要です。たとえば、Microsoft Exchange Serverのサービスを利用するクライアントには、Microsoft Outlookがあります。

f. Webサーバー

「Webサーバー XE "Webサーバー"」は、Webページを管理し、クライアントの要求に応じてWebページをクライアントにダウンロードします。クライアントには、ブラウザーソフトが必要です。

――改ページ――

索引

――セクション区切り(現在の位置から新しいセクション)――

LAN	2
WAN	2
Webサーバー	6
クライアント	5
クライアント・サーバーネットワーク	4
グループウェアサーバー	6
サーバー	5
ディレクトリサービスサーバー	6
データベースサーバー	6
ピア・ツー・ピアネットワーク	4
ファイルサーバー	6
メールサーバー	6

1. ［Word2016応用］フォルダーの中の［総合問題］フォルダーから、ファイル「総合4　ネットワーク」を開きましょう。

2. 文書にテーマ［オーガニック］を設定しましょう。

3. 表紙「サイドライン」を挿入し、次のように各コンテンツコントロールを編集しましょう。

会社名	NBPサービス株式会社
文書のタイトル	ネットワーク
文書のサブタイトル	（コンテンツコントロールを削除）
作成者	（変更なし）
日付	（コンテンツコントロールを削除）

4. 先頭ページを除くすべての奇数ページに、ヘッダー［ビューマスター］、フッター［インテグラル］を挿入し、作成者のコンテンツコントロールおよび、ユーザー名を削除しましょう。

5. 3ページ9行目の「LAN」と14行目の「WAN」を索引として登録しましょう。

6. 8ページ3行目に索引を挿入しましょう。索引は1段でページ番号は右揃えに設定しましょう。

7. 3ページ16行目の「インターネット」に脚注を設定し、脚注内容として「全世界のネットワークを相互接続した巨大なコンピューターネットワーク」と入力しましょう。

8. 3ページ5～6行目の「コンポーネント」にハイパーリンクを設定し、［総合問題］フォルダーにあるファイル「ネットワークに必要なハードウェア」にリンクするように設定しましょう。

9. 文書にアウトラインのリストスタイル［1. a. i.］を設定しましょう。

10. 4ページの1行目に［見出し1］、5、12、18行目に［見出し2］の見出しスタイルを設定しましょう。

11. ［見出し1］、［見出し2］のスタイルが設定された段落を利用して、2ページ3行目に目次を挿入しましょう。

12. ［Word2016応用］フォルダーの中の［保存用］フォルダーに、「総合4　ネットワーク」という名前でファイル保存して文書を閉じましょう。

総合問題 問題5

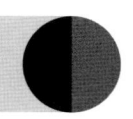

変更履歴の記録をオンにして文書を校閲し、変更を承諾または元に戻して最終的な文書を完成させましょう。また、編集前の文書と比較し、相違点を確認しましょう。

完成例

【変更履歴後】

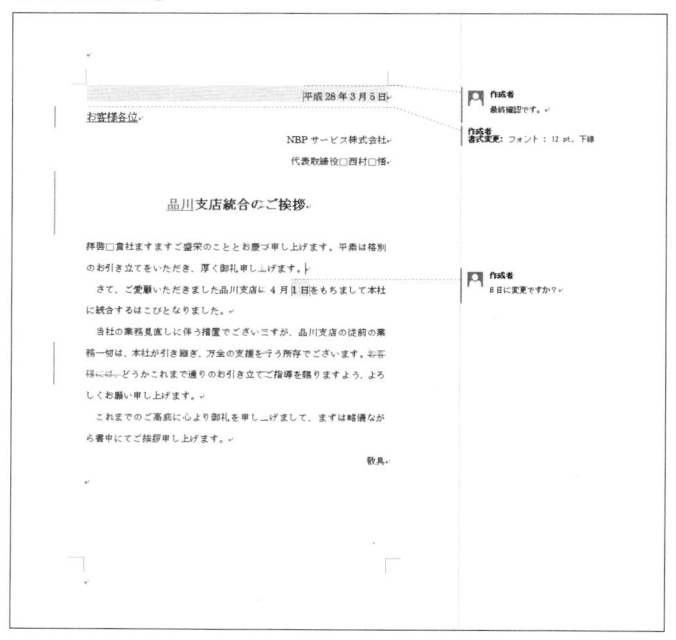

【変更履歴反映後】

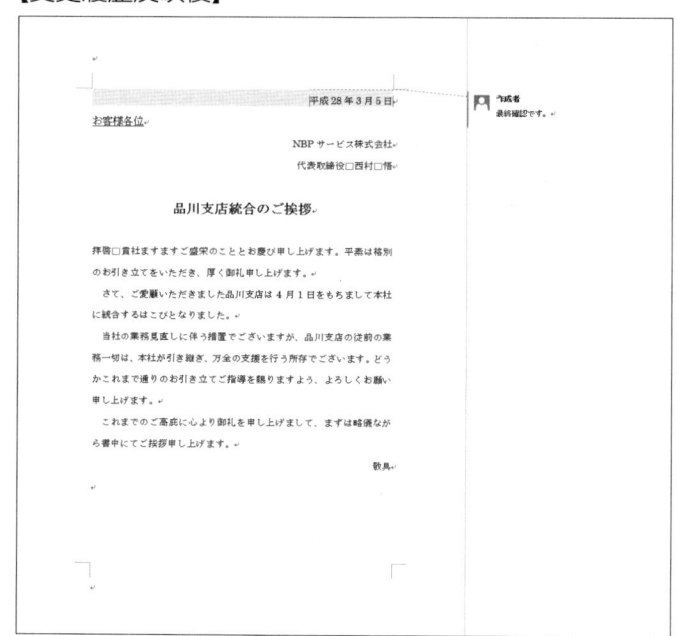

【比較結果】

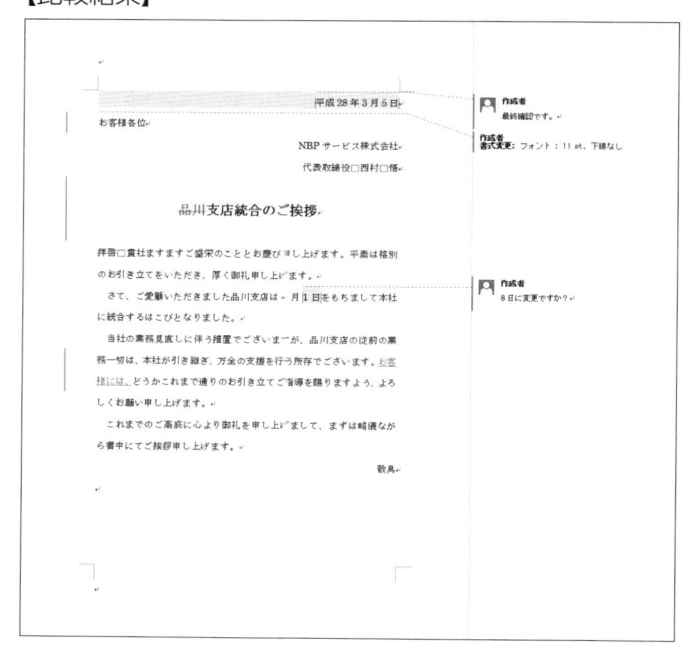

1. ［Word2016応用］フォルダーの中の［総合問題］フォルダーから、ファイル「総合5　統合挨拶」を開きましょう。

2. 変更内容の表示を［すべての変更履歴/コメント］に設定しましょう。

3. 変更履歴の記録をオンにして次のように文書を編集し、変更履歴の記録をオフにしましょう。

2行目「お客様各位」	フォントサイズを12ポイントに変更、一重下線を設定
5行目	「支店」の前に「品川」と追加
11～12行目	「お客様には、」を削除

4. 1行目「平成28年3月5日」に「最終確認です。」とコメントを挿入しましょう。

5. ［Word2016応用］フォルダーの中の［保存用］フォルダーに、「総合5　統合挨拶（変更履歴）」という名前でファイルを保存しましょう。

6. 文書に記録された変更履歴を次のように反映しましょう。

変更箇所	変更内容	最終判断
1行目	コメント	承諾
2行目	フォントサイズ12ポイントに変更、一重下線を設定	承諾
5行目	「品川」を追加	承諾
8行目	コメント	元に戻す
11行目	「お客様には、」を削除	承諾

7. ［Word2016応用］フォルダーの中の［保存用］フォルダーに、「総合5　統合挨拶（履歴反映）」という名前でファイルを保存しましょう。

8. 保存した文書「総合5　統合挨拶（履歴反映）」と［Word2016応用］フォルダーの中の［総合問題］フォルダーにある元の文書「総合5　統合挨拶」を比較し、比較結果を確認しましょう。

9. ［Word2016応用］フォルダーの中の［保存用］フォルダーに「総合5　統合挨拶（比較結果）」という名前で比較結果の文書を保存して、すべての文書を閉じましょう。

総合問題 問題6

文書に互換性チェックやドキュメント検査を実行し、最終版として保存しましょう。また、文書にパスワードを設定して編集や読み取りを制限し、メールに添付して送信しましょう。

完成例

平成28年3月1日

お客様各位

NBPサービス株式会社
〒107-XXXX□東京都港区青山0-X-X
TEL.03-0000-XXXX
広報部□塚原恭平

製品発表会のご案内

拝啓□時下ますますご清栄のこととお喜び申し上げます。平素は格別のお引き立てにあずかりまして、厚く御礼申し上げます。

さて、このたび弊社では、日頃よりご愛顧いただいておりますお客様へ、さらなる機能強化を図りました「**NBPシステム**」について、デモンストレーションを交え詳細にご紹介させていただきたく、下記のとおり製品発表会を開催させていただくことになりました。

当日は、インパル株式会社代表取締役社長□長谷川誠一氏をお迎えし、同社の「ファストシステム」への取り組みについてお話しいただきます。

皆様におかれましてはご多忙のことと存じますが、何卒ご参加いただきますようお願い申し上げます。

敬具

記

- ➢ 会　　　場：ホテルTOKYO□本館2階□平成の間
  　　　　　　東京都千代田区九番町0-X-X
- ➢ 開 催 日 時：平成28年4月15日（金）
  　　　　　　第1回□10：00～
  　　　　　　第2回□13：30～

以上

なお、まことに恐縮ではございますが、同封のはがきにて3月25日までに出欠のご都合をお知らせくださいますよう、お願い申し上げます。

1. ［Word2016応用］フォルダーの中の［総合問題］フォルダーから、ファイル「総合6 製品発表会」を開きましょう。

2. Word 2010との互換性をチェックしましょう。

3. ドキュメント検査を実行し、変更履歴情報およびドキュメントのプロパティと個人情報をすべて削除しましょう。

4. ［Word2016応用］フォルダーの中の［保存用］フォルダーに、「総合6 製品発表会（最終版）」という名前でファイルを保存しましょう。

5. 文書を最終版として保存しましょう。

6. 文書の最終版の設定を解除しましょう。

7. パスワード「9999」を設定し、文書が編集できないように保護しましょう。書式の変更も無効にしましょう。

8. ［Word2016応用］フォルダーの中の［保存用］フォルダーに、「総合6 製品発表会（編集不可）」という名前でファイルを保存しましょう。

9. 設定した編集の制限を解除しましょう。

10. 読み取りパスワード「0000」を設定し、文書を暗号化して保護しましょう。

11. 次のように指定して、文書を添付ファイルとして送信しましょう。宛先には自分のメールアドレスを指定しましょう（電子メールが送信できる環境が設定されていない場合は、この操作は行わずに次の操作に移ってください）。

    件名：製品発表会案内文書
    本文：吉原様
    　　　ご確認のほど、よろしくお願いいたします。
    　　　広報部　塚原

12. ［Word2016応用］フォルダーの中の［保存用］フォルダーに、「総合6 製品発表会（暗号化）」という名前で保存してから文書を閉じましょう。

索引

記号/英字

1行目のみ表示	132
2段組み	22
2つの文書の比較結果の表示	160
Accessデータベースファイル	70
Backstageビュー	168
Excel	53, 55
Excelがインストールされていない場合	53
Excelデータ	70, 84, 91
Excelのセルの範囲選択	87
Excelファイル	72, 80, 87, 91
Microsoft Graph	53
Outlook 2013	185
PDFとして送信	186
Shiftキーを使った範囲選択	22
SmartArt	44
[SmartArtグラフィックの選択] ダイアログボックス	44, 46
SmartArtグラフィックを既定の設定に戻す	51
SmartArt全体の書式の設定	49
SmartArtツール	46
SmartArtデザインの種類	44
SmartArtの移動とサイズ変更	51
SmartArtの構成の変更	47
SmartArtの挿入	45
SmartArtの特定の図形の書式の変更	50
SmartArtの編集画面	45
SmartArt編集ウィンドウ	45
Webページへのリンク	116
Word 互換性チェック	170

あ行

アウトライン	127
アウトライン記号	128
アウトライン表示	127
アウトライン表示への切り替え	129
アウトラインレベル	128, 136
[新しい文書パーツの作成] ダイアログボックス	67, 68
宛名ラベルの作成	78
印刷プレビュー	29
埋め込みオブジェクトとして挿入	85, 86
埋め込みオブジェクトの編集	89
円グラフ	53
オブジェクト	85
折れ線グラフ	52

か行

階層リスト	45
書き込みパスワード	180
奇数ページから開始	20
既定のスタイル	15
脚注	119
脚注記号の変更	121
[脚注と文末脚注] ダイアログボックス	121
脚注の種類	119
脚注の設定	102, 119
脚注の注釈を表示する位置の変更	122
境界線	23
行の先頭の記号	17
均等割り付け	6
クイックスタイル	7
クイックスタイルギャラリーから削除	14
クイックパーツ	66
クイックパーツギャラリー	67
クイックパーツの削除	67
クイックパーツの挿入	67
クイックパーツの登録	66
偶数ページから開始	20
組み込み	159
組み込みスタイル	7, 15
組み込みスタイルの設定	16
組み込みスタイルの編集	18
組み込みの表紙の挿入	107
組み込みの目次	136
グラフツール	53
グラフの構成要素	59
グラフの種類と用途	52
グラフの種類の変更	56
[グラフの種類の変更] ダイアログボックス	56
グラフのスタイルの変更	58
グラフの挿入	53, 54
[グラフの挿入] ダイアログボックス	54
グラフの編集	53
グラフのレイアウトの変更	58
[形式を選択して貼り付け] ダイアログボックス	87, 91
桁区切りスタイル	76

現在の位置から開始 …………………………………… 20	書式の制限 …………………………………………… 173
［現在のテーマを保存］ダイアログボックス ………… 105	［書式の制限］ダイアログボックス ………………… 174
検索 …………………………………………………… 139	新規ファイルに出力 …………………………………… 77
校閲者名 ………………………………………… 148, 154	図形に文字を入力 ……………………………………… 36
校閲者を指定してコメントを表示 …………………… 149	図形の重なり順序の変更 ……………………………… 39
効果 ……………………………………………… 103, 105	図形の効果 ……………………………………………… 43
効率的なカーソル移動 ………………………………… 113	図形のスタイル ………………………………………… 50
互換性チェック ………………………………………… 169	図形の挿入 ……………………………………………… 37
互換性チェックの対象とするバージョン …………… 170	図形の塗りつぶしの色 ………………………………… 41
異なるバージョン間の互換性 ………………………… 169	図形の配置 ……………………………………………… 40
異なるヘッダー/フッターの設定 …………………… 115	図形の反転 ……………………………………………… 39
コメント ……………………………………………… 146	図形の変更 ……………………………………………… 37
コメントの削除 ………………………………………… 150	図形の枠線 ……………………………………………… 42
コメントの挿入 ………………………………………… 148	スタイル ……………………………………………… 4, 7
コメントの表示 ………………………………………… 147	スタイルウィンドウ ………………………………… 8, 12
コメントの表示と非表示の切り替え ………………… 148	スタイルギャラリー ………………………………… 7, 10
コメント枠に表示される校閲者名 …………………… 148	スタイルセット ………………………………………… 8
コンテキストツール …………………………………… 38	スタイルの削除 ………………………………………… 14
コンテンツコントロール …………………………… 106	スタイルの種類 ………………………………………… 7
コンテンツコントロールの削除 ……………………… 109	スタイルの設定 ………………………………………… 12
	スタイルの登録 ………………………………………… 9
さ行	スタイルの編集 ………………………………………… 13
	図として挿入 …………………………………………… 85
最終版 ………………………………………………… 170	すべてのコメントの削除 …………………………… 150
最終版の解除 …………………………………………… 172	セキュリティ ………………………………………… 177
索引項目の登録 ………………………………………… 123	セクション ……………………………………………… 20
［索引登録］ダイアログボックス …………………… 123	セクション区切り ………………………………… 24, 26
索引の更新 …………………………………………… 126	セクション区切りの種類 ……………………………… 20
索引の作成 …………………………………………102, 122	セクション区切りの挿入 ………………………… 27, 115
索引の挿入 …………………………………………… 126	セクションごとのページ設定 ………………………… 28
作成者の名前 ………………………………………… 108	セクション単位の書式設定 …………………………… 21
差し込み印刷 …………………………………………70, 71	セクションの選択 ……………………………………… 28
［差し込み印刷の宛先］ダイアログボックス ………… 73	セクション番号の確認 ………………………………… 22
差し込み印刷の実行 …………………………………… 77	先頭ページや奇数/偶数ページを別指定 …………… 113
差し込み印刷の種類 …………………………………… 72	挿入したSmartArtのレイアウトの変更 …………… 49
差し込み印刷用のデータファイル …………………… 70	挿入した表紙の変更/削除 …………………………… 107
差し込みデータの並べ替えと抽出 …………………… 73	挿入する形式 …………………………………………… 88
差し込みデータの表示 ………………………………… 75	
差し込みデータの表示切り替え ……………………… 76	**た行**
差し込みフィールドの挿入 ………………………… 74, 81	
差し込みフィールドの文字列の書式 ………………… 76	他のアプリケーションで作成したデータの挿入 …… 84
自動的に挿入される内容 ……………………………… 112	他の形式でリンク貼り付けしたデータの編集 ……… 95
集合縦棒グラフ ………………………………………… 54	段区切り ……………………………………………… 21
［書式から新しいスタイルを作成］ダイアログボックス … 11	段区切りの挿入 ………………………………………… 25
書式設定の単位 ………………………………………… 2	［段組み］ダイアログボックス ……………………… 23
書式のコピー/貼り付け ……………………………… 8	段組みの解除 ………………………………………… 24

索引 **205**

段組みの設定	22
段組みの選択	24
段落区切り記号	6
段落後の間隔	18
段落書式	3, 5
段落スタイル	7
[段落] ダイアログボックス	3, 6
段落番号	18
置換	140
注釈の表示	121
長文作成	102
直前の操作を繰り返す	17
次のページから開始	20
積み上げ棒グラフ	52
定型書簡への差し込み印刷	71
[データ系列の書式設定] 作業ウィンドウ	60
データの更新	90, 92
データの配布	185
データの編集	86, 90
データの保存場所	86, 90
データファイル	71
データファイルの指定	72, 79
テーブルの選択	73, 80
テーブルの名前	73
テーマ	103
テーマギャラリー	104
テーマの設定	102, 103, 104
テーマの要素の変更	105
テーマを構成する3つの要素	103
テーマを利用する利点	103
テキストウィンドウ	45
テキストウィンドウでのカーソル移動	47
テキストファイル	70
デザインギャラリー	102
電子データとして配布	185
添付ファイルとして送信	186
ドキュメント検査	177, 180
[ドキュメント検査] ダイアログボックス	182
ドキュメント検査のチェック項目	184
ドキュメントの共有	158

な行

ナビゲーションウィンドウ	131

は行

配色	103, 105
ハイパーリンクの設定	102, 116
[ハイパーリンクの挿入] ダイアログボックス	117
ハイパーリンクの編集	118
パスワードの解除	179
パスワードの設定	175, 178
[貼り付け] ボタンから形式を選択	88
貼り付ける形式の選択	87, 91
比較	159
比較結果の反映	159
比較結果の表示	163
比較結果文書	159
比較結果を承諾または元に戻す	161
比較する文書の指定	160
比較対象のオプション設定	162
表紙の作成	102, 106
表紙の挿入	107
表の選択	66
ファイルからテキストの挿入	85
フィールド	74, 136
フィールドコード	76, 125
フォント	103, 105
[フォント] ダイアログボックス	2, 5, 9
フッター	110
フッターの設定	113
[プリンターに差し込み] ダイアログボックス	77, 83
プロパティとの連動	106
文書の暗号化	177, 178
文書の入れ替え	160
文書の比較	159
文書のプロパティ情報	181
文書の保護	173, 174
[文書パーツオーガナイザー] ダイアログボックス	115
文書パーツの利用	66, 115
文書を配布する際に考慮すべき点	168
文書を保護する利点	173
文末脚注	119
ページ区切り	21
ページ区切りの挿入	26
ページ区切りの解除	26
ページの向きの変更	28
ページ番号の挿入と編集	114
ヘッダー	110
ヘッダーの設定	112

ヘッダー/フッターが反映されるページ	111
ヘッダー/フッターギャラリー	110
ヘッダー/フッターの位置	113
ヘッダー/フッターの修正または削除	115
ヘッダー/フッターの挿入	102, 110
ヘッダー/フッターの編集画面	112
ヘッダー/フッターの編集モード表示	111
ヘッダー/フッターの保存	111
変更された文書	159
変更したテーマの保存	105
変更履歴	151
[変更履歴] ウィンドウ	155
変更履歴に表示される校閲者名	154
変更履歴の一覧表示	155
変更履歴の記録	152
変更履歴の表示	152
変更履歴の表示内容の変更	155
変更履歴の表示方法の変更	154
変更履歴を承諾または元に戻す	156
編集記号の表示/非表示	24, 125
編集制限の種類	173
編集の制限	173
[編集の制限] 作業ウィンドウ	175, 176
棒グラフ	52
保護された文書の編集と解除	176
補助プロットに含むデータの個数	59
補助縦棒付き円グラフ	56
保存したテーマの削除	105
本文の表示/非表示の切り替え	132

ま行

見出し	15
見出しの表示/非表示の切り替え	128, 132
見出しの表示レベルの切り替え	133
見出しや本文の順序の入れ替え	134
見出しレベルの変更	133
メイン文書	71
メイン文書の指定	72
目次からページにジャンプ	138
目次スタイル	136
[目次] ダイアログボックス	136
目次の網かけ表示	138
目次の更新	139
目次の作成	136
目次のハイパーリンク	137

文字書式	2, 4
文字スタイル	7
文字列の検索	139
文字列の置換	140
元の文書	159

や行

ユーザーに許可する編集の種類	173
読み取り専用	170
読み取りパスワード	179

ら行

[ラベルオプション] ダイアログボックス	79
ラベル用紙の種類の指定	78
リアルタイム入力	158
リストスタイルギャラリー	130
リストスタイルの適用	130
リンクオブジェクトとして挿入	85
リンクオブジェクトを手動で更新	94
リンクが自動更新されないようにする	95
リンク更新の確認メッセージ	92
リンク先	117
リンクスタイル	7, 15
リンクの解除	94
リンクの更新	94
リンクの更新方法の種類	94
リンクの更新方法の変更	94
リンク貼り付け	90
リンク貼り付けしたオブジェクトの編集	92
リンク元ファイルを移動/削除した場合	94
レベルの変更	48
レベルを指定して見出しを表示	132

わ行

ワークシート	55

- 本書は著作権法上の保護を受けています。
  本書の一部あるいは全部について（ソフトウェアおよびプログラムを含む）、日経BP社から文書による許諾を得ずに、いかなる方法においても無断で複写、複製することを禁じます。購入者以外の第三者による電子データ化および電子書籍化は、私的使用を含め一切認められておりません。
  無断複製、転載は損害賠償、著作権法の罰則の対象になることがあります。

- 本書についての最新情報、訂正、重要なお知らせについては下記Webページを開き、書名もしくはISBNで検索してください。ISBNで検索する際は－（ハイフン）を抜いて入力してください。

  https://bookplus.nikkei.com/catalog/

- 本書に掲載した内容についてのお問い合わせは、下記Webページのお問い合わせフォームからお送りください。電話およびファクシミリによるご質問には一切応じておりません。なお、本書の範囲を超えるご質問にはお答えできませんので、あらかじめご了承ください。ご質問の内容によっては、回答に日数を要する場合があります。

  https://nkbp.jp/booksQA

Word 2016 応用 セミナーテキスト

2016年3月22日　初版発行
2023年9月1日　初版5刷発行

著　　者：日経BP社
発　行　者：中川 ヒロミ
発　　行：日経BP社
　　　　　〒105-8308　東京都港区虎ノ門4-3-12
発　　売：日経BPマーケティング
　　　　　〒105-8308　東京都港区虎ノ門4-3-12
装　　丁：折原カズヒロ
制　　作：福田工芸株式会社
印　　刷：大日本印刷株式会社

・本書に記載している会社名および製品名は、各社の商標または登録商標です。なお、本文中に™、®マークは明記しておりません。
・本書の例題または画面で使用している会社名、氏名、他のデータは、一部を除いてすべて架空のものです。

©2016 日経BP社

ISBN978-4-8222-9789-3　Printed in Japan